权威·前沿·原创

皮书系列为
“十二五”“十三五”国家重点图书出版规划项目

北京社会治理发展报告（2018~2019）

ANNUAL REPORT ON SOCIAL GOVERNANCE DEVELOPMENT OF BEIJING (2018-2019)

主　编／袁振龙
副主编／殷星辰　马晓燕　张　苏　李会彬　南　方

社会科学文献出版社
SOCIAL SCIENCES ACADEMIC PRESS (CHINA)

图书在版编目(CIP)数据

北京社会治理发展报告. 2018 - 2019 / 袁振龙主编
. -- 北京：社会科学文献出版社，2019. 5
（北京蓝皮书）
ISBN 978 - 7 - 5201 - 4611 - 1

Ⅰ. ①北… Ⅱ. ①袁… Ⅲ. ①社会管理 - 研究报告 - 北京 - 2018 - 2019 Ⅳ. ①D671

中国版本图书馆 CIP 数据核字（2019）第 059242 号

北京蓝皮书
北京社会治理发展报告（2018～2019）

主　　编 / 袁振龙
副 主 编 / 殷星辰　马晓燕　张　苏　李会彬　南　方

出 版 人 / 谢寿光
责任编辑 / 张　媛
文稿编辑 / 单远举　李惠惠

出　　版 / 社会科学文献出版社 · 皮书出版分社（010）59367127
地址：北京市北三环中路甲 29 号院华龙大厦　邮编：100029
网址：www. ssap. com. cn
发　　行 / 市场营销中心（010）59367081　59367083
印　　装 / 天津千鹤文化传播有限公司

规　　格 / 开 本：787mm × 1092mm　1/16
印 张：21. 25　字 数：318 千字
版　　次 / 2019 年 5 月第 1 版　2019 年 5 月第 1 次印刷
书　　号 / ISBN 978 - 7 - 5201 - 4611 - 1
定　　价 / 128. 00 元

本书如有印装质量问题，请与读者服务中心（010 - 59367028）联系

《北京社会治理发展报告（2018～2019）》
编　委　会

主要编撰者简介

袁振龙 北京市社会科学院首都社会治安综合治理研究所所长、研究员，社会学博士。研究方向：社会安全、社会治安、社会治理、应急管理等。主持国家哲学社会科学基金规划项目1项，完成“北京城乡接合部社区安全问题研究”“北京城乡接合部网络化治理研究”“首都社会管理法治化研究”等北京市规划和横向委托课题50余项，出版《社会资本与社区治安》《社区安全的理论与实践》《农民问题国际比较研究》《社会管理与合作治理》《北京市西城区全响应社会治理创新研究》等多部著作，合著《天网：北京奥运社会面安保遗产研究》《构建首都特色的社会管理体系研究》，发表学术论文和研究报告90余篇，其中在核心期刊发表论文近30篇，多篇论文发表后被《新华文摘》《红旗文摘》《中国社会科学文摘》中国人民大学复印报刊资料等转载或摘编，研究报告10余次获得北京市委、市政府领导的肯定性批示。

殷星辰 北京市社会科学院首都社会治安综合治理研究所研究员。研究方向：社会治理、社会稳定、社会治安等。主持完成“平安北京建设研究”“构建首都特色的社会管理体系研究”“首都群体性事件媒体应对措施研究”等多项课题，出版《城市反恐怖研究》（三卷本）、《城市反恐怖行动概论》、《天网：北京奥运社会面安保遗产研究》等多部著作，发表学术论文和研究报告60余篇，多次获得北京市委、市政府领导的批示。

马晓燕 北京市社会科学院首都社会治安综合治理研究所副研究员，社会学博士。研究方向：城市社会学、社区治理、人口管理。主持完成“世界城市建设中的北京市外国人口管理研究”“北京市城乡接合部基层社会管理研究”“城市基层社会治理的可行性路径研究”等多项课题，出版《移民适应的行为策略研究》专著1部，合著、参编著作6部，发表学术论文20余篇。研究报告多次获得北京市委、市政府领导的肯定性批示。

张　苏　北京市社会科学院首都社会治安综合治理研究所副研究员，法学博士，中国法学会案例法学研究会理事，首都法学法律高级人才库专家，曾在公安机关工作多年。研究方向：刑法学、犯罪学。主持“金融犯罪研究”“金融创新视野下的刑法分则适用问题研究”“构成要件解释方法论研究”“环境司法中的刑行交叉问题研究”等省部级课题，出版专著《量刑根据与责任主义》，在《法学家》《政治与法律》《中国刑事法杂志》等核心期刊发表学术论文20余篇。

李会彬　北京市社会科学院首都社会治安综合治理研究所副研究员，法学博士。研究方向：刑法学、犯罪学、刑事诉讼法学。主持完成“刑事责任与民事责任转化关系探究”“北京市应急物资与保障能力建设研究”“北京市应急队伍调查研究”等多项课题，出版《敲诈勒索罪司法认定疑难问题研究》专著1部，合著、参编著作7部，在《法商研究》《政治与法律》等期刊上发表论文30余篇。

南　方　北京市社会科学院首都社会治安综合治理研究所助理研究员，清华大学公共管理学院博士后，管理学博士。研究方向：儿童权利和青少年社会政策、社区治理创新、中国社会组织国际化等。出版《走进城市的孩子们——90后农民工童年经历和社会资本积累》专著1部，合著、参编著作4部，在《中国青年研究》《北京师范大学学报》（社会科学版）等期刊上发表论文10余篇。

摘　要

《北京社会治理发展报告》是由北京市社会科学院首都社会治安综合治理研究所主持编撰的年度系列报告，由北京市社会科学院首都社会治安综合治理研究所联合北京市相关政府部门、高校、研究机构的专家及社会组织从业人员撰写的关于北京社会治理发展的研究成果。

本书分为总报告、社会组织治理篇、人口问题治理篇、违法犯罪治理篇、网络社会治理篇、矛盾纠纷治理篇和基层社会治理篇，运用定性分析和定量分析的方法，对2018年北京市社会治理各领域的发展状况进行了全面阐述，并对存在的问题、成因和发展的趋势进行了深入的分析。

2018年是落实《北京市“十三五”时期社会治理规划》的关键之年，又是落实《北京城市总体规划（2016年—2035年）》的第一年。一年来，北京社会治理稳步推进，共建共治共享的社会治理格局基本形成。一是社会服务更加完善，公共服务水平明显提高。主要表现为：社会服务和公共服务体系更加完善，公共服务供给方式不断创新，社会力量参与公共服务更加广泛，社会服务体系覆盖更加全面。二是社会管理更加科学，城市服务管理水平明显提高。主要表现为：社会治理的统筹协调工作不断加强，多元共治成效明显，社会领域立法逐步完善，社会公共安全维护力度进一步加大，“大城市病”治理加快推进，网络社会治理积极创新。三是社会动员更加广泛，社会协同、公众参与水平明显提高。主要表现为：公众有序参与工作进一步扩大，社会组织发展工作成效显著，社区居民自治进一步深化，基层协商逐步推进。四是社会环境更加文明，社会诚信建设和社会责任履行水平明显提高。主要表现为：法制宣传不断加强，企业履行社会责任推进有力，社会文明建设有效加强。五是社会关系更加和谐，化解社会矛盾和维护社会公平正义水平明显提高。主要表现为：维护群众合法权益工作持续深化，预防化解矛盾纠纷工作扎实推进，社会舆论监督工作不断加强，健康社会心态的培育工作取得一定突破。六是社会领域党的建设更加深入，党组织、党的工作有效覆盖面明显扩大。主要表现为：社会领域党的建设不断加强，社区党的建设、社会组织党的建设、非公有制企业党的建设工作实现基本覆盖。

同时，我们必须清醒地看到，北京社会治理工作还面临落实城市功能战略定位，满足人民美好生活多样化、多元化需求，以及疏解非首都功能、“大城市病”治理、平安北京建设、城乡接合部治理、网络计算机类犯罪等诸多方面的挑战与考验。对此，要进一步提升基层公共服务能力，提高社会治理的社会协同水平，理顺重点任务与重点工作的关系，继续深化平安北京建设，推进社会治理创新。

关键词：社会治理　社会服务　社会动员　社会环境

目　录

Ⅰ　总报告

B.1　2018年北京市社会治理的发展概况、问题和建议……… 南　方 / 001

　　一　2018 年北京社会治理的发展概况 ………………………… / 002

　　二　北京社会治理面临的新挑战和新趋势 …………………… / 017

　　三　进一步推进北京社会治理发展的建议 …………………… / 021

Ⅱ　社会组织治理篇

B.2　北京市社区社会组织的发展现状与培育扶持研究……… 王世强 / 026

B.3　北京市“三社联动”模式中社工机构参与社区服务的现状与对策研究……………………………………………… 王　杨 / 048

B.4　资源集成：理解社会组织孵化培育绩效的新视角……… 徐　正 / 067

Ⅲ　人口问题治理篇

B.5　北京市流动人口的特征变化及其影响分析……………… 马晓燕 / 080

B.6 北京市民办打工子弟学校拆迁问题研究
——基于沟通行动理论的分析思路………… 杨 蕾 冯 跃 / 093
B.7 住家家政女工口述史与婚姻家庭研究………… 李 霞 苗艳梅 / 112

Ⅳ 违法犯罪治理篇

B.8 北京市计算机类犯罪的现状、特点及对策……………… 李会彬 / 129
B.9 首都地区抢夺犯罪现象的实证分析…………… 赵学军 袁煜驰 / 145
B.10 新时代在京外国人犯罪治理对策研究 …………………… 操宏均 / 162

Ⅴ 网络社会治理篇

B.11 北京市网络犯罪的特征、结构及治理对策
——以海淀区为分析样本 ………………… 纪敬玲 李 涛 / 179
B.12 P2P 网贷中非法吸收公众存款罪法律适用问题研究 …… 黄忠军 / 193
B.13 论互联网金融的刑事风险 ……………………………… 张 苏 / 207

Ⅵ 矛盾纠纷治理篇

B.14 新时期北京社会矛盾纠纷调解工作的实践与完善 …… 王秋玲 / 221
B.15 北京社会矛盾产生的可能领域及防范化解的思路对策
……………………………………………………… 袁振龙 / 234
B.16 司法社会工作介入基层矛盾化解研究
——以北京朝阳区方舟社会工作发展中心实践为例
…………………………………………… 范 晨 徐 胤 / 250

Ⅶ 基层社会治理篇

B.17 社会治理创新视角下的“平安北京”建设研究 ……… 殷星辰 / 265

B.18 北京市基层平安创建工作的回顾与思考 …… 张 博 刘晓磊 / 280

B.19 顺义区城乡接合部地区重点村整治工作的实践与探索 …………………………………………………… 姜 蒙 刘军辉 / 292

Abstract …………………………………………………………………… / 306

Contents …………………………………………………………………… / 309

皮书数据库阅读使用指南

总 报 告

General Report

B.1

2018年北京市社会治理的发展概况、问题和建议

南 方*

摘 要： 2018 年北京在社会治理方面取得了瞩目的成就。一年来，社会服务更加完善，公共服务水平明显提高，城市服务管理水平明显提高，社会动员更加广泛，公众参与水平明显提高；社会环境更加文明，社会诚信建设、社会责任履行水平明显提高，社会关系更加和谐。同时，北京在提供多样化、个性化公共服务，多元主体参与社会治理，流动人口治理等方面还存在一些不足。对此，北京应在提升基层政府公共服务供给能力、提高社会治理的协同水平、理顺“疏整促”工作与

* 南方，管理学博士，博士后，北京市社会科学院首都社会治安综合治理研究所助理研究员，研究方向为社会治理、社会组织、儿童福利和保护。

流动人口社会治理等方面进一步努力。

关键词： 社会治理　城市管理　社会组织　社会领域党建

2018年北京在社会治理方面取得了瞩目的成就。《北京城市总体规划（2016年—2035年）》2018年度的45项重点任务基本完成，全市在深化社会体制改革、全面加强社会建设、提供优质公共服务方面均有较大突破。2018年也是落实《北京市"十三五"时期社会治理规划》的关键之年，从对《北京市"十三五"时期社会治理规划》落实情况中期评估结果可以看出，北京社会治理总体进展顺利，共建共治共享格局逐步形成，在建设国际一流的和谐宜居之都方面取得了明显的进展。

一　2018年北京社会治理的发展概况

盘点"十三五"时期以来，北京市在社会服务、社会管理、社会动员、社会环境、社会关系、党的建设等社会治理的主要领域都取得了较大的进展。具体来说，主要表现在以下几个方面。

（一）社会服务更加完善，公共服务水平明显提高

1. 公共服务和社会服务体系较为完善

一是建立较为健全的公共服务体系和社会服务体系。优化民生服务资源布局，坚持每年集中力量办一批群众期盼、社会关注的重要民生实事，2018年研究形成拟办的7个方面31件实事项目，全面聚焦"七有"，即"幼有所育、学有所教、劳有所得、病有所医、老有所养、住有所居、弱有所扶"[①]；完

① 习近平：《决胜全面建成小康社会　夺取新时代中国特色社会主义伟大胜利》，人民出版社，2017，第23页。

善城乡的基本公共服务体系；推动义务教育、公共卫生、养老、助残、文化、体育等公共服务建设，如全市小学、初中就近入学比例分别达到99%和95%以上，全市建成四级文化设施7131个、平均覆盖率达98%等；完善社会服务体系，2016年以来，市财政累计投入41478万元用于完善便民服务体系建设；完善农村地区公共服务体系，以城乡接合部、新建小区等社区为重点，新建社区规范化建设示范点，并开展农村幸福晚年驿站建设，鼓励农村健康低龄老年人因地制宜开展邻里互助和结对帮扶活动。

二是公共服务方式不断创新。完善基本公共服务准入机制：将“枢纽型”社会组织支持资金纳入部门预算，制定相关考核办法。构建多元的公共服务供给模式：在交通运输、垃圾污水处理、生态建设和环境保护、养老、体育等领域通过PPP模式引入社会资本投资建设运营，优化公共产品和服务供给结构。发展公益服务：持续举办第二届、第三届“北京社会公益汇”，设置智慧养老服务、助残服务、家庭服务等板块，累计超过4000家各级各类社会组织参与相关活动，达成近1000个项目合作意向。开展第三届“社会组织公益服务品牌创建”活动，评审出100个社会组织公益服务品牌。

2. 社会力量参与公共服务更加广泛

一是健全政府购买社会组织服务体系。完善政府购买社会组织服务制度：初步建立政府购买服务“1+3+N”制度体系，完善购买服务日常管理。管控好各政府部门购买社会组织服务目录：编制分级分部门政府购买服务指导性目录，145个市级部门和16个区均已编制完成本部门指导性目录，使政府购买服务范围扩大到六大类共计60项，并制定购买服务标准化流程。建立政府购买服务信息平台：建立并开通“北京市政府购买服务信息平台”，让更多的社会组织参与进来；加强政府购买服务与各项改革有机衔接，出台《关于做好行业协会商会承接政府购买服务工作有关问题的通知》，支持行业协会商会脱钩。

二是社会企业发展力度不断加大。开展专题调研及社会企业发展课题研究，整理编辑研究成果11篇。探索完善慈善基金、福利彩票、体育彩票等公益资源进入社会企业的政策措施，鼓励各类基金会与社会企业开展合作，共同为市民群众提供各类公益服务。将各区、部分市级“枢纽型”社会组织及专家推荐的8个领域12家机构纳入全市第一批社会企业示范点和试点。加强培育扶持，推动成立北京社会企业发展促进会，组织有关人员赴四川、广东等地考察社会企业发展工作，并参加在深圳举办的“中国社会企业与社会投资论坛2018年会”。分类分批举办首都统一战线大讲堂和市民营企业人员培训班，提高社会企业家能力、素质。

3. 社区服务体系基本全覆盖

一是建设“一刻钟社区服务圈”。截至2017年11月，“北京市累计建成‘一刻钟服务圈’1452个，覆盖全市2706个社区，覆盖率达到87.5%”。[①] 将北京邮政优质服务纳入“一刻钟社区服务圈”，已建成“邮乐社区”便民服务网点42个。与高德地图进行战略合作，全市街道、社区居委会等相关服务信息陆续上线。

二是提升社区综合服务水平。截至2018年5月底，共建成并投入使用各级社区服务中心225个，街乡级社区服务中心208个，城市社区服务站2552个，农村社区服务站3699个，基本实现了城乡社区综合服务设施全覆盖。加强流动性便民服务设施建设，截至2018年5月底，全市累计新建和规范提升基本便民商业网点4239个。

三是创新社区服务方式。出台《关于推进社区服务社会化的指导意见》，探索“政府政策推动、社会力量承接、社区居民参与、全程跟踪评估”的社区服务社会化运营模式。各区积极推进社会化试点工作，推动社区服务从行政性运转向社会化运营转变。

（二）社会管理更加科学，城市服务管理水平明显提高

1. 社会治理统筹协调工作不断加强，多元共治成效明显

一是社会治理的统筹协调工作不断加强。加大领导力度，2017年召开

---

① 参见《北京2018年再建100个“一刻钟服务圈” 2020年实现社区全覆盖》，《北京晨报》2017年12月25日。

全市社会建设工作领导小组会议，总结部署社会治理任务。不断完善纵向延伸到基层社区（行政村）、横向到“两新”组织的社会建设工作网络，有效推动了社会建设各项工作任务的落实；积极推进改革任务，进一步完善协商民主和社会体制改革专项小组工作机制，先后召开6次专项小组会议，研究22个改革议题，协调推进民政事业改革，安全生产领域改革，市侨联、市青联、市学联、市少先队改革以及社区工作者管理、待遇规范等改革事项。加大对已出台改革事项的督察力度，开展了社会治理体制改革、群团改革、网格化体系建设、街道社区管理体制改革等方面的专项督察。

二是多元共治成效明显。加强“三社联动”：市级购买“三社联动”服务项目，累计投入2400万元专项资金，围绕社会救助家庭增能、特殊老人照料等精准救助开展专业服务。建立多元参与的制度机制：进一步完善“党委领导、政府负责、社会协同、公众参与、法治保障”[①]的社会治理体制，健全“1+4+X”政策体系，以及“社会服务、社会管理、社会动员、社会环境、社会关系、社会领域党建‘六大工作体系’”[②]，推动成立“北京社工+志愿服务联盟”，发挥社会工作者专业作用，带动广大志愿者开展精准服务、专业服务。

2. 社会领域立法逐步完善，社会公共安全维护力度进一步加大

一是社会领域立法逐步完善。加强立法工作制度建设：进一步健全立法工作规范，完善政府规章立项办法等相关立法工作制度；加大民生领域法治保障力度，自2016年以来制定了《北京市实施〈居住证暂行条例〉办法》等规章，研究制定街道办事处等方面的规章。加强社会组织政策法规建设：目前正在修订《北京市促进慈善事业若干规定》，协同相关单位研究制定《北京市社会组织参与民间外交工作三年行动计划（2018—2020）》、《“枢纽型”社会组织业务工作考核指标》以及各群团组织的社会组织建设等政策法规。健全网格化服务管理政策法规：研究制定且实施《网格化

① 习近平：《决胜全面建成小康社会 夺取新时代中国特色社会主义伟大胜利》，人民出版社，2017，第49页。

② 参见《北京市“十三五”时期社会治理规划》。

社会服务管理信息系统技术规范》北京市地方标准，印发《北京市推进城乡“多网”融合操作手册》，推动网格员队伍建设和街乡网格化综合信息平台建设。

二是社会公共安全维护力度进一步加大。深化平安北京建设：大力推进“一村（格）一警”、轨道交通地上地下安保一体化、公安武警联勤联动、“7+7+X”区域警务合作、“7×24小时”基层警务等机制模式建设，打造群众组织品牌，形成了警民携手共保平安的强大声势。完善食品药品安全监管体制：实行市、区、街（乡）三级食品药品安全委员会分级设置，市、区、街（乡）三级食品药品监督机构垂直管理，构建“两结合”的管理体制。深化安全生产管理体制改革：印发《关于进一步推进安全生产领域改革发展的实施方案》，完善工业区、风景区、开发区等功能区安全生产监管体制，在全国率先将市、区两级安全生产监督管理部门正式确定为行政执法机构。加强公共安全管理：大力实施“雪亮工程”，扎实推进公共安全视频监控系统建设，强化资源整合、联网共享、实战应用，为提升城市治理能力、服务保障民生提供了有力支撑。

3. “大城市病”治理加快推进，网络社会治理积极创新

一是“大城市病”治理加快推进。动员社会力量参与：印发实施《关于开展区街（乡）社会动员中心规范化建设的通知》，开展“礼让斑马线专项行动”等主题活动，动员社会力量参与“大城市病”治理。加强人口服务管理：制定出台了户籍制度改革实施意见，全面实施居住证制度，建立了居住证公共服务提供机制和积分落户制度，加强了公租房管理和服务以及占道经营专项整治和地下空间整治行动。加强交通综合治理：建立健全市区两级交通综合治理会商机制，印发实施《缓解交通拥堵专项责任清单》，推进实施区域交通综合治理，完善停车治理体系。强化生态文明建设；印发《北京市生态文明建设目标评价考核办法》等文件，对各区党委和政府生态文明建设目标完成情况进行评价考核；持续加快城乡接合部地区民用散煤清洁能源替代工作，加快推进水污染治理。

二是网格化体系不断完善。制订实施网格化体系建设规划：印发《关

于建立北京市城市管理综合执法网格化服务管理体系的实施意见》《北京市“十三五”时期网格化体系建设规划》，不断完善城市服务管理网格化工作机制。利用信息技术加强网格化建设：建立健全市大数据汇聚和融合机制，汇聚全市49个部门1107类数据，推进各级政务部门、企事业单位等数据资源的互联互通；印发《2016年北京市“网格化+”行动计划》，实施10个方面32项行动计划。加快推进“三网”融合：截至2016年底，“北京市各区城市管理网、社会服务管理网、社会治安网‘三网’基础数据、指挥体系和信息系统等9项融合任务基本完成”。[①] 加快推进智慧社区建设：将该项工作纳入年度智慧北京重点工作任务，截至2017年底，全市共建成智慧社区2547个，约占全市社区数的84%，全市共有96个街道实现智慧社区全覆盖。启动社区“微信群”体系建设，探索“社会微治理”模式。

三是网络社会治理积极创新。加快完善体制机制：出台《关于推动党务业务“双进入、双促进”的实施办法》，制定互联网新闻信息服务行政处罚和行政执法等文件；在全国率先创立网站总编辑和总编室主任制度；在全国率先成立首都互联网协会，同时构建北京地区网站联合辟谣平台，指导118家北京属地网站建立举报机制，加强社会监督。提高文化传播和舆情监测能力：一对一召开网站策划会，展现中国成就和首都风貌。深入持久开展网络公益活动，完善评价体系和激励机制，建立突发事件网络舆情应急机制，研制开发移动终端监测系统。依托“互联网+”助力社会治理创新：加强官方网站、政务微博、微信公众号等建设，2016年至2018年5月底北京社会建设网发布信息6437条，政务微博发布信息5361条；建立网上网下群防群治协同机制。

（三）社会动员更加广泛，社会协同、公众参与水平明显提高

1. 公众参与有序扩大

一是公众有序参与工作进一步扩大。开展社会动员宣传教育：以“做

① 参见《在改革创新道路上推动北京社会建设实践》，《北京日报》2018年10月18日。

文明有礼的北京人"为主题，持续开展了礼仪、环境、秩序、服务、观赏、网络等六大公共文明引导行动，吸引了数百万市民的参与。完善社会动员制度机制：鼓励引导各级党代表、人大代表、政协委员和在职党员密切联系社区、群众和各阶层人士，动员社会各界人士广泛参与社会治理；开展"新阶层·新农村"同心共建活动，启动"首都新阶层·千人助学计划"活动；创新群防群治工作模式，2016 年出台《社会力量组织发动要点》，日常组织 50 万"红袖标"，重大安保活动期间组织 80 万"红袖标"参与安全防范，形成了"西城大妈""朝阳群众""丰台劝导队""海淀网友"等知名品牌。创新社会动员方式：2016 年以来，在重大活动和重点时期全市范围启动社会面二级以上防控等级超过 140 余天，全市 6.4 万个群防群治点位同步发力。

二是加强与驻地单位的协同。积极引导驻地单位参与所在地区的建设：各街道（乡镇）、社区注重通过地区管委会、共商共治、议事协商等形式，依托"居民议事厅"等平台，为地区发展和公共治理提供决策建议；广泛动员驻地中央单位、驻地部队开展共建共享文明活动；社区居民积极开展"美丽街巷我的家"摄影展示活动，志愿者积极开展"邻里守望"志愿服务活动，服务群众需求，参与地区建设。建立健全驻地单位共建共享机制：2017 年全市启动了"社区之家"示范点创建工作，推动驻区单位开放内部设施服务社区居民，全年共建成 208 个，累计向社区居民开放内部服务设施 671 处，惠及 409 万社区居民；积极落实"党员到社区报到"，加强结对共建，充分发挥各部门职能优势，参与社区治理工作。

2. 社会组织发展工作成效显著

一是"枢纽型"工作体系不断完善。加强"枢纽型"社会组织体系建设：制定《市级"枢纽型"社会组织业务工作规范》，全市共认定"枢纽型"社会组织市级 51 家、区级 243 家、街道（乡镇）级 507 家[①]，市、区、街（乡）三级"枢纽型"社会组织工作体系建设取得新进展。稳妥推进脱

① 参见《在改革创新道路上推动北京社会建设实践》，《北京日报》2018 年 10 月 18 日。

钩工作：出台《北京市行业协会商会与行政机关脱钩工作方案》以来，市区均成立联合工作组，市级部门出台配套文件，各区共制定 83 项脱钩配套政策。发挥“枢纽型”社会组织的龙头作用：制定《社会组织治理体系全覆盖工作规范化三年行动计划（2017—2019）》及市级“枢纽型”、基层社会组织业务工作要点等，有序培育发展行业性、公益慈善类等社会组织。加强“枢纽型”社会组织交流合作：建立“北京市协调管理社会组织参与国际非政府组织活动联席会议”机制，广泛开展国际交流与合作，协助中央单位举办大型国际活动，赴海外参加了 20 余个重要的国际会议，与“一带一路”沿线国家开展民间交流活动，与友好城市开展民间交流，为京港澳民心相通搭桥。

二是社会组织登记改革有序推进。推动社会组织直接登记改革：符合条件的直接向民政部门依法申请登记，调整登记审批流程及权限，采取多种方式加强审核。健全境外非政府组织依法服务管理制度：印发《北京市境外非政府组织管理工作实施方案》，制定《窗口执法服务工作规范》《登记备案工作流程》《境外非政府组织认定标准》，建立内部审批机制；加强与环保部[①]等 21 个部委级业务主管单位以及市级业务主管单位的沟通协调，截至目前，已依法登记境外非政府组织代表机构 140 家，完成临时活动备案 185 项，位居全国第一。健全社会组织备案管理制度：筹备起草《北京市城乡社区社会组织备案工作规则》，进一步规范社区社会组织备案标准、类型、程序及管理制度。截至 2018 年 5 月 18 日，全市共备案社区社会组织 24494 家，与“十二五”时期相比增加了 4000 多家。

三是社会组织培育发展工作成效显著。推进社会组织服务体系建设：2018 年上半年，“已建立市社会组织孵化中心 1 个，区级基地 17 个、街道（乡镇）级基地 138 个，6 家市级‘枢纽型’社会组织建立培育孵化机构，全市服务（孵化）网络体系初步形成”。[②] 盘活资源支持社会组织发展：坚持全面落实公益性捐赠税前扣除法定政策，激励和促进企业积极参与社会公

① 2018 年 3 月改组为生态环境部。

② 参见《在改革创新道路上推动北京社会建设实践》，《北京日报》2018 年 10 月 18 日。

益事业；推动成立社会组织发展基金会，为社会组织培育发展提供支持。建立京津冀三地社会组织协同合作交流机制：制定《京津冀社会组织协同发展合作框架意向书》，建立“3+6+1”工作机制，将支持社会组织发挥疏解承接对接作用等任务纳入市推进京津冀协同发展2017年重点项目。

3. 社区居民自治进一步深化，基层协商逐步推进

一是社区居民自治进一步深化。创新协同共治模式：抓住社区（村）“两委”换届选举有利契机，推动形成党政部门、社区（村）组织、基层居民群众等多元主体共同参与的“公约化协同共治”格局；加强基层的楼委会、院委会、网格议事会、楼宇自治理事会等群众自治组织的建设，充分发挥楼院门栋等自治单元畅通诉求、化解矛盾、联系群众等作用。规范城乡社区协商：印发《关于加强城乡社区协商的实施意见》《北京市社区议事厅工作指导规程（试行）》，推进“社区议事厅”建设，截至2017年底全市3084个城市社区全部建立议事厅，农村超过70%的村建立了议事厅。完善公共政策监督机制：落实《关于加强市人大代表与人民群众联系的若干意见（试行）》，完善市人大代表联系原选举单位和人民群众的制度机制，建立人大代表与选区选民之间的联系网络，在乡镇人大或街道社区设立代表工作站、代表工作室。加强重点地区村居建设：在符合条件的新建住宅区、城乡接合部地区、农村拆迁新建小区、流动人口聚居地等，及时组建社区居委会。

二是基层协商逐步推进。建立健全基层协商机制：市级单位印发《关于全面推进以德治理城乡社区工作的指导意见》，石景山区、门头沟区、西城区等区级单位出台基层协商的规定，东城区打造“小巷管家”特色品牌，丰台区形成市民劝导队、“新闻直播间”、“社区议事大巴车”等机制，推广“参与型”社区协商模式。加强城乡社区协商：加强社区议事厅等议事平台建设，发挥社区公约、村规民约等在社区治理中的积极作用，推广楼门文化、老街坊、市民劝导队等经验做法，提高社区共商共治水平；推进楼院自治、楼门自治，开展社区微治理。积极推进企事业单位协商：搭建政企对话平台，充分运用民主协商、参政议政、建言献策等方式，引导各类企事业单位主动参与，协商共议涉及企事业发展和员工权益方面的重要事项。

（四）社会环境更加文明，社会诚信建设、社会责任履行水平明显提高

1. 法治宣传教育不断加强

一是加大社会领域普法宣传力度。落实“七五”普法规划，每年在“3·15”消费者权益保护日、“4·15”全民国家安全教育日、“6·26”国际禁毒日、“12·4”国家宪法日等重要节点开展系列主题宣传活动。服务全市“疏解整治促提升”专项活动，先后拍摄制作3部公益广告，在15000个终端等滚动播放。加强京津冀法治宣传教育协同合作，开展服务冬奥、服务雄安新区建设、打击传销等重大主题宣传活动。

二是加强重点对象法治宣传教育。把领导干部和公职人员作为重点，定期开展党委（党组）中心组学法、会前学法、法治讲座等活动，学习以宪法为核心的法律法规。依托全市依法行政法治宣传教育基地，开展现场教学、案件审理旁听等学法实践活动。将法治教育课件纳入北京市干部教育网在线学习课程库。持续加强未成年人、妇女、老年人、残疾人、少数民族群众和信教群众、侨眷侨胞等群体法治宣传教育工作。

三是创新开展“法律十进”活动。在深化“法律六进”的基础上，推动开展“法律进交通枢纽、进景区、进商务楼宇、进军营”等“法律十进”活动。加强法治宣传进“工业大院”、群租房等普法工作薄弱区域或空间。6支“以案释法”队伍开展市级“以案释法”活动4100余场，各区组织“以案释法”活动9792场，直接受益群众超过150万人次。

四是加快推进诚信建设。在政务诚信上，推进简政放权清单和政务服务事项公开，落实行业管理“黑白名单”制度。推进商务诚信、社会诚信和司法公信建设，重点从完善制度机制、搭建信息平台、实施联合奖惩等方面抓起。2015年以来，相继印发23个信用政策文件、24个信用联合奖惩备忘录，建成全市统一的公共信用信息服务平台，组织第三方的社会机构对16个区和12个重点领域的信用环境状况进行了监测，并开展了信用督察评估。

2. 企业履行社会责任推进有力

一是健全国有企业履行社会责任的体制机制。北京市国资委印发《关于市属国企履行社会责任的指导意见》，建立考核机制并对4家市属国有企业社会责任的履行情况进行了打分评价。2017年要求已设董事会的38家一级企业编写2016年度企业社会责任报告或履行情况说明，通过网站、微信公众号等公开渠道向社会公布。研究制定《关于推动企业履行社会责任推进首都社会治理创新的工作方案》，定期报送工作进展。

二是积极引导非公企业履行社会责任。创新完善协商民主机制，引导广大非公有制经济从业人士有序参与社会共建。举办北京市非公企业履行社会责任综合评价活动培训班，指导各区和市级"枢纽型"社会组织开展北京市非公企业履行社会责任综合评价活动。编制非公企业社会责任蓝皮书，2017年首次向社会发布《北京非公有制企业社会责任报告》（蓝皮书）。

三是加强企业履行社会责任的舆论引导。在内部宣传基础上，坚持开展"媒体走国企"活动，自2016年以来，联系多家主流媒体到20余家企业进行了近30场集中采访报道，还广泛开展"国企开放日"活动。编印《媒体眼中非公经济》专刊，收录各主流媒体报道"非公企业"履行社会责任稿件近200篇。2018年在"社会建设"微信公众号、社会建设网、社会建设手机报连续报道2017年非公企业履行社会责任百家上榜单位事迹。

四是健全企业履行社会责任的激励机制。制定出台《北京市诚信企业创建活动管理办法》，指导30家企业协会（商会）2000多家企业开展企业诚信创建活动。依托信用北京平台，扩大诚信"红黑榜"信息发布范围。以"诚信兴商宣传月""全国质量月""食品安全宣传周"等为契机，加强对诚信榜样、诚信企业、诚信社会组织的宣传推广。

五是积极开展企业文化建设。以每年一届的"国企楷模·北京榜样"评选为载体，每年确定120名上榜人物、60名受表彰先进、10名国企楷模。举办以"砥砺奋进、放飞梦想"为主题的国企系统第二届"微电影"大赛，共有43家企业报送88部作品参赛。

3. 社会文明建设有效加强

一是深入开展社会主义核心价值观的宣传教育。印发专项宣传方案，利用市属媒体、户外施工围挡、LED 大屏、网络、微博、微信、社区精神文明建设宣传栏等多载体、常态化刊播公益广告。制作“图说社会主义核心价值观”宣传画，运用市民文明学校、“道德讲堂”、“百姓宣讲”、“周末社区大讲堂”等宣讲阵地，深入开展社会主义核心价值观进基层活动。

二是加强理想信念教育。各单位把学习宣传习近平新时代中国特色社会主义思想和党的十九大精神贯穿到思想建设和其他工作的各个方面，不断强化理想信念教育。综合运用多种媒体，多渠道、全方位开展宣传教育，坚定共产主义远大理想和中国特色社会主义共同理想，巩固全体市民共同奋斗的思想基础。

三是广泛开展“四德”教育。大力推进社会公德、职业道德、家庭美德和个人品德教育活动，大力树立道德典型。持续开展首都道德模范评选、“北京榜样”评选、“我推荐、我评议身边好人”和首都精神文明建设奖“四大评选”。面向各社区、社会组织、非公经济组织，持续开展“身边好人、社会好事”宣传教育活动，2016 年、2017 年共评选出“北京社会好人榜”上榜个人 202 名、上榜群体 203 个，有 401 位荣登“中国好人榜”。

四是广泛开展群众性精神文明创建活动。深入开展文明城区、文明村镇、文明单位、文明家庭、文明校园等群众性精神文明“五大创建”活动，制定和完善“五大创建”测评体系。截至 2018 年 5 月，举办“首都社会文明行”落地活动 29 场，刊发信息 716 条，阅读量 4000 余万次。开展 34 场“欢聚一堂——BTV 精品影视剧进社区”活动、9 场“放心品牌联盟惠民社区行”活动，正在协调开展“网络素养教育七进工程·进社区”活动。

（五）社会关系更加和谐，化解社会矛盾、维护社会公平正义水平明显提高

1. 维护群众合法权益工作持续深化，预防化解矛盾纠纷工作扎实推进，社会舆论监督工作不断加强

一是维护市民合法权益工作持续深化。健全维护群众权益机制：市、区

政府及市政府各部门普遍建立行政复议接待室或者接待窗口，充分发挥人大代表、政协委员反映民情的作用。畅通群众诉求表达渠道：市网上信访“官方微信公众号 + 手机信访 App + 网上信访平台 + 市长信箱”全部开通，升级改造首都之窗“人民建议征集”专栏，持续推进政府热线服务和12345便民服务电话的整合优化；构建12368热线、互联网、移动端等多元诉讼服务平台体系；建立一支1000人左右的法律援助值班律师队伍，依托法律援助中心、分中心和550余家法律援助工作站提供服务。健全群众利益保障机制：加强重大决策事项前期调查研究，坚持完善公众参与政府立法机制，加强重点弱势人群的服务管理，提供全方位的政策保障。落实政务公开：加强主动公开清单化管理，在全国率先制定并公布市、区、街道（乡镇）政务公开三级清单，共涵盖47个领域。

二是预防化解矛盾纠纷工作扎实推进。依法化解矛盾纠纷：制定《关于进一步深化涉法涉诉信访工作改革的工作方案》等十大机制5项保障措施，形成依法解决涉法涉诉信访问题的制度体系。注重发挥社会组织的作用：制定实施《关于推进市级“枢纽型”社会组织建立社会矛盾纠纷调解专委会的工作方案》；发挥市人民调解协会、北京多元调解发展促进会等“枢纽型”社会组织作用，2016年至2017年上半年，先后通过市级社会建设专项资金支持项目平台成功化解矛盾纠纷近800件。加强社会舆情监测分析和矛盾纠纷预警：市、区、街（乡）三级和市、区各有关部门社会稳定风险评估工作领导小组运行良好，重大决策社会稳定风险评估工作联席会议制度和风险评估机制得到进一步完善，出台一系列配套文件。

三是社会舆论监督工作不断加强。建立完善舆论监督制度：依托办公场所、官方网站开设举报箱、电子信箱、“北京12345”热线电话等监督渠道；注重发挥报刊、广播、电视等传统媒体监督作用，研究开发微信、微博、客户端等新媒体的功能作用，实施全方位的舆情监测、收集，及时分析研判、妥善处置。切实增强公民监督意识：搭建三级人大代表之间及与人民群众之间联系的平台，16个区共建立了179个联系组，密切了市人大代表与人民群众的联系；健全完善政协委员与公众直接联系机制，探索设立社区调研议事平台，打造委员联系群众的“直通车”，开通“委员听民意”网络直播，截至2018年6月，共进行159期直播访谈，参与委员184人次，网络总点击量达4828万次。畅通信息公开渠道：依法规范信息公开，2016～2017年全市共受理政府信息公开申请71699件；完善依申请公开行政诉讼败诉报备机制，建立依申请公开促进依法行政机制，及时向相关部门提出工作建议；健全信息申请咨询公开场所，全市3级7类632个政府信息公开场所累计接待公众咨询查阅17万余人次。畅通社区监督渠道：鼓励和支持居民群众通过各种渠道和方式监督社区居民会议、社区居委会和居民议事厅、业主委员会的工作，积极引导居民群众参与社区议事协商和监督评议。

2. 培育健康社会心态工作取得突破

一是注重加强社会心态理论研究。研究制定《关于加强北京市社会心理服务体系建设的意见》。注重发挥社会心理基础理论研究项目专项资金的优势，组织在京各科研院所社会心理专家每年集中研究一个专题。2016年以社会认知为研究主题，2017年以心理健康为研究主题，分别形成了年度北京社会心态蓝皮书。

二是引导社会力量参与社会心态培育。开展“润心工程”心理健康知识大讲堂活动和“大篷车”心理知识进农村活动，两年来开展活动140余场，直接受益群众近2万人。开展以明心、知心、舒心、安心为目标的“四心工程”建设。针对老年人、孕产妇和在校大学生三类人群，编写完成《常见心理问题个体化心理干预服务指南》。

三是加强社会心理服务体系建设。两年来，在16个区共建成41个心理服务站。2018年，引入中社心关爱基金等社会力量，计划在全市16个区开展社会心理服务站点建设，构建“基地＋中心＋站点”的社会心理服务模式，争取3～5年内覆盖全市60%以上社区（村）。

四是加强专业队伍建设。每年集中培训社工500人左右，两年共计培训社工1100人，目前掌握心理学知识的骨干社工基本覆盖每个街道。每年面向260名心理咨询师开展四期专业培训，两年共培训520人。每年为心理咨询志愿者开展1～2期培训，两年共计培训250余人。将精神卫生专业知识

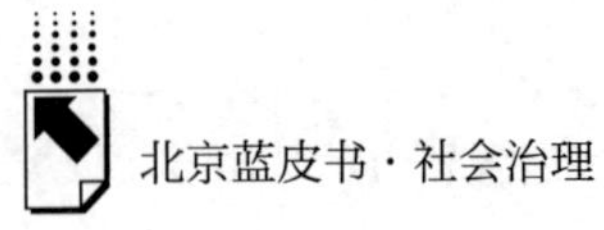

纳入继续教育必修课程，实现了全市22万余名医、技、护、防等专业医疗卫生人员全覆盖。

（六）社会领域党的建设更加深入，党组织、党的工作有效覆盖面明显扩大

1. 社会领域党的建设不断加强

一是落实社会领域党建工作。坚持党建引领，召开全市“两新”组织党建工作联席会部署工作，在东城、西城、朝阳、海淀、丰台、石景山等6区121个街道乡镇逐一督察指导抓“两新”党建工作情况。打造首都互联网企业、律师党建工作品牌，推动出租车、快递、知识产权、房产中介等民生重点行业党建。推动北京新东方教育科技（集团）有限公司、北京链家房地产经纪有限公司等企业成立党委，39个园区全部成立非公经济企业综合党委，目前全市非公企业和社会组织的党组织覆盖率分别达到83%和75%。

二是完善三级党建工作平台。印发专项通知，以区域化党建作为抓手，不断健全区、街乡、社区村三级党建协调委员会，推行区、街道党员领导干部担任下一级党建工作协调委员会主任，着力形成地区事务共建共治共享的工作格局。通过设立街道自主经费、整合社区经费等措施，强化资金统筹使用效能。

三是加强以党建带统战和群团建设。认真开展社会领域的统战工作，制定了《关于加强新的社会阶层人士统战工作的实施意见》，完善《北京市新的社会阶层人士统战工作联席会议制度》，构建社会化大统战工作格局。共青团组织、妇联、总工会等群团组织积极开展思想建设、组织建设、作风建设和反腐倡廉建设。

2. 社区党建、社会组织党建、非公有制企业党建工作基本覆盖

一是创新社会组织党建工作。推动51家市级“枢纽型”社会组织全部成立党建工作机构，实现党的工作覆盖率100%。定期召开全市“枢纽型”社会组织党建工作例会，组织市级“枢纽型”社会组织党务工作者学习培训。按行业按领域加快组建社会组织联合党委，目前已经成立第一批4个联

合党委并开展试点工作。依托社会组织联合党委推进综合党委系统社会组织党的组织建设和党的工作覆盖，目前综合党委已有社会组织党组织608个，覆盖社会组织1280个。

二是推动建立党建工作协调委员会。制定实施《关于建立健全我市区街道社区党建工作协调委员会的通知》，推动各区、街、社区三级区域化党建工作协调委员会机制全覆盖。

二　北京社会治理面临的新挑战和新趋势

（一）北京社会治理面临的新挑战

1. 与满足人民群众实现美好生活的需求相匹配的公共服务能力有待提高

在超大型城市社会治理结构中，街道办事处担负着极为重要的角色。虽然北京市建立了较为完善的公共服务体系，但现有的一些公共服务存在覆盖率不高、知晓度不够、服务队伍不足、服务能力不强等问题，公共服务在解决“最后一公里”方面仍有缺失，不能满足居民日益增长的多样化、个性化需求。比如，“一刻钟服务圈”是政府主导下的社区服务项目，截至2018年6月，覆盖率达到89%，由于是政府行为，城镇居民对“一刻钟服务圈”的知晓度不高，样本区仅为71.2%；社会服务的总体满意度较高，但对宠物管理、停车管理、噪声管理满意度略微偏低，样本区满意度还未达到85%。社区服务管理用房等不均衡不充分在区域之间、街道之间、社区之间还存在显著差异。少数社区由于地域条件、财政条件等多方面因素制约，至今有的服务管理办公用房面积不达标，有的社区还分散在多处办公，有的社区甚至仍在违法建筑、地下室等地方办公，居民进入很不方便，影响社区形象和公信力。

2. 多元主体参与社会治理仍需加强

社会治理是社会多元主体之共同治理，离开了社会多元主体的协同，社会治理就可能变成政府管理的“独角戏”。“十三五”时期以来，北京市在社会动员、社会协同方面有不少创新发展，社会组织蓬勃发展，实名注册的志愿者人数稳步增长，但万人拥有的社会组织数量等指标落后于浙江等地区，驻区单位作用发挥还有较大空间，群众参与社会治理意识和能力不足。具体来说有以下三点。一是驻地单位作用发挥有限。由于单位制基层管理体系改革发展遗留下，社区占有资源的匮乏和驻地单位占有资源的大量闲置形成了巨大的反差，如何突破社区与驻地单位之间资源共享的瓶颈，促进驻地单位积极参与社区治理是多元社区治理中亟须解决的问题。二是社会组织发育不成熟。相对基层巨大的社会需求来说，北京市社会组织发育还不够成熟，社会组织的数量和所占比例相对还比较小，社会组织的运作水平还不够高，社会组织的活动领域相对有限，参与社会治理的程度还不够高，且各社会组织之间的联系与合作相对较少，缺乏社会组织的组合协同优势。三是群众的公共精神不足。社区居民参与社区治理的意愿相对还比较低，主动参与社区治理的群体大多是年龄在60岁以上的退休老年居民，愿意积极主动参与社区组织的各种活动的中青年居民还比较少。社区居民参与社区治理的整体效能比较低，涉及社区公共事务的时候，如物业费的按时收缴等，部分社区居民过于追求维护自己的利益，而忽视其他社区居民甚至小区的整体利益。

3. 推进疏解非首都核心功能的重点工作与流动人口管理之间的张力还需研究

流动人口是经济发展活力的“风向标”，是社会和谐稳定的“晴雨表”。近年来，在北京市委、市政府的统一领导下，全市统筹推进疏解非首都核心功能等政策，人口规模调控工作取得了一定成效。然而，在城市化进程持续推进、北京中心城区吸引力依然强劲的形势下，面对首都流动人口所呈现的一些新特点及流管体制变化等因素的影响，控制首都人口规模工作仍然面临诸多问题和矛盾。一是人口总量大，规模调控红线约束压力大。随着拆迁政策的结束，综合整治等各项工作的持续开展，流动人口规模性下降的趋势不能够长期持续，流动人口总数可能将在较长时期内保持较高水平。在庞大的人口基数下，随着常住人口的机械增长和流动人口的合理流入，全市2300万人口总量红线约束的实现压力依然较大。二是人口红利效益弱化，城市基本公共服务供给压力大。人口增长稀释了城市公共服务供给增量，同时随着人口规模调控政策的进一步深入，养老服务、入托入学、医疗卫生等基本服务供给亟须进一步提升。三是流动人口分布不均衡，城市社会治理难题多。人口分布的极度不平衡使得住房问题、交通拥堵等"大城市病"更为突出。四是相关法规制度不完善，基层人口规模调控和服务管理工作难度高。在顶层设计没有具体化、制度化、法规化的实施细则支撑的情况下，实施疏解调控任务的基层缺少工作抓手，工作思路和方法的创新在一定程度上受到限制，工作效果不够显著。五是流管体制变化下基层流管队伍的运转有待进一步顺畅。流管站、流管员队伍交接和规范化建设工作时间紧、任务重，适应期流管队伍在新的运行模式下还不能完全顺畅地履职，对流管站和流管员队伍工作效率和职能发挥等方面产生了一些影响。

4. "平安北京"建设仍有差距

自2009年北京市印发《关于深入开展"平安北京"建设的意见》以来，北京市把平安建设纳入全市经济社会发展总体规划，紧紧围绕影响全市安全稳定的源头性、根本性问题，积极创新理念思路、体制机制和方法手段，狠抓工作落实，"平安北京"建设取得了显著成效，但对照党的十八大、十九大精神以及推进国家治理体系和治理能力现代化的新要求，"平安北京"建设工作还有较大差距，实际工作中还存在诸多问题和困难。一是平安创建的理念思路上存在差距。在坚持法治引领、问题导向以及信息支撑上存在差距，如运用法治方式把公共安全难题转化为执法司法问题加以解决的能力有待进一步提高；缺乏固定的工作制度和长效机制，人民群众的安全感和满意度还有待进一步提升；创造性地运用现代科技最新成果破解平安建设难题的能力和水平还有待进一步提高。二是平安创建的体制机制不够完善。多方参与的机制不健全，影响了社会主体的参与质量和作用发挥；在依托物联网技术、云计算技术，建设智能安防系统，探索"人力+科技""传统+现代"的风险预警模式方面还缺少全面的有益探索，还没有形成研判、预警、防范风险苗头、隐患先兆的工作机制；还存在部门各自为战、各管一摊的问题，区域协作、部门联动机制没有真正做实。三是平安创建的基层基础仍较薄弱。科技创安有待深化、基础工作有待加强、队伍素质有待提高，如：监控探头的使用率、完好率还不够高，运行维护的方式还有待进一步改进；基层治安防范、流动人口管理、矛盾排查化解等经常性、基础性工作还存在短板，总结推广典型不够，示范引领作用有待发挥。

（二）北京社会治理领域的若干趋势

1. 城乡接合部地区重点村整治工作成社会治理重点

随着城市化进程的加快，大量流动人口、各种不稳定因素逐渐向城乡接合部地区转移。其地处农村与城市的过渡区域，又是农村文明与城市文明碰撞交融的汇合处，往往是矛盾纠纷、治安问题、刑事案件、违法犯罪高发区域，成为社会管理的难点和重点。如何抓好城乡接合部地区综合治理，促进社会和谐稳定，是值得我们认真思考和亟待解决的问题。以顺义区开展城乡接合部地区重点村整治工作为例。2018 年 6 月起，顺义区启动了城乡接合部地区重点村专项整治工作，力争通过集中整治行动，使 35 个城乡接合部重点村庄达到“基本消除安全隐患、管理基本有序、流动人口力争减半”的目标。顺义区城乡接合部地区重点村整治工作取得了阶段性成果，但是在工作推进过程中也暴露出了一些突出问题，比如工作推进进度不平衡、联合执法效能有待加强、部分基层干群思想认识有待提高、长效管理机制有待健全等，有待在今后的工作中予以逐步解决。城乡接合部重点村整治工作不可能毕其功于一役，大量的工作还在后续管理和巩固提高上。进一步提升城乡接合部地区整治工作的实效，要善于透过城乡接合部社会治理的现象看到治理困境的本质，坚持问题导向，找准源头性、根本性、基础性成因，围绕更好发挥政府作用，自觉遵循规律、运用规律，坚持严格依法治理，努力形成综合整治的强大合力，探索建立综合治理的长效机制。

2. 计算机类犯罪成为网络时代不可忽视的问题

随着以“计算机网络”为核心的现代信息技术的向前发展和广泛应用，计算机网络在为国家机关提高工作效率和质量，为企业带来巨大经济效益和无限商机的同时，也产生了一个新兴的犯罪——计算机类犯罪。相关报告显示，以北京市计算机类犯罪案件为分析对象，研究发现北京市计算机类犯罪的主体以男性为主，平均年龄较小，文化程度普遍较高，并且犯罪分子没有明显的户籍特征。北京市计算机类犯罪的犯罪结果发生地主要集中于海淀、朝阳两个城区，所犯罪行以非法获取计算机信息系统数据罪和破坏计算机信息系统罪为主，并且对其判处的刑罚适用缓刑率低。北京市计算机类犯罪的特征为，犯罪行为实施地没有明显地域特征、智能手机设备开始成为计算机类犯罪的新对象、犯罪主体高智商特征明显、犯罪隐蔽性较强。为了有效治理北京市计算机类犯罪，专家建议应从构建完善的法律体系、加强网络警察队伍的建设、加强对计算机类犯罪的防范能力和加强对重点人群和重点地区的宣传教育等方面入手。

三　进一步推进北京社会治理发展的建议

（一）提升基层政府公共服务供给能力

一是对少数社区服务管理办公用房面积不达标的问题开展专项调查。建议市相关部门精心组织，开展全市范围内社区服务管理办公用房不达标专项调查和抽查，对社区服务管理办公用房不达标的现状、不达标原因等进行分析研究，针对不同情况逐个研究解决办法，逐个明确整改的责任单位和整改时限，利用2~4年切实解决少数社区服务管理办公用房不达标问题。举一反三，前瞻性地研究制定《社区服务管理办公用房配置与使用管理办法》，为基层解决新建社区的服务管理办公用房及使用管理问题提供政策依据。二是进一步完善细化“一刻钟服务圈”建设导引标准。结合《北京城市总体规划（2016年—2035年）》的新要求，定期开展居民服务需求及满意度调查，对全市城市建成区的“一刻钟服务圈”建设情况进行调查评估，分析研究“一刻钟服务圈”建设中遇到的新情况和新问题，从顶层强化对“一刻钟服务圈”的总体设计，充分考虑城市建成区基层社区的实际情况，完善细化“一刻钟服务圈”建设导引标准，指导基层根据本地实际情况因地制宜地加强“一刻钟服务圈”建设，积极引导社会资本、社会单位、社会组织、社会企业等参与“一刻钟服务圈”建设，全面补齐“一刻钟服务圈”建设的短板和不足。进一步提高全社会对“一刻钟服务圈”的知晓度，让“一刻钟服务圈”成为北京便民服务的知名品牌。三是进一步加强北京基本公共服务体系建设。针对北京中心城区、城市功能拓展区、城市发展新区、生态涵养区城镇、农村地区分别制定基本公共服务体系建设指导标准，在调查研究的基础上，进一步细化基本公共服务各项内容，如义务教育、就业服务、社会保障、基本医疗和公共卫生、公共文化和体育、住房保障、养老助残、环境保护等的具体内容和工作（建设）标准，指导各区认真查找各自基本公共服务体系建设的短板和不足，进一步加大对基本公共服务体系建设的财政投入力度，进一步加强对社区健身场所、社区托儿机构、社区阅读空间、社区养老驿站、社区康复站等的建设力度，力争在2020年以前全市基本公共服务体系更加完善，填补基本公共服务的“洼地”和“短板”，使全市基本公共服务供给提升到一个新的水平。

（二）提高北京社会治理的社会协同水平

一是以社区党建协调会等为载体，进一步调动驻区单位参与社区治理的积极性。要以社区共驻共建为目标，以社区党建协调会等为载体，社区党组织、社区居委会、社区服务站等要加强与驻区单位的沟通联系，建立稳定的联系沟通渠道，协调不同情况的停车需求，以会员优惠等方式，推动驻区单位资源的共建共享，缓解社区居民停车难等问题，使社区资源与驻区单位资源能够更好地服务社区居民群众。二是提高社会组织培育发展的精准度，以中小规模社会组织为主要培育的目标。在以区为单位，对全市现有社会组织活动范围、社会贡献等进行全面评估的基础上，进一步划分市区民政部门在社会组织培育管理方面的事权，加强对区级、街道（乡镇）级社会组织的培育、管理、扶持等，特别是大力培育具有当地特点的社区基金会等新型社会组织。进一步加大购买社会组织服务的力度，规范社会组织服务项目的评估标准和流程，提高社会组织服务的专业性和公众满意度，从而进一步丰富社会服务的提供者，为全市居民提供专业性更强、覆盖率更高的专业社会组织服务。三是进一步扩大基层社区自治组织选举的参与性。通过广泛宣传动员、多种媒体形式覆盖等，以老年人、少年儿童、育龄妇女、在职党员、下岗失业人员、困难家庭、残疾人家庭等为重点，进一步加大对社区居委会候选人的宣传力度，通过社区居委会候选人发布当选愿景等方式，广泛组织动员居民参与社区居委会选举，逐步扩大社区居委会户代表直接选举的社区比例，逐步提高居民直接选举的社区比例，让更多的居民有机会参与社区居委会等基层自治组织的投票选举。以投票选举为契机，将居民群众组织起来，使他们经常参与社区的居民自治和协商民主，进一步提高社区自治能力和水平。

（三）理顺“疏整促”工作与流动人口社会治理之间的关系

一是进一步理顺北京市人口宏观调控体制，科学引导人口迁移流动。以法律、税收等手段作为成本杠杆，以落实《北京城市总体规划（2016 年—2035 年）》为抓手，坚持以市场机制为导向，进一步细化城市人口调控工作的主体、人口调控的工作内容和人口调控工作的重点，做到人口发展与调控政策有章可循，细化人口发展与调控考核评估机制，完善对各区、部门、乡镇（街道）、村（居）和企业等多层次、跨部门的人口发展与调控考核模式。二是完善立法，制定落实人口规模调控实施细则和制度方案。完善人口流动的信息登记制度，制定租房管理法律法规的具体细则和住房租赁登记合同备案制度细则。三是以民生为本，提升流动人口基本公共服务的享有水平。以改善民生问题为突破口，围绕流动人口最关心、最直接、最现实的系列问题，在流动人口劳动就业、社会保障、子女教育、计划生育、卫生防疫、法制教育、司法援助、户籍治安、居住生活、社会救助等方面推出切实可行的服务举措，从根本上增进流动人口的社会认同感和归属感，提升流动人口的社会融合度。四是完善居住证制度，以居住证的扩展功能推进流动人口服务管理的有序化。如何运用居住证来进行管理仍然需要深入研究，还应制定配套实施细则，完善管理办法。五是规范化管理，加强基层流管站和流管员队伍功能发挥。进一步加大对基层流管站的建设投入和日常保障力度，打造一支数量足、专业强、素质高的基层流管员队伍，为全市人口规模调控和流动人口服务管理水平再上一个台阶打好基础。

（四）深化“平安北京”建设，推进社会治理创新

一是坚持依法治理，确保“平安北京”建设在法治的轨道上运行。进一步提高各级干部依法行政的意识，以法治规范各种行为、促进矛盾化解、维护公平正义、保障社会和谐。进一步完善“平安北京”建设的规章制度，为深化“平安北京”建设提供有力的法治保障。着力提升基层社会治理法治化水平，最大限度地促进群众充分理解、支持、参与平安建设。坚持在法治轨道上破解重点难点问题，不断提高平安建设法治化水平。二是坚持综合治理，进一步完善“平安北京”建设的体制机制。完善平安建设统筹推进机制，切实加强对“平安北京”建设工作的组织领导和统筹推进力度。完善平安建设领导责任机制，推动综治及平安建设各项工作的有效落实。完善平安建设的参与机制，构建人人参与、人人共享的“全民创安”格局。完善平安建设考核评价机制，将综治及平安建设工作继续纳入党委班子和政府成绩考核内容，适当加大考核权重。三是坚持系统治理，进一步做实做强“平安北京”建设的六大体系。以织严织密“七张网络”为切入点，推动首都立体化社会治安防控体系实现新升级。以完善司法调解为重点，推动社会矛盾纠纷多元化解体系建设实现新突破。以京津冀协同发展为抓手，推动流动人口服务管理体系实现新跨越。推进重点整治常态化，构建制度化的重点问题治理体系。根据农村、城市、工业园区的不同特点，构建精细化的基层社会治理体系。以队伍建设为重点，进一步健全完善应急处突体系。四是坚持源头治理，进一步夯实“平安北京”建设的基层基础。建立市场经济条件下的利益均衡制度，深入推进重大决策社会稳定风险评估制度，健全基层政府、基层自治组织对辖区群众的责任机制，最大限度地从源头上预防和减少不稳定因素。

参考文献

赵孟营：《社会治理精细化：从微观视野转向宏观视野》，《中国特色社会主义研究》2016 年第 1 期。

李友梅：《我国特大城市基层社会治理创新分析》，《中共中央党校学报》2016 年第 2 期。

王思斌：《社会工作在构建共建共享社会治理格局中的作用》，《国家行政学院学报》2016 年第 1 期。

蓝志勇：《论社会治理体系创新的战略路径》，《国家行政学院学报》2016 年第 1 期。

社会组织治理篇

Governance of Social Organization

B.2 北京市社区社会组织的发展现状与培育扶持研究*

王世强**

摘　要： 社区社会组织是社会组织的一种重要类型，属于基层社会组织范畴。社区社会组织是由本社区发起，以本社区居民为主要成员，主要在本社区范围内活动的社会组织。近年来，北京市社区社会组织的发展较快，政府在推动社区社会组织发展方面的力度较大，出台了一系列相关政策措施。本报告通过对北京市社区社会组织的实证调研，研究北京市社区社会

* 本报告为北京市社团办委托项目“北京市社区社会组织规范管理与培育扶持课题研究”研究成果。

** 王世强，首都经济贸易大学城市经济与公共管理学院讲师、管理学博士、经济学博士后，主要研究领域为社会组织运作管理、社会组织法律法规与政策、社区服务与社会工作、社会企业。

组织的发展现状，社区社会组织的备案管理体制，以及在推动社区社会组织发展方面的经验做法。

关键词： 北京　社区社会组织　备案管理

一　北京市社区社会组织的发展现状

北京市的社区社会组织比较活跃，在每个社区都有少则几个多则几十个社区社会组织在组织开展活动。广大社区社会组织在提供社区福利服务和社区救助服务、发展社区文化事业、提供社区医疗卫生、推进社区环境保护、排查化解社会矛盾纠纷等方面发挥了重要的作用。

（一）北京市备案社区社会组织的数量

北京市从2009年开始对社区社会组织进行备案管理，当时全市共有社区社会组织11683家。截至2017年6月，根据北京市民政局社团办的统计数据，北京市的备案社区社会组织共有23806家，是2009年的2倍左右。

在社区社会组织的备案时间方面，2003年备案的社区社会组织有2家，2004~2007年每年备案的社区社会组织均为0家，2008年备案的社区社会组织有1家，2009年备案的社区社会组织有2家，2010年备案的社区社会组织有7297家，2011年备案的社区社会组织有1464家，2012年备案的社区社会组织有1323家，2013年备案的社区社会组织有4368家，2014年备案的社区社会组织有2456家，2015年备案的社区社会组织有1087家，2016年备案的社区社会组织有1133家，2017年（截至6月）备案的社区社会组织有1344家（见图1）。

从以上的统计数据可以看出，2010年以来，北京市每年备案的社区社会组织数量均在1000家以上。其中，2010年北京市备案的社区社会组织数量最多，其次是2013年和2014年，其他年份的备案数量都在1000~2000家。

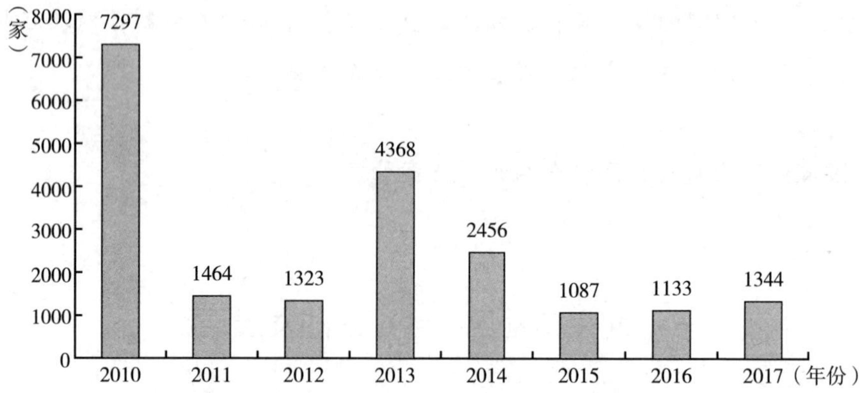

图1　2010～2017年北京市每年备案的社区社会组织数量

注：2017年数据截至6月，下同。

（二）北京市备案社区社会组织的类型

1. 北京市社区社会组织的大类分析

以业务领域为划分标准，北京市一般将社区社会组织划分为文体科教类、福利服务类、治安民调类、环境物业类、共建发展类、医疗计生类等六类。截至2017年6月，北京市各类社区社会组织的数量如下：文体科教类社区社会组织10801家，占总数的45.4%；福利服务类社区社会组织5285家，占总数的22.2%；治安民调类社区社会组织3113家，占总数的13.1%；环境物业类社区社会组织1773家，占总数的7.4%；共建发展类社区社会组织1765家，占总数的7.4%；医疗计生类社区社会组织1036家，占总数的4.4%；未注明类别的社区社会组织33家，占总数的0.1%（见图2）。

由此可见，文体科教类的社区社会组织占北京市社区社会组织总量将近一半，其他类型社区社会组织占比过小，比如环境物业类和医疗计生类的社区社会组织，社区居民对这些方面服务的需求比较迫切，但是这些类别的组织仍然过少。

2. 北京市社区社会组织的小类分析

在六类社区社会组织之下，还可以细分为一些更为具体的社会组织类

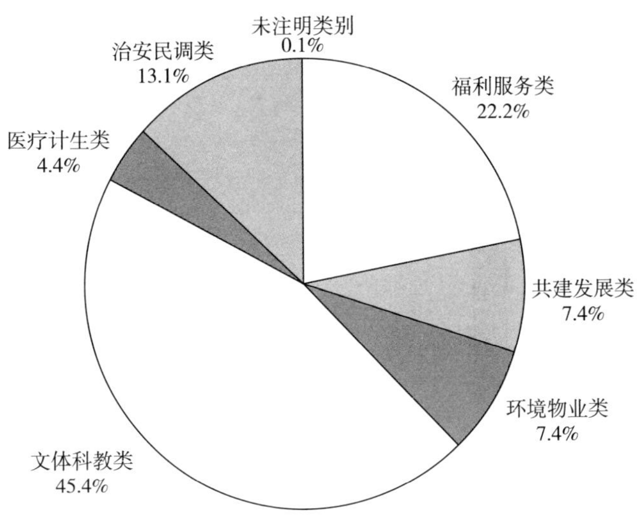

图2　北京市备案社区社会组织的类型

型。下面按照不同的具体小类，对北京市的社区社会组织类型进行具体分析。

(1) 文体科教类社区社会组织的具体分析

北京市的文体科教类社区社会组织数量较多，其中的具体类型也较多。

①文艺类：在文艺类社区社会组织中，有舞蹈队1834家，合唱队1677家，秧歌队634家，书画队616家，京剧队235家，腰鼓队190家，模特队189家，摄影队116家，评剧队51家，葫芦丝队43家（见图3）。由此可见，文艺类社区社会组织中最多的是舞蹈队和合唱队，其数量遥遥领先于其他类型的文艺组织。

②体育类：在体育类社区社会组织中，有太极队791家，健身队667家，乒乓球队444家，手工编织队200家，棋牌组织172家，柔力球队143家，门球队103家，武术队76家，空竹队59家，羽毛球队46家，篮球队24家，登山队13家，毽球队8家（见图4）。由此可见，体育类社区社会组织的活动项目有很多是老年人喜欢的中华传统项目，如太极拳、武术、空竹等。

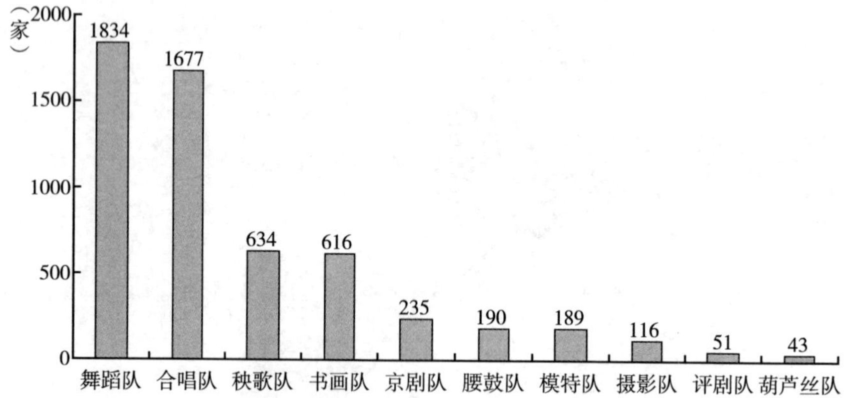

图3　北京市文艺类社区社会组织的数量

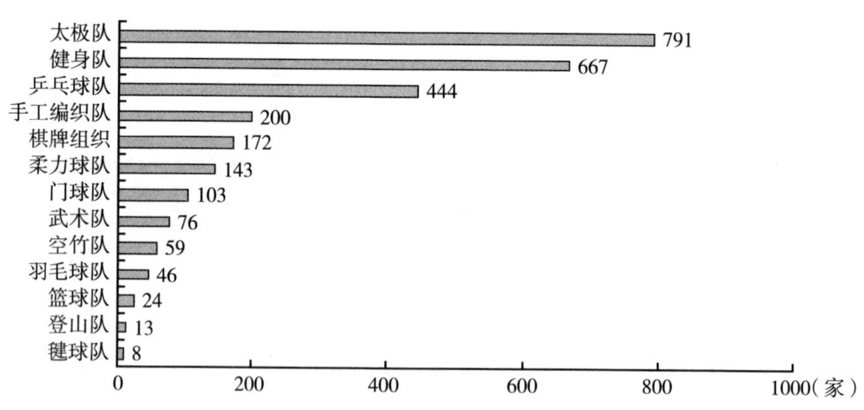

图4　北京市体育类社区社会组织的数量

③教育类：在教育类社区社会组织中，有外语学习组织106家，培训组织14家，老年大学10家（见图5）。外语学习组织适应了北京举办奥运会的需求，在涉外活动较多、外国人聚居的区域有较多此类组织。

（2）治安民调类社区社会组织的具体分析

在治安民调类社区社会组织中，有治安巡逻队1442家，居民调解组织230家，法律服务组织197家，消防队89家，居民维权组织35家（见图6）。北京市的社区治安巡逻队的数量较多，除了日常性的社区治安巡逻以外，还承担重大活动期间的社区安全防范工作。

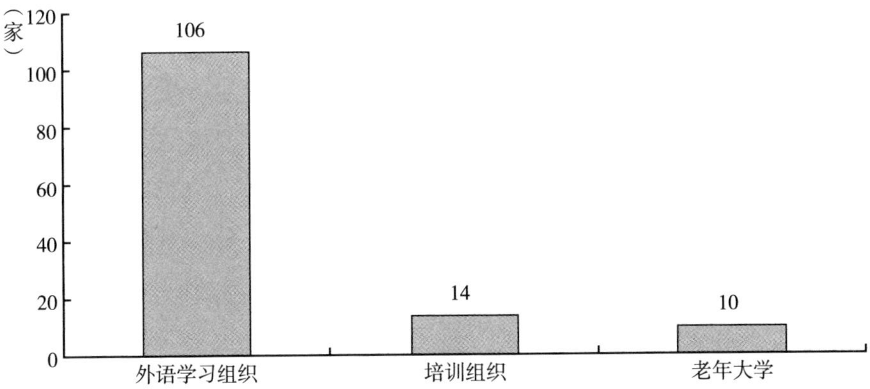

图 5　北京市教育类社区社会组织的数量

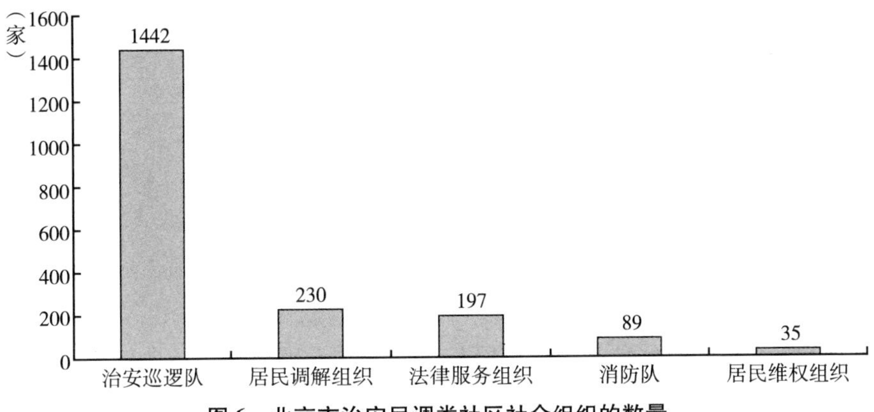

图 6　北京市治安民调类社区社会组织的数量

（3）环境物业类社区社会组织的具体分析

在环境物业类社区社会组织中，有环境卫生组织 1082 家，文明养犬组织 289 家，物业服务组织 42 家（见图 7）。很多老旧小区没有物业公司或物业公司的服务不到位，居民自发组建了清扫环境的志愿服务队，还成立了养犬户自我管理、自我监督的养犬协会。

（4）医疗计生类社区社会组织的具体分析

在医疗计生类社区社会组织中，有计划生育组织 834 家，医疗保健组织 160 家（见图 8）。计划生育组织主要是社区计划生育协会，负责宣传国家的计划生育政策，服务于广大育龄群众。

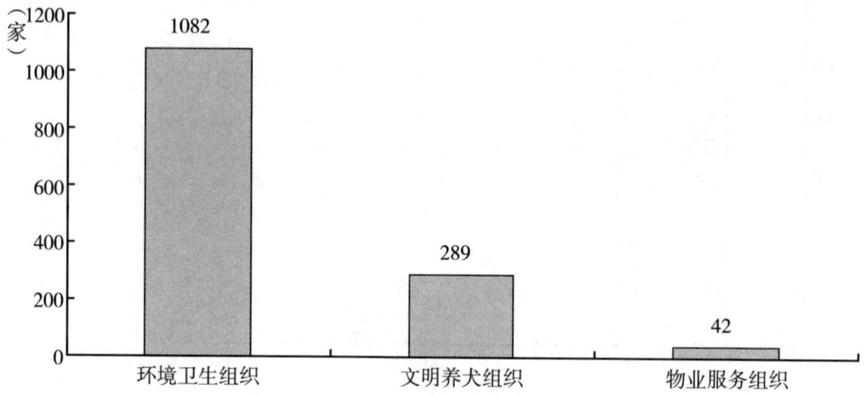

图7　北京市环境物业类社区社会组织的数量

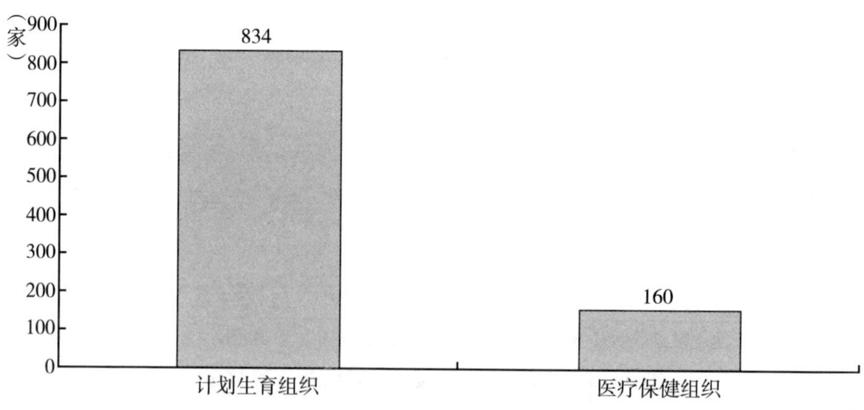

图8　北京市医疗计生类社区社会组织的数量

（5）福利服务类社区社会组织的具体分析

在福利服务类社区社会组织中，有志愿者（义工）组织1256家，助老组织1778家，助残组织482家，妇女组织121家，儿童青少年服务组织38家，理发队64家，慈善组织32家，维修队25家，心理服务组织9家（见图9）。志愿者组织主要是指社区志愿者协会、志愿服务队，平时组织开展各类公益服务活动。针对某一类弱势群体的社区社会组织发展较快，尤其是助老、助残领域的组织，其服务的专业化程度大大提升。

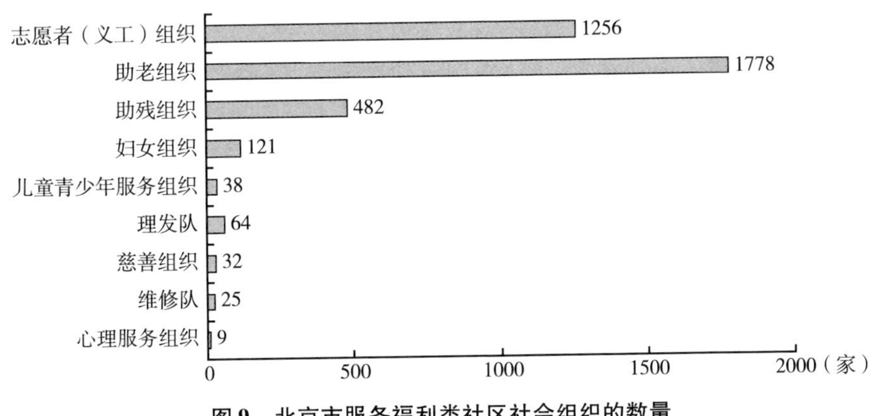

图9　北京市服务福利类社区社会组织的数量

（6）共建发展类社区社会组织的具体分析

在共建发展类社区社会组织中，有居民自管会182家，文明劝导队169家，居民议事厅52家，党建组织15家（见图10）。居民自管会、文明劝导队和居民议事厅是动员居民参与社区治理的组织，为居民参与社区公共事务提供了平台。

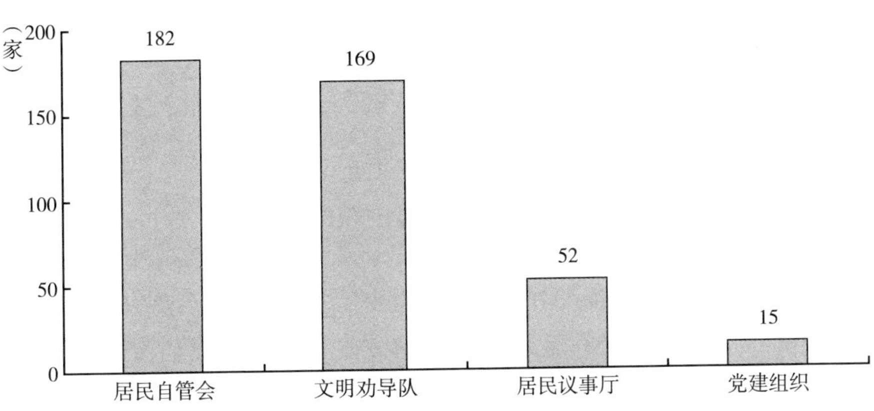

图10　北京市共建发展类社区社会组织的数量

（三）北京市备案社区社会组织的区域分布

1. 北京市备案社区社会组织在区级层面的分布

在北京市16个区中，各个区备案的社区社会组织数量并不平衡。截至

2017 年 6 月，朝阳区备案的社区社会组织有 4222 家，占全市的 17.7%；西城区有 3937 家，占全市的 16.5%；海淀区有 2939 家，占全市的 12.3%；丰台区有 2635 家，占全市的 11.1%；通州区有 1929 家，占全市的 8.1%；东城区有 1843 家，占全市的 7.7%；顺义区有 1734 家，占全市的 7.3%；大兴区有 951 家，占全市的 4.0%；石景山区有 717 家，占全市的 3.0%；昌平区有 688 家，占全市的 2.9%；门头沟区有 682 家，占全市的 2.9%；平谷区有 439 家，占全市的 1.8%；密云区有 358 家，占全市的 1.5%；怀柔区有 266 家，占全市的 1.1%；房山区有 229 家，占全市的 1.0%；延庆区有 199 家，占全市的 0.8%（见图 11）。此外，未注明所在区的有 38 家。

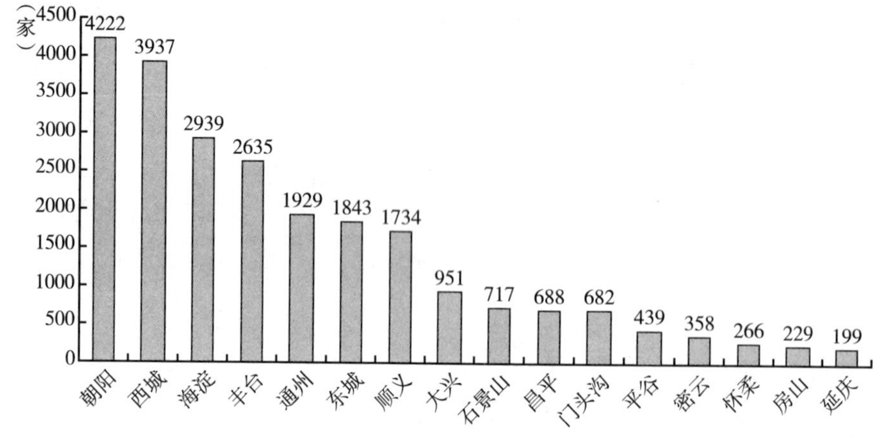

图 11　北京市各区的备案社区社会组织数量

由此可见，北京市各区中，备案社区社会组织数量排名前三位的区分别为朝阳区、西城区、海淀区，前三个区备案社区社会组织的数量占全市的 46.6%；社区社会组织数量排名后三位的区分别为怀柔区、房山区、延庆区，后三个区备案社区社会组织的数量仅占全市的 3.0%，数量差距相对明显。

2. 北京市备案社区社会组织在街道乡镇层面的分布

在北京市的 331 个街道（乡镇）级行政单位中，绝大多数的街道（乡镇）都有备案社区社会组织，但是数量差距很大，有的街道的备案社区社会组织有几百家，而有的街道的备案社区社会组织只有几家。截至 2017 年 6 月，北京市备案社区社会组织数量最多的五个街道是西城区白纸坊街道（575 家），顺义区胜利街道（547 家），丰台区新村街道（438 家），西城区德胜街道（420 家），西城区广外街道（404 家）（见图 12）。

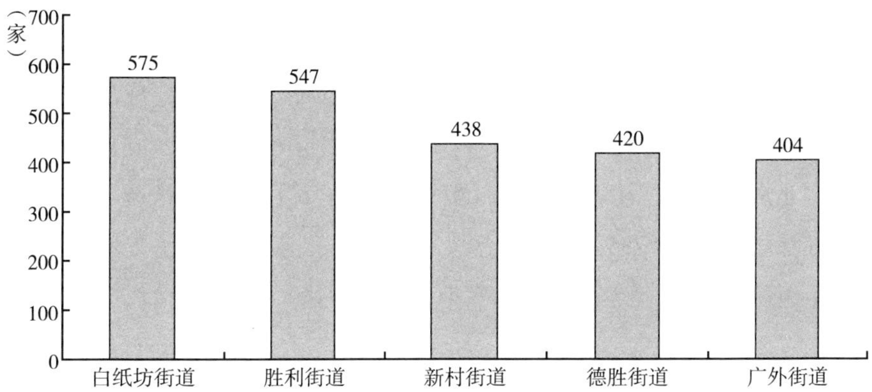

图 12　北京市前五位街道的社区社会组织数量

3. 北京市备案社区社会组织在社区层面的分布

如图 13 所示，截至 2017 年 6 月，在北京市各社区的层面，备案社区社会组织的数量排名前十位的社区是通州区玉桥街道玉桥东里南社区（52 家），丰台区新村街道万柳西园社区（51 家），东城区东华门街道南池子社

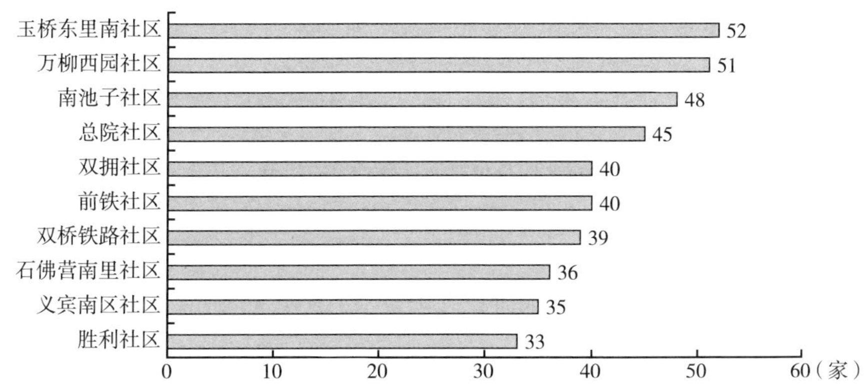

图 13　北京市前十位社区的社区社会组织数量

区（48家），东城区东四街道总院社区（45家），顺义区光明街道双拥社区（40家），西城区什刹海街道前铁社区（40家），朝阳区三间房地区双桥铁路社区（39家），朝阳区东风地区石佛营南里社区（36家），顺义区胜利街道义宾南区社区（35家），顺义区胜利街道胜利社区（33家）。

（四）北京市社区社会组织的状态

社区社会组织如果存在完成章程规定宗旨、无法按照章程规定的宗旨继续开展活动、发生分立或合并、自行解散之中的一种情形的，应当终止。

在北京市的社区社会组织中，截至2017年6月，备案情况为“正常”的社区社会组织有22358家，占总数的93.9%；备案情况为“终止”的社区社会组织有1448家，占总数的6.1%（见图14）。

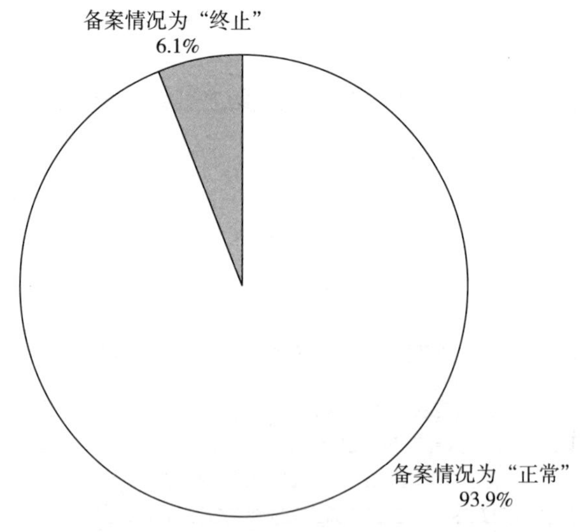

图14　北京市社区社会组织的状态

二　北京市社区社会组织的备案管理体制

要促进社区社会组织的有序发展，应建立明确的社区社会组织备案管理体制。2009年，北京市民政局出台了《北京市城乡社区社会组织备案工作规则（试行）》（京民社发〔2009〕555 号），明确了对不具备登记条件的社区社会组织采取备案制的管理形式。备案工作的开展，有力地促进了北京市社区社会组织的健康发展，为社区社会组织参与社区治理奠定了法制基础。

（一）社区社会组织备案的主管部门

社区社会组织备案的主管部门，如民政局、街道办事处（乡镇）和居委会（村委会）有不同的职能划分。与社会组织的管理体制不同，社区社会组织的管理主要由街道办事处（乡镇）负责，一般由街道办事处或乡镇人民政府民政部门负责社区社会组织的备案、变更和注销等工作。社区居委会或村民委员会最熟悉社区社会组织的情况，所以，社区社会组织的申请受理、初审和日常管理等工作一般由社区负责，社区居委会还常常对社区社会组织的日常活动给予一定的指导和支持。区级民政部门主要负责社区社会组织备案政策的贯彻落实，对街道社区社会组织的备案管理等相关工作进行统筹、指导、协调和监督。

不同街道负责社区社会组织备案管理的主责部门存在一定的差异，有些街道是由社会办负责，有些街道是由民政部门负责，还有些街道是由社区服务中心负责。

（二）社区社会组织备案的条件

按照相关规定，北京市社区社会组织的备案应当具备一定的条件，主要包括以下几个方面。①有一定数量的成员。社区社会组织备案不要求有专职工作人员，但要有一定数量的日常参与活动的人员，比如会员、骨干成员、志愿者等。但是，《北京市城乡社区社会组织备案工作规则（试行）》并未规定“一定数量”的具体人数，其他地方（如大庆市、衢州市）规定社区社会团体的会员总数不少于 10 人，社区民办非企业单位的从业人数不得少于 3 人。②有规范的名称。备案社区社会组织的命名规则在遵循社会组织名称规范的基础上，还包含了街道和社区的名称，社区社会组织的名称由

“市＋区＋街道（乡镇）＋居（村）委会＋业务范围的反映＋社团性质的标识名称”组成，社区民办非企业单位的名称由“市＋区＋街道（乡、镇）＋居（村）委会＋字号＋行业或业务领域＋组织形式”组成。③有主要负责人。社区社会组织没有法人代表，但要有明确、稳定的负责人，负责该组织的各项事务，负责人应当具有完全民事行为能力，并承担相应的法律责任。④有一定的活动资金。没有一刀切地规定资金的具体数额，是因为社区社会组织普遍没有任何收入，缺乏资金，只要求其活动开展能有稳定的资金支持。⑤有长期的、固定的活动内容。备案社区社会组织应当有经常性和持续开展的活动，组织活动比较活跃。⑥有相对固定的活动场所。对活动场所的要求不高，不要求必备自有产权或租赁的办公室，可以为借用的社区活动室，也可为公共的街角、公园等室外场所。

（三）社区社会组织备案的内容

按照相关规定，北京市社区社会组织备案的内容主要包括以下几点。①名称。名称是社区社会组织的全名，名称中应体现社区社会组织的类别，即社会团体或民办非企业单位。②负责人。负责人只有一个，即社区社会组织的会长、队长等。③活动内容。活动内容是指社区社会组织的业务范围，比如开展公共服务、提供志愿服务、参与便民利民服务等。④人数。人数是指社区社会组织的会员、核心骨干成员的总人数。⑤活动场所。活动场所要写明所在街道、乡镇和社区以及具体地址、面积。⑥章程。章程可参照民政局制定的《社区社会团体章程示范文本》《社区民办非企业单位章程示范文本》，章程中应载明业务范围、活动地域、活动经费筹措方式、民主议事规则等。社区社会团体和社区民办非企业单位的性质不同，其章程应反映组织的内部治理结构，并写明盈余不得分红，备案注销后的剩余财产用于社区社会组织所属区域的相关公益事业。

（四）社区社会组织备案工作的流程

社区社会组织的备案工作要遵循一定的流程。目前的北京市社区社会组织的备案流程主要有以下几方面。①社区社会组织由拟任负责人向活动所在地的居（村）委会提出备案申请。申请人主要提交以下材料：备案申请书（写明申请成立的原因、目的），章程，其他应该备案的内容。②居（村）委会在收到社区社会组织的申请材料后，经过初审如果材料齐备、符合法定形式的，要告知受理。受理后的五日内在社区公告栏上进行公示，公示的时间是七天。公示内容主要包括社区社会组织的名称、章程、负责人、人数、活动内容、活动地点等。如对公示有异议的，由居（村）委会召开居民（村民）代表会议，进行集体讨论，表决通过后上报。③公示期满后，居（村）委会应将社区社会组织的备案申请材料和公示情况上报给街道办事处（乡镇人民政府）相关部门。街道办事处（乡镇人民政府）相关部门在收到材料后的五日内提出复审意见，如果同意备案，则为社区社会组织颁发备案证书。

实践中，有一些社区社会组织的活动范围不局限于一个社区内，甚至是在整个街道层面开展活动，《北京市城乡社区社会组织备案工作规则（试行）》对这些跨社区的社区社会组织如何申请备案并没有进行规定。笔者认为，应允许这类社区社会组织直接到街道办事处（乡镇人民政府）相关部门进行备案登记，由街道（乡镇）相关部门直接受理审核登记。

三　北京市扶持社区社会组织发展的经验做法

相对而言，北京市社区社会组织的发展基础较好，政府较早地探索对社区社会组织的培育扶持，并且取得了比较丰富的实践经验，其中很多经验做法值得在全国推广。

（一）制定推动社区社会组织发展的政策文件

1. 市级层面推动社区社会组织发展的政策文件

2009 年 12 月，北京市民政局颁布了《北京市城乡社区社会组织备案工作规则（试行）》（京民社发〔2009〕555 号）。该文件使用“城乡社区社会组织”的称谓，其所指的社区社会组织是“以本社区地域为活动范围，以满足城乡社区居民文体活动、公益慈善、志愿服务、社区服务、社区公共事务管理等需求为目的，由社区居民自愿组成，且不具备法人登记条件的社会组织”。[①] 备案制，解决了社区社会组织的合法性问题，将其纳入了社会组织登记管理部门统一管理。

2011 年 6 月，北京市民政局印发了《北京市“十二五”时期城乡社区服务工作行动方案》，明确提出“大力培育城乡社区社会组织，通过提供场地、政府购买服务、项目资金支持等方式，加大对社区社会组织的培育力度。重点培育慈善公益类、志愿互助类、社区服务类等社会组织。对不具备登记条件的社区社会组织，按照规定进行备案管理”。[②] 同时，提出了明确的数量要求：到“十二五”期末，北京市的每个社区最少要有三个以上的社区社会组织。

2014 年 1 月 3 日，北京市民政局颁布了《北京市民政局关于大力发展城乡社区社会组织的意见》（京民社发〔2014〕34 号），提出大力发展五类社区社会组织：“生产生活服务类社区社会组织、社会事务类社区社会组织、居民自治类社区社会组织、志愿公益类社区社会组织、文体活动类社区社会组织。”[③]

2. 区级层面推动社区社会组织发展的政策文件

北京市的一些区结合本区实际，出台了本区的社区社会组织备案工作细则。2010 年 5 月，北京市海淀区出台了《海淀区城乡社区社会组织备案工作细则（试行）》。2015 年 6 月，北京市门头沟区出台了《门头沟区社区社会组织备案管理暂行办法》。为规范社区社会组织的发展，北京市西城区先后制定了《关于西城区进一步加强社区社会组织管理工作的意见》《关于西城区各街道建立民间组织服务中心的实施意见》《西城区社区社会组织管理达标标准》等一系列文件，对社区社会组织进行规范化管理和指导。

---

① 参见《北京市城乡社区社会组织备案工作规则（试行）》（京民社发〔2009〕555 号）。

② 参见《北京市“十二五”时期城乡社区服务工作行动方案》。

③ 参见《北京市民政局关于大力发展城乡社区社会组织的意见》（京民社发〔2014〕34 号）。

（二）建立社区社会组织的管理体制

北京市西城区从2005年开始，探索建立区、街、居“三级管理”和区、街“两级服务”工作体制。在区级成立社会组织服务中心，在街道一级成立社会组织服务中心或社区公共服务协会，由主管主任、科长和专干负责社区社会组织的培育、指导和扶持等工作，健全了社区社会组织的培育扶持机制。

经过长期的探索实践，北京市东城区形成了“一委三会一站、五位一体、六层联动”模式。“一委”是社区党委（或社区党总支、社区党支部），“三会”主要是指社区居民会议、社区居委会和社区代表会议，“一站”是社区服务站。在“六层联动”中，社区党组织是领导层，社区居民会议是决策层，社区居委会是执行层，社区服务站是公共服务层，社区社会组织是协同层，社区单位和居民是参与层。

（三）明确社区社会组织的培育扶持体系

为鼓励和支持社会组织参与社会治理，北京市东城区出台了《东城区培育和发展社区社会组织的意见》《关于进一步规范社区公益事业专项补助资金使用管理的通知》等一系列政策文件，明确采取政府资助、以奖代补、政府购买等多种方式，为社区社会组织的发展提供资金支持。

（四）政府购买社会组织服务的力度加大

北京市的政府购买服务力度较大，经过多年发展，很多市级部门、区级部门以及街道、社区都广泛开展了政府购买服务，有力地推动了社区社会组织的发展。

1. 市级层面

从2011年开始，北京市民政局利用福利彩票公益金资助社会组织开展公益服务项目，项目资助总金额为2000万元。从2010年开始，北京市社工委开始使用市级社会建设专项资金购买社会组织服务项目。购买服务的项目公告通常在每年1月发布，2月底截止申报。2018年，北京市社工委向全市社会组织购买500个服务项目，项目总资金超过1亿元。北京市总工会购买职工服务类的社会组织服务项目，购买服务从2013年开始，2017年的资金总额为500万元。北京市残联购买社会组织的助残服务类项目。从2014年开始，北京市残联开展了定向购买助残服务的试点工作，目前购买资金总额为7000万元。

2. 区级层面

朝阳区社工委从2011年开始使用社会建设专项资金782万元购买社会组织服务项目，此后逐渐加大购买服务力度，2014年区级财政出资2219万元购买295个项目，2016年达到了3000万元，购买了308个项目。

西城区是全国社会组织建设创新示范区，政府购买服务资金的投入较大。2009年西城区政府购买服务的资金为1000万元，2010年为2000万元，2016年政府购买服务资金达到了3000万元，一共购买了102个社会组织项目。

东城区民政局从2014年起开展公益创投，每年投入几十万元支持公益组织开展服务。2014年、2015年、2016年三届公益创投的资金数额分别为40万元、60万元、85万元。

石景山区社工委使用社会建设专项资金购买社会组织服务，并且购买金额逐渐递增。在2016年使用社会建设专项资金900万元，购买了75个服务项目。

大兴区社工委使用社会建设专项资金购买社会组织服务，近4年的购买额度分别为2014年400万元、2015年500万元、2016年800万元、2017年1000万元。

门头沟区从2012年起购买社会组织公益服务，每年设立约500万元政府购买服务专项资金。

房山区社工委使用社会建设专项资金购买社会组织服务，2016年投入资金为300万元，购买了22个社会组织服务项目。

通州区从2013年开始购买社会组织服务，投入100万元购买了19个项目。2014年，通州区民政局投入200万元购买了25家社会组织的25个服务项目。

3. 街道社区层面

基层政府（或其派出机构）和基层群众性自治组织购买服务的资金主要是社区党组织服务群众专项经费和社区公益事业专项补助资金。

（1）社区党组织服务群众专项经费。社区党组织服务群众专项经费主要用于为社区和党员群众办实事、解难题，具体包括社区公共设施的建设和维护，社区各类为民服务活动的开展，社区内特困党员群众的帮扶救助，社区公益性便民服务场所和服务设施的建设维护以及社区群众迫切需要解决的其他服务事项。北京市每个社区每年党组织服务群众专项经费为20万元，有些街道还会再配发3万~4万元。很多街道的社区数量能达到十几个，这样每个街道的资金总量就比较大，会达到300万元甚至更多。北京市的一些街道将这笔专项经费用于购买社会组织服务，为社区居民和党员提供服务，如北京市朝阳区常营乡在2015年投入了300多万元党组织服务群众专项经费用于购买社会组织服务。

（2）社区公益事业专项补助资金。“社区公益事业专项补助资金可以用于购买服务项目，培育扶持社区社会组织发展，以及用于社区公益活动所需要的场地、奖品、宣传、劳务等费用。”[①] 从2005年起，北京市级财政每年为每个社区拨付8万~15万元作为社区公益事业专项补助资金，用于支持社区的公益事业。社区公益事业专项补助资金可以用于支持社区便民服务队、志愿者服务队、社区文体队伍等。目前，北京市有些社区已经把社区公益事业专项补助资金用于购买社会组织的服务。

（五）“三社联动”助推社区社会组织发展

“三社联动”有利于充分发挥社区社会组织的作用，激发社区社会组织

① 参见《北京市社区公益事业经费专项补助资金管理办法》。

的活力。2014 年 4 月 16 日，北京市民政局印发了《开展 2014 年专业社工助推社区社会组织发展（1 +1）行动方案》，明确提出："开展专业社工助推社区社会组织发展（1 +1）行动，进一步推动社工、社区和社会组织的'三社联动'，从社区社会组织管理和培育发展的体制创新入手，探索建立政府引导、社区社会组织联合会组织协调、社会工作机构专业支持、社区和社区社会组织广泛参与的社区社会组织管理和培育体系，不断提升社区社会组织的服务能力与水平，发挥社区社会组织在社会综合治理中的积极作用。"[①] 2015 年 12 月，北京市民政局又印发了《关于加快"三社联动"推动基层社会治理创新的意见》，明确了加快推进"三社联动"的工作措施和工作要求。

为了培育社区社会组织，北京市民政局从 2013 年起，利用福利彩票公益金开展了"专业社工助推社区社会组织发展行动"，由专业社工机构派遣社工到社区，指导和帮助社区社会组织，促进了社区社会组织的自我发展、自我管理、自我服务。2013 ~2015 年，北京市民政局共申请中央财政资金和市福利彩票公益金支持 305 万元。[②]

2013 年初，"北京市朝阳区结合农村地区实际，推出社会组织、专业社工、社区居民'三社一体化'试点工作，旨在通过社区这个平台，培育专业社工队伍与社区社会组织，以居民需求为导向，以专业的社会工作理念为引导，提高社区服务管理和居民自治能力。截止到 2016 年，朝阳区农村地区的 178 个社区，其中 35 个社区已经开展了'三社一体化'试点项目"。[③]

（六）在街道层面建立社区社会组织联合会

社区社会组织联合会能够发挥整合社区资源、推动社区社会组织发展等

① 参见《开展 2014 年专业社工助推社区社会组织发展（1 +1）行动方案》。

② 北京市民政局调研课题组编《北京市社区社会组织管理体制与扶持发展研究》，2016 年 11 月。

③ 李庆国：《"三社一体化"推进社区和谐共治》，《农民日报》2016 年 1 月 23 日。

作用，通过资金扶持、能力建设、提供信息等方式对社区社会组织给予指导和支持。

2017 年，北京市朝阳区的所有街道都成立了社区社会组织联合会，充分整合会员资源，发挥组织优势，开展各种社区公益活动，为社区居民提供便捷有效的社区服务。北京市顺义区在各街道普遍成立了社区社会组织联合会。顺义区对街道社区社会组织联合会一般采取二级管理模式：一级社区社会组织联合会为街道级联合会，二级社区社会组织联合会为各类不同的协会组织。街道社区社会组织联合会一般下设为老服务、助残、助困、戏曲、书画、舞蹈、平安志愿者、邻里关系调解等协会。联合会的主要职能是组织辖区社会组织积极参与辖区的社会公益事业，加强辖区内社区社会组织之间的交流与合作，指导居民增强自治与管理能力。

（七）对社区社会组织进行孵化

设立社会组织孵化器是政府培育社区社会组织发展的创新举措，为初创期社区社会组织提供办公场所、办公设备、能力建设、政策辅导、启动资金、注册协助等方面的服务，促进优秀社会组织和公益项目不断成长壮大。

2017 年 3 月 9 日，北京市民政局出台了《北京市民政局关于社会组织培育孵化体系建设的指导意见》（京民社发〔2017〕61 号），明确提出："街道（乡镇）社会组织培育孵化机构依托社区服务中心和城乡社区服务站，建立社区社会组织综合服务平台，为社区社会组织提供组织运作、活动场地、活动经费、人才队伍等方面支持。"① 与社区社会组织联合会紧密结合，协助做好社区社会组织备案管理工作，为社区、社会组织、社工人才协同工作项目提供服务，为市、区社会组织落地社区项目提供支持。

目前，北京市已经初步建立了市、区、街三级组织孵化与培育联动机制，即以市孵化中心为核心，联合区级社会组织孵化培育基地、街道

---

① 参见《北京市民政局关于社会组织培育孵化体系建设的指导意见》（京民社发〔2017〕61号）。

级资源枢纽平台。2010 年，北京市社会组织孵化中心由北京市社会建设工作办公室建立，委托专业机构进行日常服务和管理，主要服务内容是：对初创期的民间公益组织提供前期孵化、能力建设、发展指导等关键性支持。2016 年，北京市民政局挂牌成立了北京市社会组织发展服务中心，委托专业机构运营，主要发挥创业支持、资源交易、事务代理、会议会展等方面的服务功能，是促进全市社会组织学习交流、互动参与的重要载体。

北京市朝阳区建立起了“一中心，多基地，N 空间”的社会组织服务平台，包括 1 个区级社会组织服务中心（社会动员中心），43 个街乡社会组织服务基地，135 个社区公益空间，为社会组织提供从培育孵化到项目研发落地的“一条龙”服务。①

（八）降低社区社会组织的登记注册门槛

2014 年，密云区降低了社会组织登记的准入门槛。涉农类、社区服务类、公益慈善类社会组织注册资金由原来的 3 万元降低为 1 万元，会员总数由原来的 50 个降低为 20 多个②，进一步推动了社区社会组织的发展。

参考文献

李雪萍、曹朝龙：《社区社会组织与社区公共空间的生产》，《城市问题》2013 年第 6 期。

高红：《社区社会组织参与社会建设的模式创新与制度保障》，《社会科学》2011 年第 6 期。

---

① 《回眸 2016——朝阳区 2016 年社会组织工作成绩显著》，北京社会建设网，http://www.bjshjs.gov.cn/2017/0421/4600.shtml。

② 《密云县民政局以创新管理助力社会组织发展》，北京市民政信息网，http://www.bjmzj.gov.cn/news/root/qxmz/2014-10/111683.shtml?NODE_ID=root。

赵罗英、夏建中:《社会资本与社区社会组织培育——以北京市 D 区为例》,《学习与实践》2014 年第 3 期。

吴素雄、郑卫荣、杨华:《社区社会组织的培育主体选择:基于公共服务供给二次分工中居委会的局限性视角》,《管理世界》2012 年第 6 期。

袁建军:《新型城镇化进程中社区社会组织发展的三重困境》,《天津社会科学》2014 年第 5 期。

B.3

北京市“三社联动”模式中社工机构参与社区服务的现状与对策研究

王　杨*

摘　要： 北京市在探索社区治理创新过程中，形成了具有北京特色的“三社联动”模式，社工机构嵌入社区参与社区服务为北京模式的重要特征和表现形式。本文通过对北京市社工机构的问卷调查，分析了北京市社工机构参与社区服务的现状，并以嵌入性为视角，建立了社工机构社区融入程度的影响因素模型。在调查研究基础上，从政府政策和社工机构参与实践两方面提出进一步推动首都社区治理创新的对策建议。

关键词： “三社联动”　社工机构　社区服务　社区治理

一　问题的提出与研究设计

《民政部财政部关于加快推进社区社会工作服务的意见》中提出要“建立健全社区、社会组织和社会工作专业人才联动服务机制”。[①] 在推动基层社区治理创新的过程中，各地方围绕“三社联动”进行了诸多政策和实践创新，也出现了不少“三社联动”的典型和成功案例。北京市是全国较早

* 王杨，管理学博士，北京科技大学马克思主义学院副教授，研究方向为基层党建、社区治理、社会组织。

① 参见《民政部财政部关于加快推进社区社会工作服务的意见》。

开展“三社联动”实践探索的地区，通过项目化的政府购买服务、社会工作队伍培养、社区建设等方式探索“三社联动”的社区治理创新模式，初步形成了具有北京特色的“三社联动”模式。

北京特色的“三社联动”模式，即通过支持社工机构协助街道（社区）强化能力建设、进行居民需求评估、设计服务项目、孵化社区社会组织，进而形成的以社区为综合平台，社工机构为专业载体，社区社会组织和社区工作者为核心力量的社区治理创新模式。在这一模式中，社工机构是重要主体和专业载体，社会工作参与社区服务主要以组织化形式嵌入社区，即以社工机构参与社区服务为表现形式。社工机构在社区服务中与社区居委会建立合作关系，为社区提供专业服务或服务设计、规划，社工机构参与社区服务是北京市社区治理创新的显著特色和重要经验。

已有研究同样指出，随着政府向社会组织购买公共服务的增多，社工机构成为政府所需公共服务的主要提供商。随着社会福利服务焦点逐渐向城市社区转移，社区服务成为政府购买服务的重点，大量社工机构承接政府购买的社工服务项目，将其“落地”于社区，参与到社区服务中。于是，“社会工作嵌入从最初社会工作教育者和学生的个体化嵌入走向组织化嵌入阶段”①，“社区成为社会工作嵌入的主要领域，社工机构的社区嵌入性成为理解社会工作嵌入的主要议题”②。然而，“社工机构介入社区获得社区嵌入性同时面对制度困境和资源困境。由于社会工作是新的制度和结构，参与社区治理时会遇到原有社区系统结构的阻力，与原有社区体系产生张力，不能被接纳和包容”③；“NGO 发育不良与结构性资源短缺”④；社工机构的管理能

① 王思斌：《走向承认：中国专业社会工作的发展方向》，《河北学刊》2013 年第 6 期，第 108～113 页。

② 顾东辉：《5·12 震后社区中社会工作的专业智慧》，《西北师范大学学报》（社会科学版）2009 年第 3 期，第 46～48 页。

③ 王思斌：《社会治理结构的进化与社会工作的服务型治理》，《北京大学学报》（哲学社会科学版）2014 年第 6 期，第 30～37 页。

④ 陈友华、苗国、彭裕：《中国社会工作发展及其面临的体制性难题》，《思想战线》2012 年第 3 期，第 28～33 页。

力和服务能力有限，管理关系不顺，运营管理出现问题等影响了社工机构的嵌入性。面对这些困境，社工机构嵌入街居有“隔离型”“冲突型”“互惠型”三种类型，在数量上“冲突型”居多，而“互惠型”屈指可数。[①] 然而，随着实践的发展，社工机构参与社区服务越来越多，并有许多比较成功的地区实践，以北京特色的“三社联动”模式为例，其运行状况如何，经验何在，有哪些问题，应该如何进一步完善，成为主要的研究问题。

为深入研究北京市社工机构参与社区服务的现状，分析“三社联动”的北京模式的特点和经验，并提出进一步推动首都社区治理创新的对策建议，笔者对北京市的社工机构参与社区服务的状况做了问卷调查。数据来自笔者参与的一项北京市社工机构现状调查的课题。截至2015年底，北京市社工机构的总数为150家。2016年上半年，笔者与北京社会工作者协会合作进行了全面问卷调查。成功联系到了103家社工机构（其余机构联系不上或无法约定上门时间）并发放问卷，回收了71份问卷，回收率为68.9%，最终得到有效问卷65份，有效率为63.1%（无效问卷主要为部分坚持邮件或快递寄回的机构，后续没有收到问卷、重要问题漏填且联络不上）。问卷以社工机构参与社区服务为主题，内容包括组织基本情况、人员结构、资金与绩效、社区合作四个部分，共43题。

二 北京市社工机构参与社区服务的现状调查分析

（一）社工机构的基本情况

65份有效问卷所涉社工机构分别登记注册在北京市民政局和朝阳区、西城区、丰台区、海淀区、石景山区、大兴区、房山区等北京的12个市辖区的民政局。

① 朱健刚、陈安娜：《嵌入中的专业社会工作与街区权力关系——对一个政府购买服务项目的个案分析》，《社会学研究》2013年第1期，第15页。

1. 成立年限

所调研的社工机构均成立不超过 14 年，其中，近五成的社工机构为近 3 年登记注册。调研机构的成立年份主要集中在 2010 ~ 2015 年，可见大多数社工机构的发展历史较短，尚处于初创的起步阶段（见表 1、表 2）。

表 1　样本机构成立时间统计（N = 64）

单位：家，%

社工机构的成立年份	频数	比例
2003	3	4. 7
2009	1	1. 6
2010	7	10. 9
2012	8	12. 5
2013	12	18. 8
2014	21	32. 8
2015	9	14. 1
2016	3	4. 7

表 2　样本机构的平均成立年限（N = 65）

单位：年

极小值	极大值	均值	标准差
1	14	3. 984	2. 08036

2. 登记层级

大部分社工机构在区级民政部门登记注册，占调研样本总量的 79. 7%；其他社工机构在北京市级民政部门登记注册，占样本总量的 20. 3%（见表 3）。这与北京市社工委近年推动各区社工委培育区级社工机构的政策密切相关。

表 3　样本机构的登记层级统计（N = 64）

单位：家，%

社工机构的登记层级	频数	比例
区县级	51	79. 7
市级	13	20. 3

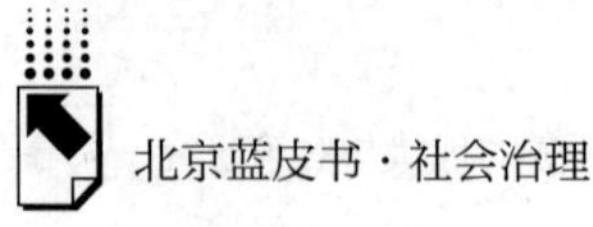

3. 理事会人数

被调查的社工机构的理事会人数为3人及以上不等，分布比较均匀，没有明显规律（见表4）。理事会人数不少于3人为民政部门登记管理的要求，社工机构理事会人数多少不一，可以看出社工机构理事会结构的差异化特征，这与各个机构的业务范围、资源来源和负责人的社会资本都可能存在一定关系。

表4　样本机构理事会人数统计

单位：家，%

理事会人数	频数	比例
3人	16	23.5
4~5人	23	33.8
6~7人	10	14.7
8~9人	7	10.3
9人以上	12	17.6

4. 业务领域涉及街道（社区）

绝大部分社工机构的业务领域包含街道（社区），占调研样本总量的93.8%；业务领域不包含街道（社区）的社工机构仅有4家，占调研样本总量的6.2%（见表5）。可以看出，政府主导的“三社联动”模式对社工机构积极参与社区服务的有力推动。

表5　样本机构的业务领域包含街道（社区）的情况（N=65）

单位：家，%

机构业务领域是否包含街道(社区)	频数	比例
不包含	4	6.2
包含	61	93.8

5. 工作人员规模

各家社工机构的人员规模比较悬殊，被调查的社工机构中人员最多的有

80 人，而最少的只有 3 人，这一指标的波动幅度很大，标准差高达 16. 578（见表 6）。根据预调研和访谈所获取的信息，人员规模的差距与部分社工机构拥有多个政府购买社会工作岗位有关。社工机构的平均员工规模为 13. 49 人，与社工机构的平均成立年限相比，社工机构的人数较多，这与社工机构提供的专业性服务需要更多专业人员有关。

表 6　样本机构的平均员工人数（N = 65）

单位：人

极小值	极大值	均值	标准差
3	80	13. 49	16. 578

6. 资金规模

社工机构的资金规模比较悬殊，以上一年度机构总收入代表社工机构的资金规模，被调查的社工机构中上一年度资金收入最高达 622 万元，最低为 0 元，这一指标的波动幅度极大，标准差高达 131. 786（见表 7）。这与社工机构的成立年限有一定关系，部分新成立的社工机构在成立第一年可能处于业务未开展状态，因此出现无收入或收入很少的情况。社工机构资金规模的差距也反映了北京市的各类社工机构在服务能力、筹款能力和社会资本等方面存在明显差异。

表 7　样本机构的平均年收入情况（N = 65）

单位：万元

极小值	极大值	均值	标准差
0	622	85. 85	131. 786

7. 资金来源

尽管社工机构的资金规模悬殊，然而社工机构的资金来源却体现了高度的趋同性。被调查机构中 93. 8% 的首要资金来源为政府购买，基金会支持、个人捐助和服务收费为首要资金来源的机构合计仅占总样本量的 6. 3%（见

表8）。这与政府积极运用政府购买等政策工具推动社工机构进入社区服务，使社工机构成为政府所需公共服务的主要供应商密切相关。同时，这也反映了目前社工机构的资金来源不够多元化，筹资能力和自我造血能力不足，高度依赖政府资源。

表8　样本机构的资金来源（N=64）

单位：家，%

首要的资金来源	频数	比例
政府购买	60	93.8
基金会支持	1	1.6
个人捐助	1	1.6
服务收费	2	3.1

（二）社工机构参与社区服务的情况

1. 社工机构进入社区的渠道

一半以上的社工机构由政府介绍进入社区服务，占总样本数量的54.2%，这与我们访谈和预调研中获得的结论一致。与街道（社区）相关负责人认识而进入社区服务的占13.6%；机构负责人原在此街道（社区）工作的占16.9%；机构负责人为此社区负责人或工作人员的占1.7%；机构由此街道（社区）发起成立的占10.2%；其他占3.4%（见表9）。

表9　样本机构进入社区的渠道（N=59）

单位：家，%

社工机构进入社区的渠道	频数	比例
政府部门介绍进入	32	54.2
与街道(社区)相关负责人认识	8	13.6
机构负责人原在此街道(社区)工作	10	16.9
机构负责人为此社区负责人或工作人员	1	1.7
机构由此街道(社区)发起成立	6	10.2
其他	2	3.4

2. 社区合作时长

被调查的社工机构与其主要合作社区合作时间均不超过5年，其中，最少的合作了1年，最多的合作了5年，均值为3.28年（见表10）。这与近五成的社工机构为近3年登记注册并开展活动有关。

表10　样本机构与社区的平均合作时长（N=65）

单位：年

极小值	极大值	均值	标准差
1	5	3.28	16.578

3. 社区服务范围

被调查的社工机构参与社区服务中，服务人群主要为社区全体居民、青少年、妇女儿童、老年人等群体，涉及此类服务群体的机构比例分别为72.3%、70.8%、66.2%、63.1%，这一服务群体结构基本符合社区中的群体结构（见表11）。这一调查结果反映，多数参与社区服务的社工机构的服务范围与社区的需求有较高的匹配度，能够结合社区的需求开展专业服务。

表11　样本机构在社区服务人群的情况（N=65）

单位：家，%

社区服务人群	频数	比例
青少年	46	70.8
妇女儿童	43	66.2
老年人	41	63.1
病人、残障人士	22	33.8
流浪、乞讨人员	8	12.3
社区全体居民	47	72.3
农民工	3	4.6
流动人口	17	26.2

4. 社区服务中社工机构的资源来源结构

社工机构在社区服务中的资源来源结构，全部来自机构外部和机构自身的占28.6%；以机构外部和机构自身为主的占44.6%；机构外部/机构自身和社区内部各半的占19.6%；以社区内部为主的占5.4%；全部来自社区的占1.8%（见表12）。可见，总体上，社工机构对社区资源的运用比例总体较低，资源整合的能力有待提高。

表12　样本机构社区服务资源的来源情况（N=56）

单位：家，%

社区服务中的资源来源	频数	比例
全部来自机构外部和机构自身	16	28.6
以机构外部和机构自身为主	25	44.6
机构外部/机构自身和社区内部各半	11	19.6
以社区内部为主	3	5.4
全部来自社区	1	1.8

5. 社区服务中社工机构的合作伙伴

社工机构在社区服务中的代理人（社区合作伙伴）主要包括：①社区居委会（84.6%），②社区服务站（61.5%），③社区社会组织（70.8%），④居民领袖（46.2%），⑤驻社区企事业单位（30.8%），⑥社区个体商贩（16.9%），⑦其他（居民个人、幼儿教师和军嫂）（3.1%）（见表13）。总体而言，社工机构与以社区居委会为核心的社区服务与自治群体（包括社区服务站、社区社会组织和居民领袖等）合作关系紧密，与远离社区居委会的社区居民群体以及社区商户等的合作相对松散。

表13　样本机构在社区的合作伙伴（N=65）

单位：家，%

社区服务中的合作伙伴	频数	比例
社区居委会	55	84.6
社区服务站	40	61.5
社区社会组织	46	70.8
居民领袖	30	46.2
驻社区企事业单位	20	30.8
社区个体商贩	11	16.9
其他(居民个人、幼儿教师和军嫂)	2	3.1

（三）社工机构参与社区服务的程度

1. 与社区负责人联系频率

被调查的社工机构与其主要合作社区的负责人联系的频率主要集中在一个月至少一次和一周至少一次上，分别占有效样本量的 53.3% 和 35.0%（见表 14）。总体而言，社工机构与社区的合作关系紧密程度一般，也有个别社工机构与合作社区负责人的联系较少，这与个别社工机构的业务范围有关，也反映出多数社工机构参与社区服务与社区居委会的关系仍处于合作的初级至中级阶段。

表 14　样本机构与社区负责人的联系频率（N = 60）

单位：家，%

与社区负责人联系的频率	频数	比例
一年至少一次	1	1.7
半年至少一次	6	10.0
一个月至少一次	32	53.3
一周至少一次	21	35.0

2. 服务信息渠道

被调查的社工机构在社区内的服务对象主要通过以下信息渠道的组合接受机构服务，其中最多的为社区宣传活动，73.8% 的社工机构的服务对象通过这一渠道接受服务，66.2% 的社工机构的服务对象通过居委会（服务站）组织或介绍，49.2% 的社工机构的服务对象通过社区社会组织介绍，其余的渠道包括社区居民介绍（38.5%）、直接寻求服务（32.3%）（见表 15）。服务信息渠道可以在一定程度上反映社工机构在社区的参与程度，从结果可见，社工机构在社区的参与程度适中，社区居委会和服务站是社工机构服务的主要介绍者，与社区居委会（服务站）联系紧密的社区社会组织也是服务对象接受社工机构服务的重要渠道。社工机构在社区居民中的服务供应商角色认知处于建立的初期，社区居民介绍和直接寻求服务还未成为主要的服务信息渠道。

表 15　样本机构社区服务对象获得服务信息的渠道情况（N=65）

单位：家，%

社区服务对象通过何种渠道接受服务	频数	比例
社区宣传活动	48	73.8
居委会(服务站)组织或介绍	43	66.2
社区社会组织介绍	32	49.2
社区居民介绍	25	38.5
直接寻求服务	21	32.3

3. 社区服务转介比例

在对问题"社区居委会（服务站）将提出社区服务需求的居民转介到贵机构接受服务的比例"的回答中，被调查的社工机构平均被转介 40.1%（见表 16）。总体而言，服务转介比例和目前社工机构平均的人力资源和专业化服务水平成正比，体现了"三社联动"中，社工机构参与社区服务的程度总体适中。然而，这一比例的标准差相当大，为 30.470，有 17 家机构被转介服务的比例为 10% 以下，反映出部分社工机构参与社区服务的程度有限，还未能成为一个独立的社区服务主体。缺失值较多，可能的原因是对服务转介的理解有限，或服务转介比例较小。

表 16　样本机构在社区服务的转介比例平均值（N=51）

单位：%

极小值	极大值	均值	标准差
0	100	40.1	30.470

4. 资金返还

在对问题"如果与该社区合作的项目使你单位获得非固定用途资金奖励，会将资金的多少比例返还用于此社区的继续服务中"的回答中，被调查社工机构的资金返还平均比例为 62.34%（见表 17），体现出社工机构参与社区服务的持续意愿和可能性较高，与访谈和预调查相符合。社工机构会和几个社区保持长期合作关系，持续性参与该社区的服务，也会将部分资源带入社区，以增加服务人数和提高服务质量。缺失值比较大的原因是部分社工机构的服务项目仅为政府购买服务，按照一般管理规定，难以获得非固定用途资金奖励。

表 17　样本机构获得资金的社区服务返还比例（N＝50）

单位：%

极小值	极大值	均值	标准差
0	100	62.34	36.039

三　基于嵌入性的社工机构社区融入影响因素分析

鉴于上述分析，在政府积极推动的“三社联动”模式下，近年来北京市社工机构发展迅速。社工机构在政府部门介绍下，在政府购买社会服务项目撬动下，积极地参与到社区服务中。然而，不同的社工机构在参与社区服务的程度、与社区自治主体的关系以及在社区的融入程度等方面存在较大差异，一部分社工机构与服务社区的社区居委会关系比较疏离，服务信息渠道有限，社区服务转介比例较低，与社区长期合作关系尚未建立。

为探讨和分析社工机构社区融入的影响因素，本研究引入嵌入性的概念。虽然关于社会工作嵌入的研究很多，但是社工机构的社区嵌入性仍是一个本土化未被充分解释的概念。本研究尝试对社工机构的社区嵌入性内涵和组成做出解释。首先，社工机构社区嵌入性描述社工机构在社区中的渗透、融入的状态，经由社工机构的积极行动而达成。在这里，社区嵌入性做动名词理解，是指社工机构进入社区服务，参与项目或服务规划，开展服务活动，被主导的社区服务体制接受并与之相互渗透融合达成合作的状态。社区嵌入性的内涵包含社工机构获得社区社会网络关系（关系）和社区网络位置（结构）两个层面，且强调其动态过程。获得社区社会网络关系（关系）主要指社工机构与社区内的其他行动者建立直接二元联系，得到认可与接纳。获得社区网络位置（结构）指社工机构获得在社区服务网络中的位置并发挥作用。社工机构社区嵌入性的强弱反映其与主导社区服务体系的融合程度，及其在社区服务网络中发挥作用的大小。这里的社区，主要是社会场域模式研究中的社区概念，即将社区理解为一个社会行动与互动的场域，它的特征是其所有部分互动的结果。[①] 其次，本研究中所指社区嵌入性是对社工机构的局部网络的描绘。社工机构嵌入社区，并非如经济行动嵌入社会关系那样综观，而是更具体而现实的关系。现实中，每个社工机构有可能与一个社区合作，也有可能与多个社区合作，因此就会存在某个社区嵌入性高一些、某个社区嵌入性低一些的可能。本研究限定于社工机构的一个主要项目合作社区，因此并不试图反映社工机构在多个社区嵌入性的全貌，而仅是以一见多，探讨机制。

（一）社工机构社区嵌入性测量

1. 社工机构社区关系嵌入性

关系嵌入性主要分析社工机构与社区关键人（社区居委会）的二元关系的强弱。关系强度主要由时间量、情感强度、信任和相互服务所决定，几个自变量基本上是一种线性的混合关系。[②] 对关系强度的测量不应采取单一指标的方法。但在定量研究中，“为便利起见，常有采用单一指标的测量方法。常用的方法有互动频率测量法和角色关系测量法等，韦格纳曾在研究中尝试将格拉诺维特提出的多重指标测量法合成，使用过的指标包括：关系人的‘角色类型’；关系人与被调查者的社会距离；关系人与被调查者认识的时间长短；关系人与被调查者的交往频繁程度；关系人与被调查者共同从事社会活动的情况；关系人对被调查者的关心程度等”[③]。本研究在问卷设计

① 范会芳：《社区理论研究：桑德斯的三种模式》，《社会》2001 年第 10 期，第 22 ~ 23 页。

② Mark S. Granovetter, “The Strength of Weak Ties,” *American Journal of Sociology*, 1973, 78 (6): 1360 - 1380.

③ 参见赵延东、罗家德《如何测量社会资本：一个经验研究综述》，《国外社会科学》2005 年第 2 期，第 18 ~ 24 页。

阶段，选取了社区居委会负责人与被调查机构的交往频繁程度、社区居委会负责人与被调查机构共同从事社会活动的情况、社区居委会负责人与被调查机构的社会距离三个指标。后在试调研中发现社区居委会负责人与被调查机构的交往频繁程度和自变量社工机构与社区合作的时间相关性较高，因此放弃这一指标。其中，社区居委会负责人与被调查机构共同从事社会活动的情况分为十个级别（例如，1 = 不曾有任何非公事接触，2 = 会一起参加一些群体活动等），将受访人勾选的最高级别的接触类型作为该变量得分。社区居委会负责人与被调查机构的社会距离则由双方有多少共同认识的人的范围来测量，用两项指标的平均数衡量社工机构关系嵌入性高低。

2. 社工机构社区结构嵌入性

结构嵌入性主要关注社工机构在网络中的位置。网络位置是行动者之间建立关系的结果，可以通过中心性进行衡量。[①] 由于定量研究的对象为北京市的全部社工机构，其服务社区遍布北京城郊区，获取社工机构的社区服务整体网络数据有较大的难度。在问卷中主要通过对与社区内各类行动者建立服务关系的类型进行测量，将服务类型分为主动邀约、居委会转介、社区社会组织转介、居民转介、主动寻求几个类型，探求多选类型总数代表社工机构在社区服务网络中的中心性。

（二）社工机构社区嵌入性影响因素的回归分析

为了探索社工机构社区嵌入性的影响因素，验证进入渠道、资源动员方式对社工机构获得社区嵌入性的影响，本研究建立了两个多元线性回归模型进行参数估计。模型的因变量分别为社工机构的社区关系嵌入性（模型 1），即社工机构与合作社区居委会的关系紧密度；社工机构的社区结构嵌入性（模型 2），即社工机构在社区服务关系网络中的中心度。

① Moody, James and D. R. White, “Structural Cohesion and Embeddedness: A hierarchical Concept of Social Groups,” *American Sociological Review*, 2003, 68 (1): 103 - 127.

在回归之前，笔者对数据进行 Z-Score 标准化，[①] 标准化的目的有二：一是探求较少交互项和原变量之间的多重共线关系；二是使回归系数保持尺度不变（Scale Invariant），便于在不同量纲的变量之间比较效应的大小。研究建立了两个模型，分别以社工机构关系嵌入性和结构嵌入性为因变量，回归得到如表 18 所示的结果。模型 1 检验了自变量和控制变量对社工机构关系嵌入性的作用；模型 2 检验了自变量和控制变量对社工机构结构嵌入性的影响。

表 18　回归模型的参数估计

变量	模型 1 （因变量:社工机构关系嵌入性）	模型 2 （因变量:社工机构结构嵌入性）
自变量		
进入社区渠道 X_1	0.277 * (2.110)	
资源来源复合性 X_2		-0.043 (-0.373)
社区代理人集中性 X_3		-0.521 *** (-3.968)
控制变量		
成立年限	-0.246† (-1.741)	0.232† (1.736)
登记层级	0.009 (0.074)	-0.009 (-0.078)
工作人员规模		-0.083† (-0.700)
业务领域	-0.127 (-1.013)	0.207† (1.806)
合作时长	0.409 ** (2.860)	0.028 (0.193)

① 标准化的方法是 ZX =（X 的观测值 - X 的均值）/X 的标准差；交互项的标准化方法是 $ZX_iX_j = ZX_i \times ZX_j$。

续表

变量	模型 1 （因变量:社工机构关系嵌入性）	模型 2 （因变量:社工机构结构嵌入性）
常数项	2.217 （1.282）	1.639 （1.230）
Adj. -R^2 （Std. Err.）	0.206 （2.285）	0.350 （1.134）

注：N＝59，†p＜0.1；＊p＜0.05；＊＊p＜0.01；＊＊＊p＜0.001，（Std. Error），参数为B值，括号内为t值。

从模型的有效性看，两个模型都有较好的拟合优度，而且模型2的拟合优度较高（达到0.350），模型2的标准误差也相对较小（说明观测值偏离拟合直线的距离较小，模型较为精确）。

在两个模型的控制变量当中，社工机构的成立年限与社工机构的关系嵌入性和结构嵌入性低度相关。社工机构的成立年限越长，社工机构的关系嵌入性越低，结构嵌入性越高。社工机构的登记层级与社工机构的关系嵌入性和结构嵌入性均不相关。社工机构的工作人员规模与社工机构的结构嵌入性低度相关，人员越多，结构嵌入性越低。社工机构的业务领域与社工机构的关系嵌入性不相关，与其结构嵌入性低度相关，业务领域包含街道社区的，其结构嵌入性越高。社工机构与社区的合作时长对社工机构在社区的关系嵌入性有显著积极作用，合作时间越长，社工机构的关系嵌入性越高，对结构嵌入性则影响不显著。

回归结果显示，社工机构进入社区的渠道对社工机构的关系嵌入性有显著影响，越是通过与社区紧密的个人关系进入，关系嵌入性越高（sig. ＜0.05）。社工机构在社区服务中社区代理人的集中性与其社区结构嵌入性有显著的负向影响（sig. ＜0.001）。社工机构在社区服务中资源来源的复合性对社工机构的社区机构嵌入性没有直接影响。

社工机构进入社区的渠道会影响社工机构的社区关系嵌入性。社工机构运用与社区以往更紧密的个人关系，可以增进其关系嵌入性。因为社工机构以往与社区的个人关系可能成为社工机构的一种社会资本，促

进其与社区居委会之间的互动及信任。而相比之下，政府介绍的促进作用则不及社区的个人关系。可能的原因在于：一方面，政府的介绍可能意味着社工机构的进入并不一定符合社区居委会的需求，而是上级政府部门自上而下干预的结果，它直接影响了社工机构在社区服务中的自主性，形成专业建制化①，降低了社区主要行动者参与服务合作的动力；另一方面，政府的介绍可能也意味着社工机构较强的政治社会资本，其资源获得相对容易，对社区的资源依赖较少，因此与社区主要行动者在服务中互动合作的主动性较弱。

社工机构在社区服务中资源交换代理人的集中性对社工机构的结构嵌入性有显著消极影响。研究发现，社工机构在社区服务中资源动员代理人的集中性对结构嵌入性有十分显著的消极影响。通过多个案例研究可知，这一影响的原因主要在于资源运用效率和社区服务网络的作用。首先，社工机构通过与社区代理人交换资源实现对资源的整合与运用，不同类型的代理人可以调动的资源不同，代理人集中影响资源整合度与交换效率。其次，代理人分散，有助于形成更多社区积极行动者，促成多元参与的社区服务网络，培育社区自我解决问题的能力，真正使社区“受益”。研究假设中关于资源来源复合性对社工机构结构嵌入性的影响未能得到验证，可能的原因包括问卷设计的缺陷和所选样本的总体特征干扰。

四　进一步完善北京市“三社联动”社区治理创新模式的对策建议

（一）政策制定和政府行政方面的启示

政府应致力于调整政社关系，从直接推动向搭建平台转变。调整政社关

① 朱健刚、陈安娜：《嵌入中的专业社会工作与街区权力关系——对一个政府购买服务项目的个案分析》，《社会学研究》2013年第1期，第15页。

系是“三社联动”的应有之义，也是“三社联动”的重要目标之一。从字面上看，“社区、社会组织、社工联动”是社会领域内各主体的关系，然而，“三社联动”包含三社内部的优势互补以及社会与政府之间的互联互动。[①] 从我们的研究结果也可以看到，政府的推动在“三社联动”中是一把双刃剑，既可能正面影响“三社联动”，也可能负面阻碍“三社联动”。因此，要优化“三社联动”的路径，政府必须找好自身在城市社区治理中的定位，从直接推动到政策引导和搭建平台，真正实现政社分开。充分重视城市社区内部个体与组织的需要及其自主性，在政策上予以正确的引导，提供更完善的制度供给，通过政府购买服务和释放空间搭建更广阔的社区合作平台，监督保障社区治理在合法合规的框架下进行。在具体“三社联动”的合作主体、合作方式、服务内容等方面，由社区内部各治理主体通过平等协商合作解决。

首先，进一步推动社区自治，解决社区管理主体行政化问题。部分社区管理主体目前行政化色彩浓厚，并不将自身视为居民利益的代表，而更多地自认为是替政府办事的机构。这在一定程度上影响了社区内部居民的有效参与，不能有效地发掘和动员社区内部的资源。同时，社区居委会以政府自居，往往在与社工机构的合作中居高临下，认为自己掌握政治资源和社区资源，难以与专业社工机构和社区社会组织建立平等的合作伙伴关系。因此，需要进一步通过厘清社区管理主体的职能，推动社区管理主体社会化，使其与社工机构和社区社会组织良性互动。其次，社工机构的发展取决于外部扶持与内部自主性共同作用。政府在为社工机构发展提供政策支持的同时，应当重视减少支持可能衍生的服务干预，明确政府的责任边界，并着力培育社工机构的自主性与专业服务能力。最后，政府购买社工机构服务的目标应致力于建立公共服务的合作递送网络，加大社工机构的嵌入性，形成社区服务网络结构是对政府购买社工机构服务效果进行评价的重要指标。

---

① 叶南客、陈金城：《我国“三社联动”的模式选择与策略研究》，《南京社会科学》2010 年第 12 期，第 75 ~ 80 页。

（二）社工机构的发展及参与社区治理方面的建议

首先，社工机构在社区服务中应当根据具体情境选择专业介入方法，充分重视与现有社区服务网络的结合与互动，选择行之有效的行动策略。在当前的街居权力结构关系和基层社会治理背景下，社工机构要积极参与社区服务与社区治理，更积极地努力，这一努力是从行动到制度的过程，通过积极的行动策略走入社区服务和社区事务的深处，积极融入社区，发挥专业社工机构的专业作用。

其次，专业社工机构应着力构建社区的合作网络，激发社区的内在活力。很显然，专业的社会工作服务无法解决社区存在的各种问题。应立足于解决社区的“共同体困境”，树立一个特定的共同意识和共同目标，以促进社区自下而上的自我服务与治理。社会工作应当通过专业的介入来帮助社区发现社区的资源和潜能，通过指导社区广泛地供给资源、动员资源和整合资源，逐渐构建自外向内的社区合作网络，从而促进社区内部的联结建立和关系提升，促进社区参与和人际信任的形成，并发现和培育社区内部的治理主体，以提升社区的治理能力，激发社区的内生活力，驱动社区的自我治理与自我服务走向良性循环。

参考文献

叶南客、陈金城：《我国“三社联动”的模式选择与策略研究》，《南京社会科学》2010年第12期。

顾东辉：《“三社联动”的内涵解构与逻辑演绎》，《学海》2016年第3期。

孙燕：《以“三社联动”为基础大力开展社区公益创投》，《中国社会组织》2012年第1期。

徐富海：《“三社联动”如何“联”如何“动”?》，《中国民政》2015年第12期。

B.4

资源集成：理解社会组织孵化培育绩效的新视角

徐　正*

摘　要： 社会组织孵化器是政府培育、指导和监管社会组织的重要平台。研究发现，孵化器在整合资源方面的能力是影响孵化绩效的核心要素之一。孵化器不仅仅是连接资源方和社会组织的中介组织，还是信任的载体。由此笔者引入了“资源集成”的概念，孵化器通过集成的作用使得社会组织嵌入资源网络当中。这些发现的政策启示是：为了充分发挥孵化器的潜力，政府应当选好孵化器运营团队，并给予运营团队充分的自主性，同时，政府应当协助孵化器搭建本土的资源网络，鼓励更多的公共资源、社会资源流向社会创业的事业。

关键词： 集成商　自主性　资源网络　社会组织孵化器

一　问题的提出

当前，我国的改革进入了关键时期，诸多深层次的矛盾日益凸显，人民群众对多元化社会服务的需求日益增长。政府正在进行一场新公共管理运动

---

* 徐正，清华大学公共管理学院博士，北京清源创社会组织能力建设与评估促进中心执行主任，研究方向为非营利组织管理、社区治理。

的变革，将一些政府职能转移给社会部门，试图通过与社会组织结成公共服务递送网络，来提供专业化、精准化的社会服务。

近几年，东部沿海和中西部中心城市的地方政府掀起了一股成立社会组织孵化基地的浪潮。这些年来，“北京市初步形成了‘一中心、多基地’的社会组织服务网络，9 家市级‘枢纽型’社会组织、16 个区、76 个街道成立了多种形式的社会组织孵化（服务）机构，‘枢纽型’社会组织服务联系社会组织覆盖率达到 95% 以上，将 3 万多家各级各类社会组织纳入党和政府工作主渠道”。[①] 政府改变了以往直接指导社会组织的做法，转而依靠孵化基地的力量来培育、监管社会组织，从而打破了过去曾经出现的“一管就死、一放就乱”的治理格局，既加强了对社会组织的事中事后监管，促进了社会组织的健康有序发展，又达到了简政放权、优化服务、积极培育扶持等效果。

然而，从孵化培育的实际情况看来，与各地政府巨大的财政资金投入相比，并非所有的孵化基地都能够达到预期的孵化效果，而且，在孵化器建设上存在行政主导色彩浓重、重视硬件忽视软件、注重数量轻视质量、孵化器自我造血能力低等多种问题[②]，这些现象引发了学者对孵化培育绩效的关注。本报告试图回答：孵化器的孵化绩效应当如何得到衡量？孵化器的资源集成作用如何影响孵化绩效？

二　文献综述

近几年来，国内学者逐渐关注社会组织孵化器的现象，也从各自的角度对它进行定义。笔者认为，社会组织孵化器是一类重要的支持性组织，它对处于初创时期的社会组织提供一系列有针对性的资源和服务，推动社会创新从想法变为现实，直到社会组织能够独立生存发展。社会组织孵化

---

① 北京市委社会工委：《砥砺十年再远航——北京社会建设十年回顾与展望》，北京社会建设网，http：//shb. beijing. gov. cn/2017/1227/8220. shtml。

② 栾晓峰：《“社会内生型”社会组织孵化器及其建构》，《中国行政管理》2017 年第 3 期。

器一般包含以下三种特征：①它的主要孵化对象是处于初创期的社会组织，此处所指的初创期社会组织通常指尚未注册或者注册不满三年的社会服务机构；②它对社会组织实行进入和退出的政策，当然，在社会组织出壳之后，孵化器仍然可以提供后续跟踪服务；③它为社会组织提供的支持通常包括集中的场地和共享的设备、注册协助、资源对接、能力建设和管理咨询等服务。

国外关于商业孵化理论和支持型组织理论的相关文献，为建构我国本土的社会组织孵化培育理论提供了“他山之石”。其一是商业孵化器的相关理论。例如，全美商业孵化器协会认为，争取社区[①]支持、具备有效团队及专业能力是达成孵化绩效的关键因素。联合生产模型指出，孵化器和创业者之间通过联合生产，可以提高创业者的业务支持水平，从而不仅可以使企业摆脱短期的困境，也能满足企业长期发展需求。[②] 国内也有学者借鉴了企业孵化器价值链的相关研究成果，认为公益孵化器通过开展一系列价值活动，达到提升社会服务效益的目的。[③]

其二是支持性组织的相关理论。支持性组织是“那些独立的、具有社会使命的社会组织，它们的首要任务是提供培训、研究、信息、倡导和网络建设等技术服务，从而增强委托人的能力，帮助委托人达成使命”。[④] 布朗指出了支持性组织的五大功能，包括“增强个人和组织的能力、动员物质资源、提供智力和信息资源、建立互助的联盟、连接到其他部门”。[⑤] 桑亚尔研究了印度的一家中介型非政府组织（Intermediary NGO），并指出该组织“起到了通道的作用（Act as a Conduit），连接了印度北部的资助机构和南部

① 这里的社区是广义上的概念，是指处在同一个地域、拥有相同价值理念的一群人。

② Rice, M. P. , “Co-production of Business Assistance in Business Incubators: An Exploratory Study,” *Journal of Business Venturing*, 2002, 17 (2): 163 – 187.

③ 徐家良、卢永彬、曹芳华：《公益孵化器的价值链模型构建研究》，《中国行政管理》2014年第12期。

④ Brown, L. D. , Kalegaonkar, A. , “Addressing Civil Society's Challenges: Support Organizations as Emerging Institutions,” *Institute for Development Research* (*IDR*), 1999.

⑤ Brown, L. D. , and Kalegaonkar, “A Support Organizations and the Evolution of the NGO Sector,” *Nonprofit and Voluntary Sector Quarterly*, 2002, 31 (2): 231 – 258.

的草根非政府组织”。[①] 从我国的社会实践来看，我国的支持性组织大致形成了三种类型，即“政府力量主导型、社会力量主导型和基金会力量主导型，并由此产生了三种不同的社会组织培育模式”。[②]

诚然，西方的文献为社会组织孵化器的研究奠定了扎实的理论基础，也提出了“社区支持”、“联合生产”、“价值链”、“支持性组织”和“通道”等值得借鉴的学术概念，但是，考虑到我国社会组织孵化培育的特殊情境（尤其是政府在孵化培育社会组织过程当中的主导作用），我们依然需要从本土案例出发，构建出解释我国孵化培育绩效的理论。

三　方法和数据

（一）孵化绩效的评价方法

笔者从培育效率和培育效果两个维度评价社会组织孵化器的孵化绩效。其中，孵化器的培育效率通过以下问题来衡量：在过去一年中，每万元的资金投入最终培育出多少家社会组织？社会组织的成长率通过以下问题来衡量：在过去一年中，最终成功申请到政府公益创投项目、购买服务项目或基金会资助的社会组织占所有社会组织的比例是多少？以上两项指标创新性地改进了企业孵化过程中仅仅使用企业存活率来评价孵化绩效的局限性，使得不同社会组织孵化器之间的孵化绩效对比工作成为可能。

（二）案例情况的简要介绍

近三年来，笔者陆续对 B 市、C 市两地的市级孵化器进行了多次调研，

① Sanyal, P. , “Capacity Building through Partnership: Intermediary Nongovernmental Organizations as Local and Global Actors,” *Nonprofit and Voluntary Sector Quarterly*, 2006, 35 (1): 66 - 82.

② 丁惠平:《支持型社会组织的分类与比较研究——从结构与行动的角度看》,《学术研究》2017 年第 2 期。

对孵化器场地以及相关活动进行观察，对孵化器负责人和初创期社会组织负责人进行了深度访谈。以下是案例的基本信息。

1. B 市社会组织孵化中心

该孵化中心是由 B 市社工委发起成立的孵化平台，成立于 2010 年底，委托给当地恩派非营利组织发展中心运营。该中心为初创期社会组织提供社会创业课程、管理咨询、项目设计与优化、资源链接、社会创业空间和社会创业之旅等各类扶持，是社会组织进行专业培训、交流学习和资源共享的平台。

孵化中心与所在街道共享一处 8000 平方米的公共空间，配备资源对接大厅、孵化机构办公室、小型会议室和能力建设大厅等功能区。从成立到 2018 年第三季度，孵化器共孵化出壳了 500 余家社会组织，当前正在孵化 18 家社会组织。

2. C 市公益组织服务园

该服务园是在 C 市民政局注册的社会服务机构，成立于 2012 年 5 月，以整合社会资源、服务公益组织为己任，以城市幸福为目标。服务园由 C 市精神文明办主管，是一个综合性、专业性的公益组织支持平台。

服务园可以自主支配 3000 平方米的办公大楼，其中用于社会组织集中办公和开会的场地约 800 平方米。截至 2016 年，服务园和 114 家基金会、社会组织、高校社团、企业和媒体建立了合作伙伴关系。服务园通过不断地实践和创新发展，摸索出符合本土社会组织孵化特点的流程和模式，累计孵化社会组织近 200 家。同时，服务园联动 C 市高校组建高校交流平台、高校公益组织联合会，累计孵化高校社团 50 余家。

四　来自案例的发现

（一）孵化器通过建立公益网络，扮演了集成商的角色

为了达到一年培育数十家社会组织的目标，孵化器不能仅凭政府对它的

资助，还需要撬动或对接来自外界更大的资源。孵化器之所以可以运用资源对接的行动策略以增进孵化绩效，是由于它处在公共服务递送网络的中介位置，或者更确切地说，处于集成商的位置。戈德史密斯和埃格斯在《网络化治理》一书中借用“集成商”（Integrator）一词来指代那些提供网络管理和服务整合的中介机构。[①] 但是，该书并没有给出集成商的严格定义。学术界有一个相近的概念，即网络管理组织（Network Administrative Organization）。网络管理组织是一家专门设立的中介机构，用以管理网络及其活动。[②] 有些网络管理组织由网络成员自愿成立，有些由政府委任。

孵化器就扮演了集成商或网络管理组织的角色。它受到政府等资源方的委托，统筹管理诸多实务型社会组织的项目活动，并为这些社会组织集成更广泛的外部资源。所谓“资源集成”，是指由孵化器牵头，建立包含资源方、社会组织与合作伙伴等利益相关方在内的资源网络，并推动社会创业者融入这一资源网络，从而使社会创业事业能够得到来自资源网络的持续资源支持。

调研发现，孵化器发挥资源集成作用的主要方式是建立公益网络。公益网络是公益行业基础设施的一种重要形态，就像社会的正常运行离不开供水系统、供电网络等基础设施，社会组织的正常运作也有赖于公益网络的支持。高绩效的孵化器往往主动承担建立和维持一个网络所需要的成本，然后让初创期的社会组织从网络中受益——协助创业者得到前人的管理经验、富余的社会资源等。同时，由于掌握了整个行业的信息（比如专业且可靠的社会服务提供商的名单），孵化器在向资源方申请项目时也更有优势。

（二）公益网络的多种表现形态

C市公益组织服务园充分发挥了资源集成的作用，它的具体做法是建立

---

① 戈德史密斯、埃格斯：《网络化治理——公共部门的新形态》，孙迎春译，北京大学出版社，2008。

② Provan, K. G., Kenis, P., "Modes of Network Governance: Structure, Management, and Effectiveness," *Journal of Public Administration Research and Theory*, 2008, 18 (2): 229-252.

学员网络、资源方网络和议题网络。

在建立学员网络的过程中，服务园“强化入壳，弱化出壳”，也就是淡化“出壳”的概念，让各期在服务园接受孵化的社会组织（简称入孵机构，即学员）形成一个大网络。服务园的主任说：“（我要）用强大的方式、手段，把这些一期、二期……N期的（团队）全部都网罗在服务园这里。以前是孵化、入壳、出壳、找吃的，现在是一个大的集团，大家都在这里。……你在外面接项目，（或者）我们搞推介会，把你推出去了，你都在我的范围以内。不要机械地理解为，你出壳以后我们就不管你了。”

在建立资源方网络方面，服务园没有把目光局限于业务主管单位市文明办，还与市慈善总会、市民政局、CH区民政局、乐施会等资源方建立了联系。这些资源方为入孵机构带来了创业过程中的第一桶金。

在建立议题网络方面，服务园作为主要的倡导机构，推动成立了C市关爱自闭症儿童公益网络、环保行业网络、为老服务联盟和高校志愿者联盟。从此，入孵机构不再是孤军作战，网络成员联合发声、联合倡导、联合举办活动、联合募集资源。议题网络是一个更为复杂的组织网络，它是围绕具体议题而形成的，包含社会组织、资源方与合作伙伴等利益相关方在内的联盟。

B市社会组织孵化中心也有类似的做法，具体表现为主动管理利益相关方的关系，并发挥它们的网络效应。一位项目负责人将其所服务的公益群体划分为三个层次，呈现倒三角的结构，这个漏斗的底层是孵化器的核心服务对象，即起步阶段的社会创业者，中间层是共享孵化器场地的联合办公团队，最顶层是一张公益伙伴网络。该负责人介绍了网络的组成：“我们的开口非常大，包括草根机构、成熟的NGO、基金会和一些个人，都可以成为我们伙伴网络的成员，可以共享一些对外的能力建设课程。核心是公益圈的人，但是我们也往外辐射其他人。”

传统的看法是，孵化器只需要服务其核心服务对象，即社会创业者，但是，经验表明，建立行业联盟，形成一个更大的资源网络，就可以为入孵机构对接更多更好的资源，更加有利于完成孵化的工作。“以前，入孵机构和孵化器单向联系。现在，我们扩大伙伴网络，组建圈子，鼓励大家互相联系。所以，我们在××论坛中也促成了很多合作，比如，孵化机构FSBN社区养老服务照料中心和扶贫基金会联系，扶贫基金会给它建立专项基金，分享公募权。另外，孵化中心通过实习平台，把高校学生的实习需求和社会组织的招人需求联系起来。再者，通过举办公益开放日，把草根机构和企业CSR联系起来。”

最终，这种集群效应有利于整个第三部门的发展。正如专家所说，“公益孵化器作为一个有形的载体，扮演的角色是让社会资源都汇聚到这里形成集群效应，使社会创新的力量带动第三部门的加速发展”。[①]

五　对资源集成的进一步讨论

（一）资源集成的本质是“使嵌入”，其原理是信任通道机制

笔者通过对两家公益孵化器的案例调研，发现孵化器的资源集成是提升社会组织孵化绩效的有效策略。资源集成的本质是“使嵌入”，协助社会组织得到资源方的信任。孵化器在资源方和社会组织之间建立联系纽带，使资源方能够更好地培育和监管社会组织。以往对“嵌入”的研究集中在探讨一家组织如何嵌入一个网络，以及由此带来的意义。本研究拓展了“嵌入”的概念，认为嵌入既包括组织自身嵌入一个网络（称为“自嵌入”），也包括A组织利用自身的资源和公信力，协助B组织嵌入一个网络（称为“使嵌入”）。对“使嵌入”的探讨，有助于我们理解孵化器的资源对接原理。

那么，为什么由孵化器把社会组织嵌入资源网络当中，比社会组织自己去嵌入这些网络更加有效呢？分析发现，“使嵌入”背后的原理是“信

① 王维娜：《我们为什么要做孵化》，《社会创业家》2013年第3期。

任通道”的机制，该机制降低了资源方和服务机构之间的合作成本。

首先，孵化器是中介机构，可以搭建连通资源方和社会组织的通道。由于资源方和社会组织往往是异质的主体，双方在沟通上往往存在障碍，而孵化器正好处于资源方和社会组织的“结构洞”的位置，所以孵化器既可以帮助社会组织了解资源方的行为方式和话语体系，也可以帮助资源方了解社会组织的行为方式和话语体系，从而减少了双方的沟通成本。

其次，孵化器是信任的载体，时刻影响着供需双方对公益的认知和行为。孵化器由政府部门发起成立，拥有较高的合法性水平，是政府权威的体现，是可以信赖的对象。诚如C市公益组织服务园的主任所说，“政府没有任何办法去相信这些机构（指初创期的社会组织）。所以政府购买服务，一定要通过一个完全信赖可靠的、机制健全的（孵化）平台，来管理零散的这些草根机构”。而且，一家自主的、高效的孵化器往往拥有独立的思考和认知，能够提出促进公益慈善行业发展的解决方案，并以此影响周边的人和组织。研究发现，有效的孵化培育过程是孵化器改变政府、企业、公众对社会创业、公益慈善的认知的过程，也是促进资源方持续投入资源到公益行业的过程。这一过程也是帮助社会组织反思自身项目管理、提升服务社会能力的过程。

最后，从建立和维护信任关系的成本来看，由一家支持性组织（如孵化器）来建立资源平台，比每家社会组织各自去搭建资源网络要更加有效。在其他城市，有些孵化器没有发挥资源平台的作用，就导致了这样一个后果：善于“化缘”的创始人拥有更多的资源和项目，而其他一些具备专业能力但是不善交际的创始人由于自身社会资本比较薄弱，难以成长壮大。

（二）孵化器需要克服“协作的惰性”，才能真正发挥资源集成的作用

并非任何一家孵化器都是有效的集成商。目前的文献中存在两种相

互矛盾的说法。一种说法认为“网络中的集成存在很多优势，包括更好的学习，更有效率的使用资源，更强的解决问题的能力，更强的竞争力，更好地为顾客服务”。[①] 而且，按照戈德史密斯和埃格斯的总结，“从跨部门合作的角度看，民间机构能够比政府本身更好地集成并管理网络中的服务和基础设施”。[②] 因此，随着网络不断发展，支持性组织可以成为天然的集成商，网络成员之间自然而然会出现相互协作的格局。另一说法则指出，“网络成员之间天然存在协作的惰性（Collaborative Inertia）”。[③] 在集成的过程中，如果网络成员拥有不同的目标价值和信念，或者权力在成员中的分配不平等，那么，一旦处理不当，新建立的伙伴关系可能带来剥削、抑制、不公平以及不对等的权力关系[④]，从而降低整个网络的绩效。总而言之，孵化器等支持性组织天然地处于公益网络“集成商”的优势位置，但是孵化器需要克服“协作的惰性”，才能达成“集成”的效果，提升整个网络的绩效。

六 政策建议

本报告虽然在多个治理主体当中重点关注孵化器和它在集成资源方面的作用，但是，政府的有形之手和市场的无形之手时刻影响着孵化的成败。社会组织孵化培育的命题不仅是第三部门自身的命题，更是在政府主导社会建设的环境之下，政府与孵化器共同完成社会生态系统中的主体培育的过程。

---

① Provan, K. G., Kenis. P., “Modes of Network Governance: Structure, Management, and Effectiveness,” *Journal of Public Administration Research and Theory*, 2008, 18 (2): 229 - 252.

② 戈德史密斯、埃格斯：《网络化治理——公共部门的新形态》，孙迎春译，北京大学出版社，2008。

③ McGuire, M., “Collaborative Public Management: Assessing What we Know and How We Know It,” *Public Administration Review*, 2006, 66 (S1): 33 - 43.

④ Hardy, Cynthia, and Nelson Phillips, “Strategies of Engagement: Lessons from the Critical Examination of Collaboration and Conflict in an Interorganizational Domain,” *Organization Science*, 1998, 9 (2): 217 - 230.

一方面，政府拥有大量的公共财政资源，培育社会组织，提供更多更好的社会服务是政府理应负担的责任，同时，政府拥有政策制定的权威，这些政策既包括宏观上的社会建设政策（协调政府和社会的关系），也包括微观上的购买服务政策（协调政府和社会组织的关系）。另一方面，由官僚体制的特点所决定，身在第一部门的政府本身并不擅长培育第三部门主体的社会组织，因此，政府需要依靠孵化器运营方的本土资源网络和专业孵化能力。在这一语境下，孵化培育不是简单的“政府选择”或简单的“社会选择”过程①，而是政府和孵化器共同参与的网络化治理过程，该治理的目标是促进社会组织即网络节点本身的发育。

本研究为政府如何有效培育社会组织提供了政策启示，政府需要发挥所长，做好以下两方面的工作。

其一，政府应当扮演伯乐的角色，处理好政府与孵化器之间的关系。在发起成立孵化器之时，政府需要选择本土的、自主性较高的、集成能力较强的支持性组织（千里马）作为孵化器的运营方，如果财力允许，还可以购买外地成熟孵化器的技术支持服务，帮助孵化器在运营第一年实现跨越式发展。此外，政府最好与运营团队签订明确的委托服务合同，这样可以清晰界定孵化的目标和各自的责任。同时，政府在履行监管、指导职责之外，应当给予孵化器充足的资金保障，保证孵化器的财务自主性；而且，尊重孵化器在招聘运营团队、制定重大决策方面的专业意见，保证孵化器的人事和决策自主性。

其二，政府应当扮演“促进者”（Facilitator）的角色，处理好政府与初创期社会组织之间的关系。除了一般认为的政府应当为初创期社会组织提供办公场地，提供注册登记的便利条件之外，政府还应当协助孵化器建立当地的资源网络。有时候，政府需要直接出面，或者让孵化器借助政府的权威，使得资源方汇聚到孵化平台上来，让更多政府和社会资

① 刘国翰：《从政府选择到社会选择——我国社团的生成模式分析》，硕士学位论文，清华大学，2001。

源流向社会创业事业，解决初创期社会组织普遍面临的社会资本、资源不足的难题。

参考文献

Brown, L. D., Kalegaonkar, A., "Addressing Civil Society's Challenges: Support Organizations as Emerging Institutions," *Institute for Development Research* (*IDR*), 1999.

Brown, L. D. and Kalegaonkar, A., "Support Organizations and the Evolution of the NGO Sector," *Nonprofit and Voluntary Sector Quarterly*, 2002, 31 (2): 231 – 258.

Hardy, Cynthia, and Nelson Phillips, "Strategies of Engagement: Lessons from the Critical Examination of Collaboration and Conflict in an Interorganizational Domain," *Organization Science*, 1998, 9 (2): 217 – 230.

McGuire, M., "Collaborative public management: Assessing What We Know and How We Know It," *Public Administration Review*, 2006, 66 (S1): 33 – 43.

Provan, K. G., Kenis, P., "Modes of Network Governance: Structure, Management, and Effectiveness," *Journal of Public Administration Research and Theory*, 2008, 18 (2): 229 – 252.

Rice, M. P., "Co-production of Business Assistance in Business Incubators: An Exploratory Study," *Journal of Business Venturing*, 2002, 17 (2): 163 – 187.

Sanyal, P., "Capacity Building through Partnership: Intermediary Nongovernmental Organizations as Local and Global Actors," *Nonprofit and Voluntary Sector Quarterly*, 2006, 35 (1): 66 – 82.

北京市委社会工委：《砥砺十年再远航——北京社会建设十年回顾与展望》，北京社会建设网，http://shb.beijing.gov.cn/2017/1227/8220.shtml。

丁惠平：《支持型社会组织的分类与比较研究——从结构与行动的角度看》，《学术研究》2017 年第 2 期。

戈德史密斯、埃格斯：《网络化治理——公共部门的新形态》，孙迎春译，北京大学出版社，2008。

郭金喜：《公益创业孵化的实践模式与政策演进》，《当代经济》2012 年第 18 期。

刘国翰：《从政府选择到社会选择——我国社团的生成模式分析》，硕士学位论文，清华大学，2001。

栾晓峰：《"社会内生型"社会组织孵化器及其建构》，《中国行政管理》2017 年第

3 期。

谭志福：《公益孵化器：正确的诊断与错误的药方——兼论地方政府在社会组织培育中的角色》，《中国行政管理》2014 年第 8 期。

吴津、毛力熊：《公益组织培育新机制——公益组织孵化器研究》，《兰州学刊》2011 年第 6 期。

徐家良：《公益孵化的上海焦虑》，《社会创业家》2013 年第 3/4 期。

徐家良、卢永彬、曹芳华：《公益孵化器的价值链模型构建研究》，《中国行政管理》2014 年第 12 期。

人口问题治理篇

Governance of Population Problems

B.5

北京市流动人口的特征变化及其影响分析

马晓燕*

摘　要： 近年来，随着经济的发展与社会结构的深度调整，北京市流动人口呈现一些新特征。流动人口的特征变化会对城市管理和公共服务产生一定的影响。全面认识流动人口的特征变化和影响有助于提升城市政府的治理能力。

关键词： 北京　流动人口　流动人口特征　城市管理

* 马晓燕，北京市社会科学院首都社会治安综合治理研究所副教授、社会学博士，研究方向为城市社会学、社区研究。

城市是一个由人口、产业、基础设施、管理机构等多种要素组成的复杂巨系统。城市系统的有效运行，需要相关要素相互配合协调，从而避免城市人口、资源过度聚集带来的无序、低效甚至风险。多年来，伴随着经济的快速发展、社会结构的巨大转型和城市化的加速推进，首都北京的人口规模日益庞大，人口结构日趋复杂，给全市住房、就业、教育、卫生、财政、城市建设与管理等造成了较大的压力。首都“四个中心”的城市战略定位，对首都的人口与资源环境协调发展提出了更高的要求，有序疏解北京非首都功能，是京津冀协同发展的关键环节和重中之重。

一 当前北京市流动人口的新特点

从全国范围来看，“十二五”期间，全国流动人口年均增长约 800 万人，到 2015 年末达 2.61 亿人。进入“十三五”之初，受短期经济波动及统计误差调整等因素的影响，我国的流动人口规模虽略有下降，但流动人口规模增长的总体态势不变。但是，随着我国经济发展进入新常态、产业结构面临深度调整，流动人口出现了一些新特征，如“流动人口变化的增长波动性增强，城—城流动人口规模持续提高，流动人口群体构成多元化，人口流出和回流并存等”。[①] 全国总体流动人口特征的变化在一定程度上也体现在北京市流动人口上，全面认识并深刻把握流动人口特征的新变化，有助于党委政府未雨绸缪，积极应对，提升对城市流动人口服务管理的水平和城市公共服务及治理能力。

（一）流动人口总量较大，有减少趋势但仍稳定在高位

依据《北京市 2016 年国民经济和社会发展统计公报》，截至 2016 年底，北京市常住人口数量为 2172.9 万人，比 2015 年末增加 2.4 万人，其

① 段成荣、刘涛、吕利丹：《当前我国人口流动形势及其影响研究》，《山东社会科学》2017 年第 9 期。

中，常住外来人口数量为 807.5 万人，占常住人口总量的 37.2%。与 2015 年 822.6 万的常住外来人口数量相比减少了 15.1 万，常住外来人口占常住人口总量的比重下降了约 0.7 个百分点。“这是北京市自人口规模调控政策实施以来常住外来人口无论在增量上还是增速上首次出现了双下降。”[①] 依据《北京市 2017 年国民经济和社会发展统计公报》，“2017 年末，全市常住人口 2170.7 万人，比 2016 年末减少 2.2 万人。其中，常住外来人口 794.3 万人，占常住人口的比重为 36.6%，外来人口数量比 2016 年末再减少了 13.2 万”。[②] 两年的统计数据说明，与疏解非首都功能相关的人口规模调控政策（控制增量，疏解存量，到 2020 年将人口控制在 2300 万以下）产生了效果。

（二）流动人口不流动，“常住”趋势不断增强

当前中国流动人口呈现的一个突出特征是大多数流动人口具有明显的长期工作和居住在北京的倾向和意愿。国家人口和计划生育委员会流动人口服务管理司的调研发现，“在流入地居住超过 1 年的流动人口占流动人口总数的比例为 79.5%，其中，居住时间超过三年的占比达到 53.2%，居住时间超过 5 年的占比 36.7%，而有 14.1% 的流动人口在流入地的居住时间达到了 10 年以上，他们成为‘流而不动’的常住居民，成为事实上的当地人”。[③]

北京市流动人口也具有这一显著的特征。截取 2016 年国家卫计委流动人口动态监测调查对 2016 年冀豫鲁在京流动人口的数据发现：冀豫鲁在京流动人口超过六成都有在京长期居住（5 年以上）的意愿；冀豫鲁在京流动人口中“70 后”“80 后”年龄段长期在京居住意愿高于“60 后”“90 后”

① 《北京市 2016 年国民经济和社会发展统计公报》，北京市人民政府网，http：//www.bjstats.gov.cn/tjsj/tjgb/ndgb/201702/t20170227_ 369467.html。

② 《北京市 2017 年国民经济和社会发展统计公报》，北京市人民政府网，http：//zhengwu.beijing.gov.cn/sj/tjgb/t1509890.htm。

③ 国家人口和计划生育委员会流动人口服务管理司编《中国流动人口发展报告 2012》，中国人口出版社，2012。

年龄段流动人口，而且已婚家庭的流动人口在京长期居住意愿特征明显。同时，“在流动人口受教育程度提高、家庭月平均收入和消费水平提高、社会阶层地位提升、居住形态的升级、就业身份的提升、流动时间积累较长等因素影响下，流动人口更倾向打算在京长期居住，尤其是自购房者 95.9% 的流动人口都有在京居留意愿”。[①] 由于在北京市的流动人口中，来自冀豫鲁三地的流动人口占全市流动人口总量的50%左右，所以，对 2016 年国家卫计委调研数据的截取分析有较强的代表性。

（三）流动人口居家迁移特征日益明显

不同于 20 世纪八九十年代独自一人外出打工的特征，进入 21 世纪后，很多流动人口家庭往往是夫妻共同外出打工经商。在北京市获得比较稳定的工作和经济收入后，流动人口开始逐步将子女带进京，并在当地入托入学。伴随着以夫妻和未成年子女为成员的核心家庭在流入地稳定地居住、工作、入学入托，考虑到照顾下一代的生活需求，中青年将父母随迁进流入地城市的比例也在逐步增加。

全国第六次人口普查的数据显示，流动人口中两代人家庭的比例为 38.52%，三代人家庭的比例为 5.04%，夫妻共同外出务工经商或者兄弟姐妹一起流动的一代人家庭化流动的数量占比达到 30%；与 20 世纪最后 20 年流动人口以单身外出打工者为主相比，进入 21 世纪后单独一人流动的人口比例明显下降，单人流动数量占家庭户流动的 26.76%。流动人口核心家庭的举家迁移，对移入地城市的基本公共服务和社会管理带来挑战。以流动儿童的受教育政策以及医疗卫生保健政策等为例，目前包括北京市在内的很多城市在对待流动儿童的入学政策上仍然受户籍制度的影响，即流动儿童无法在迁入地享受户籍制度所附加的各种社会福利性政策。

---

① 李晓壮：《冀豫鲁在京流动人口居留意愿分析报告》，《北京社会治理发展报告（2017～2018）》，社会科学文献出版社，2018。

（四）在京流动人口中“80后”流动人口已超过半数

“流动人口作为一个群体，其内部的结构正在发生重要变化，其中最引人注目的是新生代流动人口规模的急剧增加和份额的大幅提升。”① 新生代流动人口，即1980年后出生的流动人口。全国第六次人口普查数据显示，全国流动人口以中青年为主，“80后”流动人口已经成为当前流动人口主要组成部分，其数量已经占全部流动人口的53.64%。北京市的这一比重更高，依据2016年国家卫计委的调研报告，“80后”流动人口是北京市常住外来人口的主要人口群体，以“80后”“90后”为主的新生代流动人口已成为北京市流动人口的主体。

（五）流动人口社会融合的意愿日趋显著

新生代的流动人口很少或几乎没有务农经历，他们对移入地城市的认同超过了对家乡的认同。他们强烈希望能够跨越户籍制度的限制，在移居地获得与之相关的教育、卫生、社会福利和社会保障等一系列公共服务，社会融合的意愿强烈。流动人口的社会融合，是指“流动人口从开始进入城市，到其中的部分人口逐步在城市沉淀下来，在城市定居、生活和发展，成为事实上的城市移民，是学术界所界定的流动人口社会融合，它反映了流动人口从城市的外来者到完成人口迁移进入城市体系的过程”。②

二　北京市流动人口特征变化对人口规模调控及服务管理带来的影响

流动人口是经济发展活力的“风向标”，是社会和谐稳定的“晴雨表”。在京津冀协同发展过程中，加强以流动人口为重点的首都人口规模调控工

① 段成荣、吕利丹、邹湘江：《当前我国流动人口面临的主要问题和对策——基于2010年第六次全国人口普查数据的分析》，《人口研究》2013年第2期。

② 张伟辉：《福田区外来人口社会融合问题研究》，《中国国情国力》2012年第3期。

作，提升流动人口服务管理效能，是新时期破解首都发展难题、推进全面深化改革的重要保证，也是落实习总书记重要讲话精神和中央“严格控制大城市人口规模”的必然要求。近年来，在北京市委、市政府的统一领导下，全市统筹推进产业优化升级、疏解非首都核心功能等政策，多措并举，人口规模调控工作取得了一定成效。然而，在城市化进程持续推进、北京中心城区吸引力依然强劲的形势下，面对首都流动人口所呈现的一些新特点及流管体制变化等因素的影响，实现首都人口与资源环境的协调发展，控制首都人口规模工作仍然面临诸多问题和矛盾。

（一）人口总量大，规模调控红线约束压力大

和全国其他城市的常住人口年均增长率相比，近年来北京市的常住人口年均增长率并不高，甚至低于同期全国城镇的人口增长率。2016 年是“十三五”时期人口调控规划执行的起始之年，北京市常住人口的增长率仅为 0.11%，低于近年来全国人口 0.5% 的自然增长率。这体现了北京市近年来落实疏解非首都功能“控增量、疏存量”两个政策意见，严格实施新增产业禁止和限制目录，大力开展疏解整治促提升专项行动，推动一批区域性批发市场、一般性制造业企业，学校、医院等事业单位的有序疏解，带动城市常住人口实现了增量、增速的“双降”。然而，按照北京市“十三五”规划，北京市常住人口要控制在 2300 万之内，城六区常住人口要比 2014 年下降 15%。随着拆迁政策的结束，工业大院治理、批发市场改造、两违治理、群租房治理、地下空间治理、无证无照治理、产业清退疏解、低端业态清整、再生资源回收站点治理、城乡接合部重点地区综合整治等各项工作的持续开展，流动人口规模性下降的趋势不能够长期持续，流动人口总数可能将在较长时期保持在较高水平，在庞大的人口基数下，常住人口机械增长和流动人口合理流入，全市 2300 万人口总量红线约束的实现压力依然较大。

（二）人口红利效益弱化，城市基本公共服务供给压力大

人口的增长稀释了城市公共服务供给的增量。一方面，既有的庞大人口

总量对有限的城市资源要素承载能力形成较大的考验。城市交通、水、电、教育、医疗及生产生活资源要素面临巨大的压力，给城市的总体生活质量造成不利影响。近年来，北京市流动人口子女入学规模逐年增加，而且巨大的学位缺口正在由小学向中学传递，“十三五”期间全市中学学位缺额将越来越大。另一方面，由于流动人口的来源以年轻人为主，因此，人口规模调控在减少年轻劳动力流入的同时，加速了北京人口老龄化的进程。流动人口不流动、流动人口家庭化现象等流动人口的新特征，人口规模调控政策的进一步深入，使城市经济社会发展面临巨大压力和严峻挑战，养老服务、入托入学、医疗卫生等基本服务供给亟须进一步提升。

（三）流动人口分布不均衡，城市社会治理难题多

2015 年，北京市常住人口数量为 2170.5 万人，全市人口密度大约为每平方公里 1200 人，北京市城六区的常住人口密度为每平方公里 9375 人，其他 10 个区人口密度为每平方公里 590 人，而“城市功能核心区人口密度达到每平方公里 22000 万人左右”。[①] 这种人口分布的极度不平衡使得住房问题、交通拥堵等“大城市病”更为突出。

以居住为例，在流动人口数量庞大的首都北京，租赁住房在解决人口居住问题方面发挥着越来越重要的作用，也成为流动人口解决住房问题的主要方式。面对首都日益飙升的房价和租金，受收入水平所限，大部分流动人口会选择地理位置优越、交通便利、价位不高的群租房。这样，在城市中心地带的重点地区如市场商圈、交通枢纽、医院和学校等区域周边聚集了群租居住的流动人口。此外，城市近郊地区、城乡接合部，由于监管缺失、房价相对较低，流动人口群租现象更加严重，这些重点地区的群租房集中分布使得治理任务异常艰巨。群租房问题一直是大城市的热点社会问题，特别是在首都北京，流动人口多、人员密集度高、房屋租赁市场持续火爆。在利益的驱动下，一些房主和房屋中介机构为了获取最大化的利益，纷纷将房屋打隔断

① 数据来源：《北京统计年鉴（2016）》。

后群租，增加了安全隐患、激化了邻里矛盾，直接影响城市社会的安全稳定。近年来，由于各方面的原因，北京市涉及群租房的重大事故、治安事件、不公平交易、邻里纠纷等时有发生，引起了广大人民群众的普遍关注，已成为影响首都社会和谐、稳定的重要因素之一。

（四）相关法规制度不完善，基层人口规模调控和服务管理工作难度高

随着习近平总书记视察北京工作的精神指示及京津冀一体化战略的逐步落实，北京市城市功能定位、产业疏解和人口规模调控的顶层设计已经形成了清晰的框架。针对这一庞大、综合的顶层框架，需要进一步制定具有可操作性的实施细则和相关法规政策。在顶层设计没有具体化、制度化、法律化的实施细则支撑的情况下，实施疏解调控任务的基层缺少工作抓手，工作思路和方法的创新在一定程度上受到限制，工作效果不够显著。

以违法群租房治理为例，目前国家房屋租赁管理方面的政策法规主要有《租赁房屋治安管理规定》《城市房屋租赁管理办法》《关于进一步加强和改进出租房屋管理工作有关问题的通知》等。这些政策法规对群租房（或多人租住）的规定较为笼统，而且没有对违规群租行为的处罚措施做出具体规定。例如，城乡接合部地区流动人口聚集，与农村地区各类房屋建筑增多导致的出租房屋大量增加是有一定关联的，需要通过法规、政策的制定进一步明确出租房屋管理、宅基地建设审批等事项。农民对“瓦片经济”的依赖、“黑中介”等问题的存在都与相关法规、政策的不健全有一定关系。

（五）流管体制变化下基层流管队伍的运转有待进一步顺畅

自 2007 年全市基层来京人员和出租房屋服务站、流动人口管理员队伍组建以来，北京市已经形成覆盖全市的流动人口服务管理基础工作网络体系。这一体系在北京市委、市政府的领导下，在各成员单位的配合下，在全市各级流管部门的运转下，成为各级党委、政府在基层开展流管工作的窗口和触角，在信息采集、证件办理、政策宣传、公共服务等流动人口

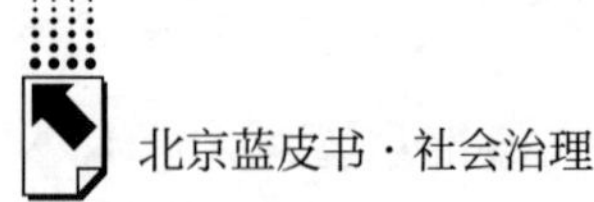

服务管理以及重大活动安保工作中发挥了重要作用，为全市流动人口和出租房屋服务管理工作、人口规模调控工作乃至经济社会发展都做出了巨大贡献。

为了进一步实现基层流管站和流管员队伍管理主体统一和责权一致，2012 年，北京市委常委会做出“按照中央加强实有人口管理的要求，将基层流管员队伍、社区村流管站建设管理、流动人口调查登记、流动人口信息系统建设等具体行政职能交由公安部门承担”的决定。之后，市流管办会同市公安局制订了工作方案，并就相关交接工作进行了部署。市流管信息平台以及全市社区（村）流管站、流管员队伍先后于 2016 年全部完成交接。交接完成后，基层流管站和流管员队伍的日常管理及人事组织关系都由公安部门统一负责，基层流管站和流管员队伍实现了管理主体统一和责权一致，为全市流动人口服务管理工作奠定了良好的基础，未来有助于基层流动人口服务管理工作的全面提升。

然而，流管站、流管员队伍交接和规范化建设工作时间紧、任务重，适应期流管员队伍在新的运行模式下还不能完全顺畅地履职。在部分区的调研中发现，基层流管队伍在管理和运行上还存在一些衔接不顺畅的情况，受公安系统社区警务团队专职化水平的影响，流管队伍专职化水平也受到一定程度的弱化。部分流管员在落实公安系统工作时甚至将工作重点放在了治安方面，很难保证将其本职工作如信息采集、入户走访、问题发现等基础工作做深、做细、做准、做精，流动人口信息平台的数据更新和维护也受到一定的影响。基层流管站和流管员队伍的工作运行机制有待进一步完善。

三　提升北京市人口规模调控与服务管理工作的思路与对策

面对当前首都人口规模调控及服务管理工作中存在的矛盾和突出问题，认真地贯彻落实好习近平总书记视察北京重要讲话精神，全市需要进一步创新适应新时期经济社会发展新常态的首都人口发展新思路，力求在控制人口过快增长、推进人口均衡布局方面取得新的突破，切实推进首都人口科学合理地发展。

（一）进一步理顺北京市人口宏观调控体制，科学引导人口迁移流动

2014 年国务院发布的《关于进一步推进户籍制度改革的意见》明确提出，“特大城市和部分大城市人口压力偏大，与综合承载能力之间的矛盾加剧，空气污染、交通拥堵、公共安全问题等‘城市病’严重，需要有效控制人口规模”①，“特大城市人口调控的一个主要内涵就是要充分运用自身要素高度聚集的优势，转变经济发展方式，以产业结构带动人口结构的改善，实现人口与产业结构相互促进的发展方式”②。北京一方面是特大城市，另一方面作为国家的首都，需要以法律、税收等手段作为成本杠杆，以城市总体规划及市场机制为导向，“细化人口调控工作主体、工作内容和工作重点，做到人口发展与调控政策有章可循，细化人口发展与调控考核评估机制，完善对区县、部门、乡镇（街道）、村（居）和企业等多层次、跨部门的人口发展与调控考核模式”。③

（二）完善立法，制定落实人口规模调控实施细则和制度方案

由于法律法规的缺失和不完善，执法部门在实际工作中缺乏采取措施的法律依据。例如，当前，亟须完善人口流动的信息登记制度，制定租房管理法律法规的具体细则和住房租赁登记合同备案制度细则。在人口流动信息登记上，应当从国家层面制定完善的人口迁移信息登记制度，包括人口的户籍、居住地、联系方式、工作单位、家庭情况以及卫生、教育等公共服务资

① 参见《关于进一步推进户籍制度改革的意见》。

② 陆杰华、李月：《特大城市人口规模调控的理论与实践探讨——以北京为例》，《上海行政学院学报》2014 年第 1 期。

③ 黄荣清、段成荣、陆杰华、黄文香、张强、王桂新：《北京人口规模控制》，《人口与经济》2011 年第 3 期。

源的使用信息，要求任何人一到辖区居住后，就必须进行如实登记，并纳入人口信息查询系统。欧盟国家倡导公民的自由迁徙权，对人口的流动没有制度上的限制，但欧洲各国对境内公民和居民实行义务登记住所制度，迁移者迁移后需要到警署或内政部门登记备案。因此，法规要从严追求接近100%的登记率和信息准确度，才能使成本高昂的人口管理系统发挥应有的社会治理作用。特别是对城市管理和社会治理来说，真正对社会造成威胁的可能正是没有登记的人口。人口登记法规的制定可以利益关联为导向，比如，迁入地政府能为迁入者提供社会保障等具有吸引力的服务，服务项目与迁移人口利益密切相关，利益驱动迁移者主动登记，提高迁移登记率，降低管理部门流动人口登记成本和被动登记的难度。

住房租赁登记合同备案率低是当前住房租赁管理的一大难题，它不仅影响到房屋租赁市场管理，也影响到综合治理维稳工作。仍以群租房为例，群租现象并非我国独有，西方国家通过清晰明确的立法使群租现象得到有效治理。以英国为例，2006年，英国颁布了《多人租房申领许可证令》(Licensing of Houses in Multiple Occupation)。法令规定，凡出租房超过三层、租户超过5人并共用厨卫沐浴设施的，房东必须事先缴费申请许可证，并接受审查。为有效落实法令，英国同时实施房东注册计划。违反房东注册计划的出租人将面临2万英镑的罚款。法令对出租房的标准做出了细致的规定，凡不符合标准的，房东必须立即整改，否则将被吊销许可证。我国目前的制度一方面缺乏鼓励当事人积极主动登记备案的激励机制，另一方面缺乏对不登记备案行为的惩戒措施。

（三）民生为本，提升流动人口基本公共服务的享有水平

客观地说，户籍制度导致的流动人口与户籍人口在公共服务资源占有方面存在的差距不仅仅突出表现在就学、看病、居住和生存环境等基本公共服务环节上，流动人口在经济、社会、文化、心理等诸多方面在城市社会中的认同也面临巨大困境。以改善民生为突破口，围绕解决流动人口最关心、最直接、最现实的利益问题，在流动人口劳动就业、社会保障、子女教育、计

划生育、卫生防疫、法制教育、司法援助、户籍治安、居住生活、社会救助等方面推出切实可行的服务举措，从根本上增进流动人口的社会认同感和归属感，提升流动人口的社会融合度，在许多深层次方面实现流动人口的社会融合还有很远的路要走。通过基本公共设施的均衡分布，提升流动人口基本公共服务的享有水平，通过制度创新为流动人口搭建一个由初步融合向深度融合的平台，成为摆在流动人口服务管理工作面前的重要任务。

（四）完善居住证制度，以居住证的扩展功能推进流动人口服务管理的有序化

加强流动人口的服务管理，应该以加强证件管理为起点和抓手。居住证制度，是以居住状态为依据，以居住证件为载体，对非当地户籍人口在本地生活就业以及享受地方政府提供的各类公共物品和公共服务等进行规范和提供保障的社会管理制度。居住证制度的实施，是推动户籍制度改革的一项重要举措。居住证制度顺应了当前流动人口特征变化的新情况，通过在居住证件上附加相关服务管理功能，推动了流动人口在一定程度上享有城市居民所享有的基本公共服务，有助于推进流动人口享有在城市生活的基本权益。2016 年 10 月 1 日起，北京市正式实行居住证制度，“暂住证”升级为“居住证”。在居住证制度实施中具有居住证申领门槛较低、居住证关联服务较少、积分落户条件较高等特点，目前北京市的居住证制度运行情况与预期效果还有一定的差距。如何运用居住证来进行管理仍然需要深入研究配套实施细则，完善管理办法。

（五）规范化管理，加强基层流管站和流管员队伍功能发挥

强化基层流管站和流管员队伍规范化建设工作，是加快疏解非首都功能、严格控制人口规模和维护首都安全稳定的工作需要，也是保障居住证制度实施、流动人口重大服务管理政策落地的现实需要。新形势对流动人口服务管理工作提出了更高的要求，基层流管站和流管员队伍不仅要更好地发挥其职责，又要结合新情况、新问题不断创新工作内容和方式。为进一步调整

理顺全市流管工作体制机制，加强和规范基层流管站和流管员队伍建设，针对当前流管工作体制机制问题和流管基层基础工作中的突出问题，要按照“统一领导，权责清晰，齐抓共管，形成合力”的思路，由基层充分担负起党委、政府的组织领导责任，加强对本地区流动人口服务管理工作的统筹谋划，大力支持派出所的日常管理工作，进一步加大对基层流管站的建设投入和日常保障，打造一支数量足、专业强、素质高的基层流管员队伍，为全市人口规模调控和流动人口服务管理水平再上一个台阶打好基础。

参考文献

段成荣、刘涛、吕利丹：《当前我国人口流动形势及其影响研究》，《山东社会科学》2017 年第 9 期。

国家人口和计划生育委员会流动人口服务管理司编《中国流动人口发展报告 2012》，中国人口出版社，2012。

任远、邬民乐：《城市流动人口的社会融合：文献述评》，《人口研究》2006 年第 3 期。

段成荣、吕利丹、邹湘江：《当前我国流动人口面临的主要问题和对策——基于 2010 年第六次全国人口普查数据的分析》，《人口研究》2013 年第 2 期。

张伟辉：《福田区外来人口社会融合问题研究》，《中国国情国力》2012 年第 3 期。

李晓壮：《冀豫鲁在京流动人口居留意愿分析报告》，《北京社会治理发展报告（2017 ~ 2018）》，社会科学文献出版社，2018。

陆杰华、李月：《特大城市人口规模调控的理论与实践探讨——以北京为例》，《上海行政学院学报》2014 年第 1 期。

黄荣清、段成荣、陆杰华、黄文香、张强、王桂新：《北京人口规模控制》，《人口与经济》2011 年第 3 期。

B.6

北京市民办打工子弟学校拆迁问题研究

——基于沟通行动理论的分析思路

杨蕾　冯跃*

摘　要： 随着市场经济的发展，大量农民工进入城市寻找工作，流动人口越来越多，随之而来的是城市流动儿童逐年增加。城市流动儿童的增加促进了打工子弟学校的发展。打工子弟学校的发展同时受到中央和地方政策的影响。本报告分析了中央和地方政策背景下政府教育部门与打工子弟学校校长（创办者）关于打工子弟学校拆迁问题的不同看法，进而用哈贝马斯沟通行动理论分析双方沟通的阻碍及原因，并且为双方有效沟通提供相关建议。

关键词： 流动儿童　打工子弟学校　沟通行动理论

一　问题的产生与演进

随着市场经济的发展，大量农民工进入城市寻找工作，随之而来的是，城市流动儿童逐年增加。改革开放后十年，国家对农民工入城采取限制措施，此时流动儿童迁入城市较少，农民工子弟的教育问题主要依靠当地教育

* 杨蕾，首都师范大学政法学院社会学与社会工作系硕士研究生，研究方向为青少年社会工作；冯跃，人类学博士，首都师范大学政法学院社会学与社会工作系副教授，研究方向为青少年社会工作、教育人类学。

进行解决，并没有涉及流动儿童的教育问题。之后，随着国家农民工入城政策转变，由原来的“限制”转变为“宏观调控下的有序流动”，流动人口呈现新的特征。有研究发现，流动人口的平均年龄在不断提升，家庭化的流动趋势在逐渐加强，流入人口的家庭规模在不断扩大。《中国流动人口发展报告 2016》显示：“2013 年流动人口在流入地的家庭规模为 2.50 人，2015 年流动人口在流入地的家庭规模为 2.61 人，与 2013 年相比，流入人口家庭规模增加了 0.11 人。”①《中国流动人口发展报告 2017》显示：“2016 年家庭户平均规模保持在 2.5 人以上，2 人及以上的流动人口家庭户占 81.8% 以上。”② 家庭化流动趋势越来越明显。自此，打工子弟学校发展问题越来越受到社会各界的关注。

二　文献回顾、研究方法与资料收集

北京地区最早的打工子弟学校成立于 1993 年，最早关注打工子弟学校问题的学者是赵树凯和韩嘉玲等。笔者主要回顾与打工子弟学校发展相关的文献。2005 年学者张燕韡等在《关于“打工子弟”学校存在的合法性思考》中对打工子弟学校得不到政府认可的原因进行探讨。2006 ~ 2010 年，研究此问题的学者比较少。2010 ~ 2015 年，学者重新关注打工子弟学校发展问题。记者乔振祺也关注过此问题。乔振祺在《北京打工子弟学校关停调查》中对当时朝阳区打工子弟学校关停风波进行了报道。这一时期，部分学者对打工子弟学校学生毕业后流向进行研究。另有学者对打工子弟学校纳入公共服务范围进行尝试性研究。2015 年至今，有学者对现阶段北京市取缔打工子弟学校问题进行研究并提出相应的对策，少部分学者对流动儿童义务教育问题进行研究并提出建议。除了这两方面的研究，还有学者研究北

① 国家卫生和计划生育委员会流动人口司编《中国流动人口发展报告 2016》，中国人口出版社，2016。

② 国家卫生和计划生育委员会流动人口司编《中国流动人口发展报告 2017》，中国人口出版社，2017。

京市打工子弟学校如何适应北京市相关法律政策与人口政策，也有学者将北京市和上海市打工子弟学校的办学情况进行对比，为北京市打工子弟学校办学提供了借鉴。

本报告主要采用文献研究法和访谈法。首先，通过哈贝马斯沟通行动理论文本、文献的大量阅读分析打工子弟学校拆迁问题。其次，在资料收集方面主要采用深度访谈法。深度访谈在访谈目的上要求研究者对受访谈主题有深入的了解，深度比广度更加重要。如同 Rubin 所提出的："要达到这样的深度，研究者要能够了解事情的脉络，处理多重复杂甚至相冲突的谈话旨趣，善于追问，加问，注意各种情境、意义与历史的特定细节，才可能达到某种深度。"[①] 为了更好地了解打工子弟学校校长（创办者）关于打工子弟学校拆迁问题的看法，笔者用哈贝马斯沟通行动理论对打工子弟学校校长（创办者）与政府教育部门不同看法进行了分析。

三　互动主体之间不同的看法

（一）现状分析

1. 流动儿童现状分析

我国流动儿童主要是在城镇化、工业化背景下产生的。笔者在此处采用学界对流动儿童的定义："流动儿童是指流动人口中 0～17 周岁儿童。"[②] "流动儿童"并非官方的说法，政府教育部门将流动儿童称为随迁子女。随迁子女包括进城务工人员随迁子女。[③] 2017 年，"义务教育阶段随迁子女数量为 1897.45 万人，近 5 年义务教育阶段随迁子女增加了 283.86 万人，增幅 17.6%。其中全国义务教育阶段在校生中进城务工人员随迁子女共

① 瞿海源、毕恒达、刘长萱、杨国枢：《质性研究方法》，社会科学文献出版社，2013。

② 百度百科，https://baike.baidu.com/item/流动儿童/4345632?fr=aladdin。

③ 进城务工人员随迁子女，是指户籍登记在外省（区、市）、本省外县（区）的乡村，随务工父母到输入地的城区、镇区（同住）并接受义务教育的适龄少年儿童。

1406.63 万人，近 5 年增加了 129.47 万人，增幅 10.14%。其中，在小学就读 1042.18 万人，在初中就读 364.45 万人”。[①] 从全国来看，义务教育阶段随迁子女的数量不断增加。

2. 打工子弟学校现状分析

打工子弟学校被称为“外来务工人员子弟学校”，也称“流动学校”。流动学校多分布在城乡接合部地区、流动人口聚集区、房租低廉的地区。《流动儿童少年就学暂行办法》中指出，“经流入地县级以上人民政府教育行政部门审批，企事业组织、社会团体、其他社会组织及公民个人，可依法举办专门招收流动儿童少年的学校或简易学校”。[②] 在本次研究中，重点关注北京市打工子弟学校发展状况。2014 年和 2018 年北京市各区打工子弟学校数量以及学生数量见表 1。

表 1　2014 年和 2018 年北京市各区打工子弟学校基本情况变化

单位：人，所

类别	学校数量变化		学生数量变化	
	2014 年	2018 年	2014 年	2018 年
首都功能核心区				
东城区	0	0	0	0
西城区	1	1	480	600
城市功能拓展区				
朝阳区	36	25	27219	10566
丰台区	3	4	2217	2106
石景山区	5	2	3982	2550
海淀区	12	10	7217	3823
城市发展新区				
房山区	7	8	3800	2600
通州区	12	15	9602	6660

① 参见《2017 年全国教育事业发展统计报告》，教育部网站，http://www.moe.gov.cn/jyb_sjzl/sjzl_ fztjgb/201807/t20180719_ 343508.html。

② 参见《流动儿童少年就学暂行办法》，https://baike.baidu.com/item/关于印发《流动儿童少年就学暂行办法》的通知/18580716? fr = aladdin。

续表

类别	学校数量变化		学生数量变化	
	2014 年	2018 年	2014 年	2018 年
顺义区	4	4	2370	1500
昌平区	29	28	19642	10881
大兴区	16	12	15796	10254
生态涵养发展区				
门头沟区	0	0	0	0
怀柔区	1	0	278	0
平谷区	0	0	0	0
密云区	0	0	0	0
延庆区	1	1	300	124
总计	127	110	92903	51664

资料来源：新公民计划。

由表 1 可知，2014 ~ 2018 年，打工子弟学校主要分布在城市功能拓展区（朝阳区、丰台区、石景山区和海淀区）和城市发展新区（房山区、通州区、顺义区、昌平区和大兴区），首都功能核心区和生态涵养发展区打工子弟学校几乎没有。目前打工子弟学校主要分布在朝阳区、海淀区、通州区、昌平区和大兴区。近四年北京市打工子弟学校减少了 17 所。城市功能拓展区中朝阳区近四年打工子弟学校数量减少了 11 所，石景山区打工子弟学校数量减少了 3 所，海淀区打工子弟学校数量减少了 2 所。城市发展新区中昌平区打工子弟学校数量减少了 1 所，大兴区打工子弟学校数量减少了 4 所。生态涵养发展区中怀柔区打工子弟学校数量减少 1 所。而丰台区打工子弟学校数量增加 1 所，通州区打工子弟学校数量增加 3 所，房山区打工子弟学校数量增加 1 所，其他区学校数量没有发生变化。

在打工子弟学校学生数量方面，通过数据对比发现，北京市流动儿童入学数量整体减少了 4 万多人。2014 ~ 2018 年，打工子弟学校学生数量减少较多的区分别是朝阳区、昌平区和大兴区。朝阳区由 27219 人减少到 10566 人，昌平区由 19642 人减少到 10881 人，大兴区由 15796 人减少到 10254 人。由此看出，城市功能拓展区打工子弟学校数量大幅度减少，城市发展新

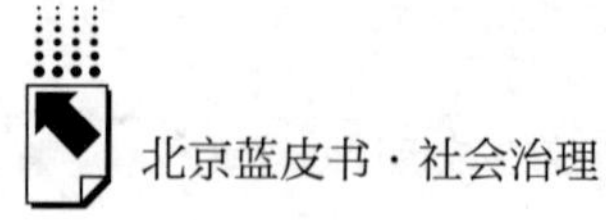

区个别区打工子弟学校数量略增。城乡接合部的大多数打工子弟学校面临拆迁，打工子弟学校的发展越来越艰难。

（二）沟通行动理论

哈贝马斯认为，“资本主义的深层社会结构包括相互独立的两个部分，可以从政治领域及社会生产领域两个方面来进行划分：第一部分是‘政治国家’这一社会公共权力领域，另一部分则是与政治国家和资产阶级社会权力相疏离的私人领域，这一特殊领域在哈贝马斯看来就可以成为‘市民社会’”。①为了摆脱晚期资本主义危机，哈贝马斯引用了普遍语用学和沟通行动理论，改造生活世界概念。沟通行动理论是从分析韦伯的理性化概念开始的，他认为韦伯的行动理论具有一定的局限性，提出自己的行动类型学（见表2）。

表2 行动类型学

行动语境/行动类型学	以目的为取向	以沟通为取向
非社会	工具行动	
社会的	策略行动	沟通行动

资料来源：侯钧生，《西方社会学理论教程》，南开大学出版社，2010，第358页。

为进一步说明沟通行动的概念，哈贝马斯将社会行动主要分为四类：目的行动、规范调节行动、戏剧行动和沟通行动。哈贝马斯认为，“任何处于交往活动中的人，在实行任何言语行为时，必须满足有效性要求，即‘真实性’、‘正确性’、‘真诚性’与‘可领会性’并假定它们可以被验证”。这些要求在沟通行动中关联着“客观世界、社会世界、主观世界”。②

① 李妍：《哈贝马斯市民社会理论及对中国“市民社会”的影响分析》，《才智》2017年第11期。

② 侯钧生：《西方社会学理论教程》，南开大学出版社，2010，第353～365页。

虽然哈贝马斯的沟通行动理论应用于市民社会，但是针对打工子弟学校拆迁问题政府相关部门与打工子弟学校校长（创办者）两个主体在参与过程中需要形成良性沟通，通过对话协商渠道解决流动儿童上学问题。哈贝马斯沟通行动理论中沟通理性对双方形成良性互动有一定的借鉴意义。

（三）互动主体之间不同的看法

有学者将沟通行动的概念定义为行动者为了协调相互的行动而进行的行动，这种协调又是行动者互相以语言为媒介，通过相互的沟通而达到的。也可以说，沟通行动是人们之间的一种运用语言进行沟通的行动，是使用语言的行动，即言语行动。① 此沟通行动含义从沟通行动的主体、沟通使用的媒介、沟通的形式、沟通行动的目的分析沟通行动的含义。

通过以上几个方面分析可知，在打工子弟学校拆迁过程中，政府相关部门与打工子弟学校校长（创办者）互动属于沟通行动。首先，沟通行动的主体至少有两个。打工子弟学校拆迁过程中，最重要的两个主体分别是政府教育部门和打工子弟学校校长（创办者）。其次，沟通行为要求沟通主体有语言能力和行为能力。在双方交往过程中，很显然打工子弟学校校长（创办者）以及政府教育部门都有交往能力与行为能力。除此之外，双方语言、行为不仅代表个体的语言和行为，更代表不同群体的利益、观点。最后，互动主体交往的媒介除了语言，还有非语言媒介。双方交往的媒介多样化，如文字、电子邮件、官方网站等。打工子弟学校校长（创办者）的行为与政府教育部门之间的行为通过多样化的媒介得到理解。总之，人类交往行为主要是为了协调相互之间的行动，以期达到双方沟通的目的，这也是哈贝马斯所说的“达成意见一致”。因此，我们可以将交往双方的行为理解为哈贝马斯提出的“沟通行动”。

政府教育部门执行政策时，与打工子弟学校校长（创办者）之间的行

① 侯钧生：《西方社会学理论教程》，南开大学出版社，2010，第353～365页。

为可以被界定为哈贝马斯所说的“沟通行动”。两个主体间沟通行动的有效性欠缺，没有互相理解对方行为的原因以及对打工子弟学校拆迁问题的看法如下。

1. 政府教育部门的观点

政府教育部门与打工子弟学校校长（创办者）之间关于是否拆迁打工子弟学校形成了不同的看法。我们通过中央政策以及北京市地方政策分析政府部门关于这一问题的看法，而打工子弟学校校长（创办者）的看法源于笔者对打工子弟学校校长的访谈。

首先，从政策层面进行分析。与此次打工子弟学校拆迁关系最密切的中央政策是2014年国家颁布的《国家新型城镇化规划（2014—2020年）》。此政策提出：“推动建设以人为本的新型城镇化政策。实施差别化落户政策，严格控制城区人口500万以上的特大城市人口规模，并且提出改造提升中心城区功能，加快城区老工业区搬迁改造，大力推进棚户区改造，改善城乡接合部环境创新规划理念，加快绿色城市建设。”① 之后中央政策在地方政府部门落实过程中，北京市政府部门颁布了相应的地方政策，地方政策代表北京市政府相关部门的观点。《中共北京市委关于制定北京市国民经济和社会发展第十三个五年规划的建议》中明确提出：“总结推广以业控人、以房管人、以证管人的成功经验，综合运用经济、法律、行政等手段调控人口规模。”② 在此背景下，教育成为控制人口的一种方式。除此之外，《北京市人民政府关于组织开展“疏解整治促提升”专项行动（2017—2020年）的实施意见》中提出：“拆除违法建设、城乡结合部整治改造等。”③ 这一系列政策使打工子弟学校发展受到了影响。

从表面来看，中央和北京市政策是从宏观层面考虑，为了建设和谐美丽

① 参见《国家新型城镇化规划（2014—2020年）》。

② 《中共北京市委关于制定北京市国民经济和社会发展第十三个五年规划的建议》，http：//www. beijing. gov. cn。

③ 《北京市人民政府关于组织开展“疏解整治促提升”专项行动（2017—2020年）的实施意见》，http：//www. beijing. gov. cn。

的城市，加快绿色建设，解决“大城市病”，对棚户区进行改造，改善城乡接合部环境，将流动儿童学校和大部分流动儿童居住地作为此次行动整治对象之一。政府相关部门出发点有一定的合理性。但是在城市建设过程中，一些部门为了完成政策硬性指标，对打工子弟学校进行拆除，通过疏解流动儿童进一步疏解北京市外来人口。实质上，政府相关部门针对打工子弟学校的措施不仅与我国传统的社会体制有关，而且与政府部门的治理理念、治理方式有关。在国家、社会、政府、人民的关系中，长期以来我国社会体制模式是“强政府、弱社会”，即政府管理国家事务，而社会组织发展比较慢。因此，受“强政府、弱社会”体制模式的影响，政府相关部门通过行政命令对一些打工子弟学校进行拆迁。而打工子弟学校力量微弱，同时利益表达机制不完善，解决问题参与程度较低。政府部门在精细化管理过程中，将打工子弟学校校长（创办者）作为管理的对象与客体，而不是解决相关问题的主体。政府作为社会治理的主体，“通过等级隶属的行政权力和行政命令对社会各个领域进行控制，社会治理的对象、客体，也就是人被机械锁定在政府设定的社会位置上（单位内），很少或很难进行有效的社会流动和社会参与”。①

其次，政府相关部门在政策实施过程中过于追求共性的利益，而未精准识别不同群体的利益需求，特别忽视弱势群体的利益。比如政府在政策实施过程中过于强调建设新型城镇化目标和建设和谐绿色城市等共同的利益，而忽略了流动儿童群体、打工子弟学校校长（创办者）等的利益需求。政府通过管控手段，对没有办学资质、不符合办学条件的学校进行拆迁。这使得在利益、机会面前处于不利地位的流动儿童面临返乡上学的问题。除此之外，在城市疏解时，忽视了外来人口心态疏解。城市疏解行动在较长一段时期内，将是一场平衡各方利益的政治博弈，心态疏解在其中具有重要的后续精细化管理与服务的功能，而针对城市800余万常住外来人口设计富有人文关怀意义的情感支持与心态疏解体

① 吕志奎：《中国社会治理创新的战略思考》，《政治学研究》2011年第6期。

系，“倡导‘平等共建’‘互补共享’的包容不同社会群体良性循环的社会共同体价值体系，是改善后续城市疏解工作中有必要考虑与关照的重要环节”。①“政府职能是服务，而不是掌舵”，政府应该由管理型政府转变为服务型政府，实行更加精细化的社会治理，满足各个层级不同群体的利益需求。

2. 打工子弟学校校长（创办者）观点

近两年北京市实施“疏解整治促提升”专项行动，北京市昌平区、大兴区等位于城乡接合部的打工子弟学校面临拆迁。打工子弟学校校长对学校的拆迁形成不同的看法。笔者在访谈北京市打工子弟学校校长时了解到，一部分校长因为寻找校舍困难，教师、生源流失等原因会选择离开打工子弟学校行业，回老家寻求发展。也有校长感受到了城乡教育差距后，梦想回县城办一所学校。

> 30 岁回去小县城办学校，深感城乡教育资源之差距。农村的孩子、小城镇的孩子要怎样才能走出来呢？我来自农村，我的童年没有科学、乐器、图书馆，希望将来能尽一己之力，起到一点帮助作用。②

与此相反，另一些校长则希望政府继续支持打工子弟学校的发展，并且认为打工子弟学校可以帮助政府教育部门解决流动儿童上学问题。黄庄学校曾是北京市最大的打工子弟学校，2018 年 8 月 10 日面临拆迁。早在 2018 年 1 月，黄庄学校教师得到拆迁的消息后，向社会各界发出了紧急求救信。信中表达了对政府教育部门做法的不满。

> 北京城建集团单方终止与学校的租赁合同，要求拆掉学校，石景山区教委正式要求学校寒假停止办学，解散老师和学生，为了防止出现不

---

① 殷星辰主编《北京社会治理发展报告（2017 ~ 2018）》，社会科学文献出版社，2018，第 98 ~ 109 页。

② 《再见北京，我回村里办学校了》，http://cul.qq.com/a/20171107/024556.htm。

> 稳定因素，教委要求学校暂时不向老师和家长通报，到放假前夕再告知家长学校解散的事情。我作为一名常年在打工子弟学校工作的老教师，感到十分气愤，对教委的这种做法十分不满，让2000多名师生在放假前毫无准备的情况下失学、失业是一种错误的做法，这是对2000多名师生的欺骗和不负责。[①]

经过此事件，石景山区教委协调黄庄学校拆迁延后了半年。黄庄校长于2018年1月，在《民生周刊》记者采访时曾表达了自己对流动儿童学校的看法。

> 他认为打工子弟学校只要有政府和社会各界的全力支持，办学条件也会越来越好，也会成为解决流动儿童上学的重要力量，为此希望政府制定有利于流动儿童教育的促进法，促进社会力量来兴办高标准的打工子弟学校，并让更多的慈善组织和社会各界帮助打工子弟学校改善办学条件。
>
> "让流动儿童跟随父母有学上，最大限度地减少留守儿童是当务之急，也是推进教育公平最应该做的事情"，校长说。如何解决流动儿童上学的问题？校长认为，以公办学校全力接收为主，以民办学校（包括打工子弟学校）协助接收为辅，这是科学的方法。[②]

从访谈中，我们可以明显看出校长更希望打工子弟学校继续发展，并且认为打工子弟学校可以协助政府教育部门解决流动儿童的上学问题。但是，经过黄庄学校的校长发求救信、接受记者采访等一系列挽救黄庄学校措施之后，黄庄学校也只是延迟了拆迁。2018年8月10日是黄庄学校存在的最后一天。

---

① 《石景山区黄庄学校紧急求救信》，http：//paper. people. com. cn/mszk/html/2018 - 01/08/content_ 1829569. htm。

② 《石景山区黄庄学校紧急求救信》，http：//paper. people. com. cn/mszk/html/2018 - 01/08/content_ 1829569. htm。

2018年8月9日，园林公司在黄庄学校门口及周边向过路群众、学生家长和学生散发《关于收回石景山区黄庄学校租用土地的通告》，园林公司在通告中声称，要对黄庄学校区域采取限制进入措施，对黄庄学校断水断电，要求黄庄学校相关人员及时搬离。

9月1日，本应是黄庄学校开学的日子。每年的9月1日，陈校长都会和全体老师早早地来到学校，把大门口打扫得干干净净，迎接学生的到来。今年的这一天，陈校长为了避开保安干扰，他躺在自己车的后备厢里，让朋友将他拉进学校，校园空荡无人，他独自一人来到学校在大门口打扫卫生，这可能是他在黄庄学校度过的最后一个9月1日了。①

黄庄学校关闭后，政府教育部门虽然对黄庄学校的学生、教师进行了分流安置，但是由于部分新学校不招收一年级学生，在黄庄学校报名的新生不得已回老家上一年级。有部分新生错过了老家的报名时间，面临没有学上的可能性，这引起了部分家长的焦虑。

黄庄学校校长的观点代表了一部分打工子弟学校校长的观点。首先，从校长的观点中，我们可以看出校长坚持保留打工子弟学校，积极参与解决流动儿童的上学问题。表面看来，校长更多的是关心打工子弟学校流动儿童的就学问题以及学校教师的工作问题，但是也不难看出，除了这些表面的考量，打工子弟学校校长做出此次行动也考虑到自身的需求与利益，包括自己学校校长的地位、幼—小阶段学生就读给自身所带来的经济收入等。校长过度维护自身的利益，忽略其他主体的利益，使个体的理性在实践过程中降格为工具理性，在实践中缺少价值理性与情感理性。其次，打工子弟学校校长（创办者）从自身局部角度考虑打工子弟学校拆迁问题，缺乏对自身个体理性行为的反思，陷入视角主义困境。

① 《北京最大打工子弟学校被关闭 6位老师曾发求救信》，https：//www. zlnnzfz. com/article/86541. html。

四　沟通困境的原因分析

（一）互动主体间言语有效性问题

哈贝马斯认为，“交往行为是以主体间为基础、通过语言的中介作用达成人们相互理解的目标”。[①] 语言具有如此重要的地位，是因为语言遵循真实性、正确性、真诚性、可领会性。“交往行为能实现互动主体之间相互理解、达成共识，必然遵循着言语的有效性。”[②] 在打工子弟学校校长与政府教育部门之间，互动主体在沟通过程中对流动儿童学校的发展问题未达成共识。打工子弟学校校长与政府教育部门的话语体系都反映了各自的立场，真实地反映了各自客观世界的情况。因此双方在言语行为真实性方面并不存在问题。笔者主要分析两个互动主体在言语可领会性、真诚性和正确性三个方面的问题。

1. 言语行为的可领会性问题

言语行为的可领会性是指“互动者之间使用合乎语法规则的句子，使用相同的语言，听者领会其所表达的意思”。[③] 但是在打工子弟学校校长与政府教育部门沟通之间，不只有语法规则起到重要的作用。由于两个主体各自代表的群体阶层不同、立场不同以及各自所处的环境不同，主体言语行为出现可领会性的问题。针对限制特大城市人口的问题，政府部门在官方文件中表示，实施差别化落户政策，严格控制城区人口500万以上的特大城市人口规模，总结推广“以业控人、以房管人、以证管人”的成功经验。而打工子弟学校校长、流动儿童家长等则会将这一个做法理解为“以教控人”“赶外地人”“不让孩子上学”等。主体之间理解的差异，形成官方用语与民间用语两种不同的话语体系，导致语言可领会性方面的问题。

① 参见梁鸿《哈贝马斯交往行为理论研究》，硕士学位论文，广西师范大学，2017。

② 参见梁鸿《哈贝马斯交往行为理论研究》，硕士学位论文，广西师范大学，2017。

③ 参见梁鸿《哈贝马斯交往行为理论研究》，硕士学位论文，广西师范大学，2017。

2. 言语行为的真诚性问题

言语行为的真诚性与说话者的主观世界联系在一起，反映了人类审美理性中的一部分。政府教育部门作为国家教育行政机关，有一定的行政权力。打工子弟学校校长，处于教育部门管辖之下。因此，在互动主体进行沟通交往过程中，一些校长考虑到权力因素，很少表达自己内心的真实想法，反而会隐藏自己的想法，遵循国家政策。权力影响了沟通者言语的真诚性。

3. 言语行为的正确性问题

概括地讲，“言语行为的正确性就是要求话语本身必须符合公认的规范，目的在于有利于听者接受，从而使交往双方能够针对具体问题取得共识、达成一致”。[①] 政府教育部门通过拆迁打工子弟学校疏解流动儿童，进而疏解外来人口，在一定程度上是执行国家政府的相关政策。但政府教育部门的说法与做法没有得到相关利益群体的认同，这在一定程度上导致沟通者言语行为正确性方面的问题。

（二）行为理性缺失

要达到社会生活的合理化，实现社会和谐，必须实现互动主体间交往行为的合理性。哈贝马斯认为，交往合理性处于主体与主体之间。交往合理性主要是通过言语的有效性、交往双方互为主体、双方交往行为合理性三个条件来实现的。但是在打工子弟学校校长与政府教育部门的交往过程中，两个主体缺少行为的理性。

首先，在打工子弟学校校长与政府部门沟通的过程中，由于各种原因，两个主体在言语有效性方面存在问题。其次，打工子弟学校校长与政府教育部门都是具有言语能力的主体，但是由于双方外在的权力、利益、各自的立场不同，尤其是打工子弟学校相关利益群体没有平等表达权，交往双方不是互为主体，而是主体与客体。最后，两个主体交往行为的合理性是开放的，是彼此沟通、协商、劝服的过程。但是通过拆迁打工子弟学校进而疏解人

① 参见梁鸿《哈贝马斯交往行为理论研究》，硕士学位论文，广西师范大学，2017。

口，政府更多地通过政府教育部门下达官方文件、设立取缔学校的标准、通过提高公办学校的入学标准来实现。而在与校长协调问题过程中，如果沟通、协调没有完成目标，更多地采用强制手段。这些均导致交往行为的合理性缺失，影响互动双方沟通的有效性。

（三）主体之间的互动与交往

任何两个主体之间的交往都是在一定背景下发生的，而主体之间互动的背景就是“生活世界”。哈贝马斯借助胡塞尔的生活世界理论，提出了生活世界与客观世界、主观世界、社会世界的关系。“它不是行为者与三个世界中任何一个世界的关系，而只是行为者通过对这三个世界的解释而达成互相理解，取得意见一致的关系。”①

打工子弟学校校长与政府教育部门两个主体交往行为受系统和生活世界的影响。互动主体间的交往行为在一定程度上受到经济系统和政治系统的影响。语言作为双方沟通交往的方式受到权力、资本的影响，进而影响主体之间的互动与交往方式。

首先是资本对双方交往的影响。打工子弟学校属于民办学校，没有办学资质的学校办学经费的主要来源是学校校长或者创办者，而一些具有办学资质的学校会通过政府的补助获得办学经费。政府部门对流动儿童学校进行拆迁时，一些学校经营者由于办学资质不全很难获得补偿。即使获得了拆迁补偿，补偿远没有学校正常经营带来的经济效益高。基于自身经济利益的考量，打工子弟学校的校长很大程度上不同意学校的拆迁。这增加了双方沟通的难度，影响双方正常沟通。其次是权力对双方交往的影响。打工子弟学校历来受政府教育部门的管辖，两个主体对此问题的目标不一致，导致双方没有协商一致，没有达成价值共识。最后，在交往形式上，由于权力、资本对双方交往的影响，语言不再是双方沟通交往的唯一媒介。非语言的文字、金钱同样成为双方交往的形式之一。

---

① 张昕：《哈贝马斯交往行为理论研究》，硕士学位论文，河北大学，2017。

五　有效沟通的途径

为更好地解决打工子弟学校发展问题，打工子弟学校校长（创办者）与政府部门之间要实现良好的沟通，必须实现交往行为的合理性。交往行为合理性主要通过实现交往双方个体的理性，进而形成社会公共理性达到社会规范化，最终实现双方的良好沟通。换句话说，互动主体要具有实践智慧。“实践智慧”指与人的审慎明辨的行为有关的个体德行。个体、社会、类三个层面构成了实践智慧的三维结构。[①] 在打工子弟学校拆迁问题中，双方要进行有效的沟通，就要具有实践智慧。根据实践智慧的三维结构，要实现双方的良好沟通：个体层面需要打工子弟学校校长（创办者）具有个体德行的实践智慧；社会层面需要两个主体在参与社会活动中具有社会规范的实践智慧；类层面需要政府教育部门和打工子弟学校校长（创办者）从人类实践的整体性出发，理解整体的人类实践活动。

（一）个体层面

个体层面指的是打工子弟学校的校长（创办者）。个体德行的实践智慧指的是用以指引个人行动的实践之善的“合理性”，追求个体行为的“善”。[②] 个体怎样才有实践智慧？首先，互动主体具有个体实践理性，做事情坚持“中庸”之道，不偏不倚，个体的行为和情感表达恰到好处。打工子弟学校校长（创办者）从自身的角度反对学校的拆迁，应该采用合理的途径表达自己的意见，而不是采取过激的形式，否则会影响双方的有效沟通。其次，打工子弟学校管理者融入整个社会群体共同体，维护整个社会的

① 田海平：《“实践智慧”与智慧的实践》，“我们时代的哲学与心灵”学术研讨会论文，2012。

② 田海平：《“实践智慧”与智慧的实践》，“我们时代的哲学与心灵”学术研讨会论文，2012。

公平正义。但是目前的打工子弟学校校长行为更多的是在表面上维护流动儿童的群体利益，实质上则是维护学校自身的利益，追求自我利益。

（二）社会层面

打工子弟学校拆迁问题的社会层面中，互动主体参与社会活动不仅要具有个体的实践理性，还要具有社会规范的实践智慧。社会规范的实践智慧指的是政府教育部门引导打工子弟学校校长（创办者）个体的行为善，在社会公共领域形成公共善，进而通过公共理性，达到社会规范的目的。公共理性如何通过公共理性形成规范？首先，打工子弟学校校长与教育部门通过沟通理性达到社会规范。打工子弟学校管理者主体从自身角度阐释自身行为的原因、行为动机，政府教育部门阐释自己行为的动机，通过沟通促进两个主体之间的相互了解。不同主体从不同的角度进行阐释，通过主体间沟通、协商，促进打工子弟学校校长与教育部门两个主体对打工子弟学校拆迁问题不同视角的融合，更好地理解双方的行为。其次，打工子弟校长和政府相关部门对自身的理性行为进行反思。比如，教育部门从整体视角反思自身在疏解人口和拆迁流动儿童学校中，应注意保护关注流动儿童群体的利益。再次，政府部门要倾听各种不同的声音，完善利益表达机制，多倾听不同相关利益主体的声音。构建理想的言谈情景，使双方主体处于平等地位。基于双方反思性共识达到协商、协议、契约等公共理性的目的。最后，“仅当一个预期会满足所有人利益规范的实行所产生的影响和副作用，为所有的受影响的人接受”。[①] 政府部门有权制定双方之间共同的社会规范，社会规范必须具有普遍性、话语性。

（三）类层面

双方有效沟通，除了从个体层面、社会层面考虑，还需要从类层面考虑。这需要政府教育部门和打工子弟学校校长从人类实践的整体性出发，理

---

① 哈贝马斯：《道德意识和交往行为》，MIT 出版社，1983，第 65 页。

解整体的人类实践活动。不管是政府教育部门的行为还是打工子弟学校的行为，都是以人为对象的实践活动。因此，双方要考虑人类整体的实践活动和整体的福利。这需要政府教育部门从整体考虑问题的时候也要关注流动人口以及流动儿童的整体利益，不能牺牲部分群体的利益完成所谓的目标；而打工子弟学校校长要从大局考虑问题，不能拘泥于自身的利益，更应关注整个社会的福利与利益。

政府部门如何疏解外来人口，如何解决流动儿童的上学问题，关系每个流动儿童的切身利益。政府部门在精细化管理过程中应该准确识别不同群体的利益需求，满足不同群体的利益需求，同时鼓励不同主体参与社会管理。打工子弟学校拆迁问题，需要互动双方通过交往行为的合理性，实现双方有效沟通。双方通过不断的沟通、协商、反思形成价值共识，共同解决流动儿童的问题，维护社会的公平正义，促进社会和谐稳定。

参考文献

国家卫生和计划生育委员会流动人口司编《中国流动人口发展报告（2016）》中国人口出版社，2016。

国家卫生和计划生育委员会流动人口司编《中国流动人口发展报告（2017）》，中国人口出版社，2017。

瞿海源、毕恒达、刘长萱、杨国枢：《质性研究方法》，社会科学文献出版社，2013。

《2017 年全国教育事业发展统计报告》，教育部网站，http：//www. moe. gov. cn/jyb_sjzl/sjzl_ fztjgb/201807/t20180719_ 343508. html。

《流动儿童少年就学暂行办法》，https：//baike. baidu. com/item/关于印发《流动儿童少年就学暂行办法》的通知/18580716？fr = aladdin。

李妍：《哈贝马斯市民社会理论及对中国“市民社会”的影响分析》，《才智》2017 年第 11 期。

侯钧生：《西方社会学理论教程》，南开大学出版社，2010。

唐瑞芝、胡荣涛：《论主体多元化视角下推进社会治理精细化建设》，《江西理工大学学报》2018 年第 2 期。

《中共北京市委关于制定北京市国民经济和社会发展第十三个五年规划的建议》，http：//www. beijing. gov. cn。

《北京市人民政府关于组织开展“疏解整治促提升”专项行动（2017—2020 年）的实施意见》，http：//www. beijing. gov. cn。

吕志奎：《中国社会治理创新的战略思考》，《政治学研究》2011 年第 6 期。

殷星辰主编《北京社会治理发展报告（2017 ~ 2018)》，社会科学文献出版社，2018。

《再见北京，我回村里办学校了》，http：//cul. qq. com/a/20171107/024556. htm。

《石景山区黄庄学校紧急求救信》，http：//paper. people. com. cn/mszk/html/2018 - 01/08/content_ 1829569. htm。

《北京最大打工子弟学校被关闭 6 位老师曾发求救信》，https：//www. zlnnzfz. com/article/86541. html。

梁鸿：《哈贝马斯交往行为理论研究》，硕士学位论文，广西师范大学，2017。

张昕：《哈贝马斯交往行为理论研究》，硕士学位论文，河北大学，2017。

田海平：《“实践智慧”与智慧的实践》，“我们时代的哲学与心灵”学术研讨会论文，2012。

哈贝马斯：《道德意识和交往行为》，MIT 出版社，1983。

B.7
住家家政女工口述史与婚姻家庭研究

李霞　苗艳梅*

摘　要： 本文以住家型家政女工为研究对象，采用口述的方法，详细客观地反映她们在生命历程中面临的问题，分析女性和婚姻关系中的个人经验，考察言语背后深层次的价值体系并重新理解女性意识的形成过程，揭示个体经验与女性所处的弱势社会地位之间的关系，并进行社会工作专业反思。

关键词： 住家家政女工　婚姻家庭　口述

随着工业化和城市化的快速发展，我国流动人口数量呈明显上升趋势，女性劳动力的流动频率也越来越高。同时，随着社会结构和家庭结构转型，以及生活节奏不断加快，家政服务成为现代家庭的重要需求之一。因此，家政女工和工厂女工、工地女工等一起成为女性流动人口的重要工种。家政工进而发展出“住家型”、“非住家型”和“小时工”三种类型。住家型家政工所居住的服务家庭同时是工作场所，生活与工作交织在一起，长期不能回自己家，而居住在服务家庭，是否会对已婚甚至已育的自己家庭产生影响？笔者通过与住家型家政女工的社会工作实践接触，发现她们的服务家庭与自己的婚姻家庭有密切关系，甚至自己的婚姻家庭状况促使自己做出住家型家政工的职业选择，而这一职业对婚姻关系又产生一定的影响。

---

* 李霞，北京城市学院 2018 届社会工作硕士；苗艳梅，管理学博士，中华女子学院社会工作学院副教授，研究方向为社会工作实务与社会救助。

一　口述研究路径

古学斌认为，口述见证是比较民主的调查研究方法，因为它强调要尊重被访者的经历和经验，要求访谈者认真聆听，把话语权交还给当事者。口述史的研究对象通常是社会弱势群体，具有包容性和广阔性，主张以人为本，可以更好地帮助研究者了解主流论调以外的声音。“让女人自己说话”，是建构妇女史的基本原则；发出“女性的声音”，在当今社会中兼有政治和学术双重使命。[①] 本报告通过运用口述史的方法，可以更好地让住家型家政女工发声，讲述她们的人生历程和生活经验，以及对现实生活光景和未来的看法。在大历史和主流社会的背景下，她们的声音和历史无人倾听，但运用口述史的方法，可以发现和了解更多住家型家政女工的现状和心声，释放更多被掩埋的“非主流”的历史和背景。

婚姻家庭问题是一个社会问题，是研究女性生活发展的重要角度。女性在婚姻家庭中的地位，是女性社会地位的缩影。通过对住家型家政女工个体婚姻问题的探究，可以更直观地了解这一群体面对婚姻问题时所产生的思想变化，进而总结她们所遇到的问题以及背后的社会历史原因。笔者在与被访者面谈前，先以电话方式与被访者沟通，建立基础联系，使被访者初步了解访谈内容、形式，同时笔者可以了解被访者的特征，如说话语速、是否掺杂方言、交流是否顺畅等。每次访谈结束时，注意被访者的情绪平复。

本报告选取了年龄较为相近的三位住家女工，共同的时代背景使她们既有共性又有个体差异。三位女工与丈夫都处于异地分居状态。王姐，52 岁，河北人；曹姐，50 岁，内蒙古人；李姐，52 岁，山西人。

① 李小江：《女性的历史记忆与口述方法》，《光明日报》2002 年 8 月 6 日。

二　住家家政女工的口述记忆分析：个人成长史

（一）“重男轻女”的成长环境

每个人的成长和生活都离不开原生家庭的影响。父母的亲职角色和行为会对下一代起到模式固化和“示范”作用，并被潜移默化地带入她们的家庭生活，对她们的婚姻家庭生活产生一定影响。

在50年前的时代背景下，在住家家政女工成长的过程中，父母的文化水平有限，思想比较保守，重男轻女的现象较普遍，家庭对待男孩和女孩的差异性培养，也会影响女性未来婚姻家庭关系的发展。

与她们的母亲甚至祖辈一样，三位家政女工成长过程一直伴随性别角色、性别身份的话题。不幸的是，该话题处处渗透歧视，而且这种歧视是最亲密的家人带来的。

李姐：我娘伺候了我爹一辈子，她嫁给我爹，先是伺候我奶奶和我舅舅，我奶奶可顶手了（方言：难缠），动不动就骂我娘，因为一点小事就冲我娘大喊大叫，站在街上就骂。我那个舅好吃懒做，什么都不干，那个时候他都娶不上媳妇，因为没人敢嫁给他。我奶奶在村子里是远近闻名的泼，也没人想嫁到他们家。我娘当时家里穷，没办法。我奶奶找人去给我爹说媒，态度特别好，就怕我娘不嫁，嫁过去之后就是受苦受难的日子。我奶奶快不行的时候，我娘给她端屎倒尿伺候着，我爹也从来不会心疼我娘一下，现在看来就是看不上。我娘70多岁的时候，每天晚上还给我爹端洗脚水，伺候他把脚洗了。从我娘进门到我娘去世，我爹没有动手做过一顿饭，没有自己洗过一次脚。我娘40岁之前没有上桌吃过饭，我也没有。因为我奶奶不喜欢我，说我娘不行，克他们家生不出男的，所以她一直很讨厌我。我爹也是，我爹信我奶奶，不信我娘，也对我不管不问。后来可能老天爷可怜我娘，又生了一个，这次是个男的，生出来的时候，我看我爹笑得开心得不行，那是我小时候记忆中印象最深的笑了……从小看着我爹我娘我奶奶这一大家子人，我小的时候看着她们就很绝望，我好像在那个时候就能看到我未来的生活和她们一样，和我娘一样，但是当时完全反抗不了，也没有那个心。

我长大想去念书，我奶奶和我爹不让，我爹当时说，你个赔钱的，念什么书，你念书有用了？老子还得花钱供你，最后还不是跟别人跑了，念个屁，趁早消了这个念头！我奶奶后来听说，也骂我，我心里恨得不行……我几个哥哥弟弟都去上学了，就我剩家里头了，跟我娘天天干活，边干活边哭。我娘就说，哭也没用，一个女子，读书也没用，你哭你爹也不会让你去，最后终究也是要嫁人……别哭了，别看她们读书，以后也不一定有用。

（二）没有抉择权的婚姻

“婚姻家庭是男性和女性的生活载体，是人类的社会行为，也承载着性和生育的合法性。婚姻是家庭的前提和基础，而家庭则是婚姻的必然结果。”[①] 婚姻是一个复杂的过程，择偶标准和婚姻模式具有不同的时代痕迹。

在婚姻中，不同人心中有不同的想法和观念。三位住家家政女工都出生于20世纪60年代，“文革”的十年动荡转变了很多人的观念，尤其是对她们父辈的影响最深，她们的婚恋也受到当时社会形态和环境的影响。

家庭成分对婚姻的缔结有很大的影响。在当时，政治因素成为婚配首先考虑的问题。其次是家庭经济状况。在农村，女嫁从夫，女方父母会考虑男方是否有能力去照顾家庭，是否有房有田，未来分家能得到多少财产。此外，男性的品行和劳动力也是女方家庭着重考虑的条件之一。经过历史观念

---

① 齐晓安：《社会文化变迁对婚姻家庭的影响及趋势》，《人口学刊》2009年第3期，第31～36页。

的积淀，社会思想依然保守，注重伦理道德，所以门当户对显得尤为重要。所谓“门当户对”，主要是指“男女双方家庭的社会地位和经济状况是否相匹配，如若匹配则结亲最合适”。[①] 在缔结婚姻的时候，每个家庭都会要求对方的家庭与自己的家庭相差不大，不然就认为双方不般配。

择偶是每个人婚姻中最为重要的一步，男女双方的合适匹配是婚姻成功的前提。费孝通先生认为，“婚姻并不是个人的私事，选择谁与自己终生相伴，也不完全取决于当事人的喜好和意志，而更多地受家庭制度、社会价值和风俗习惯的制约”。[②] 因此，人们择偶的方式、观念与所处的时代和社会息息相关。

在农村，男女双方婚姻的缔结一般会有三种形式：媒妁之亲、亲朋介绍、自由恋爱。说媒的形式是通过付一定的费用给媒人，从说媒、提亲以及后续双方家庭的协调到最后成婚，都是由媒人当牵线搭桥的中间人进行沟通联络。李姐的婚姻缔结就是如此，男女双方只见了两面，通过媒人在中间的协调，亲事就定了下来，当事人在没有与男方进行婚前的充分了解和沟通的前提下就结了婚。王姐则是通过亲朋好友介绍认识。

李姐：到了我结婚的时候，我爹托人说了媒，说对方差不多，后来我就见了那个男的两面……也就那么定了，当时不懂什么是喜欢，也没有爱的概念，这一辈子就相过这一次亲，什么都不懂，生得很，而且见完那两次面我就没再跟他联系，我也没见过他父母，反正农村嘛，我当时岁数算挺大的了，我爹当时就想把我赶紧嫁出去，换点东西，怕我嫁不出去剩在家里给他们添负担。我娘跟我说，进了人家的家门儿，就勤快点，多做点。我爹就一句话，把你老汉伺候好了，没事就少回来，然后就结婚了。我特别害怕，我觉得结婚是一件很可怕的事，我那天哭得不行，我娘也哭……

① 潘允康：《婚姻中的交换价值》，载刘英、薛素珍主编《中国婚姻家庭研究》，社会科学文献出版社，1987，第309页。

② 参见费孝通《乡土中国　生育制度》，北京大学出版社，1998，第129～132页。

王姐：我跟我老公是家里亲戚撮合的……其实当时我没看上他，我觉得自己应该可以找到更好的，但是当时他说自己特别可怜，说自己5岁就没了爹，他娘5个儿子，自己最小，有的时候喝多了，还跟我哭。我这人心软，当时就想他挺可怜的，他们家贫下中农，也挺光荣，成分还可以。主要我爹和我娘那时候天天愁我嫁不出去，我上边的哥哥姐姐都结婚了，各家孩子都有了，我当时心理压力也大，后来一狠心，我就答应了。结婚前其实也发现了他一些毛病，我当时没当回事，总觉得能改，但是结婚以后什么都由不得我了，我也不是那种强势的人，后来进了他家的家门，我再没有一刻享受过，没有舒心的事儿。

（三）家政女工生育的性别偏好

生育是婚姻家庭发展过程中的重要环节，也是传统家庭中的一项重要功能。长期以来，性别偏好是我国的传统。生育中的性别偏好与父系制度有一定的关联。有研究者指出："在财产继承、居住安排、家庭延续、家庭权力结构上男性居于主导地位，妇女被限制参与家庭外的经济活动以及对外交流，女性不得不依附于男性。"①

口述的过程中，住家家政女工也回忆了生育过程，淋漓尽致地体现了女性生育男孩在家庭中的重要性。

王姐：后来我结了婚，那会也正好是计划生育，抓得特别严，不让多生，就一个，而且婆家非常重男轻女，我怀孕的时候那个婆婆对我真是百依百顺，天天给我补，说吃这个能生儿子就天天给我吃，恨不得生一窝儿子。我这人面皮子薄，心想一定得争点气给他们看看，一定得生

① 参见 M. A. Khan, P. A. Khanum, "Influence of Son Preference on Contraceptive Use in Bangladesh," *Asia-Pacific Population Journal*, 2000, 15 (3): 43-56。

个儿子，一击必中……最后我生的还是个闺女。我婆婆看我生了闺女，立马变脸，直接就开口大骂，说我败家子，吃了她那么多东西连个儿子都生不出来。当时我特别难过，都不想看我闺女一眼，心里也是有怨气的。

李姐：我成长的阶段，我娘不打我不骂我，但是我奶奶打我和我爹骂我的时候她也从来不敢帮我说句话，她怕我奶奶和我爹。年轻的时候受罪了，她就一直哭一直哭，她也心疼我，但是没办法。后来我长大，快到说对象的时候，我娘就说一定得生个儿子啊。我当时也想生儿子，我觉得不管怎么样，我都得生个儿子。后来结婚头一年生了我大闺女，虽然我没有受到我娘那时候的折磨，但是因为生了个女孩，我婆婆和我男人都很不满意。当时生完了，我男人知道是个女孩，扭头就出门了，两天没回家。我婆婆更是一次都没来看过我，我坐月子都是我娘隔三岔五来看一次，所以，我当时特别不喜欢我大女儿，因为这日子长了受不了别人的白眼啊。当时也是年轻，买点菜跟人吵起来了，都是农村的骂得也难听，当时让人诅咒生不出儿子，断子绝孙，我的心都凉了。后来我又怀孕了，这次生了个儿子，总算我婆婆挺疼他，我也好过点。

三　住家家政女工的口述记忆分析：婚姻与家庭

婚姻与家庭不可分割，男女双方从婚姻缔结开始，就进入了婚姻家庭的动态发展过程，而家庭生命周期是研究婚姻关系变化规律最经常使用的一种分析模型。所谓“家庭生命周期”模型，是“家庭会依照一定的家庭生命事件序列经历诞生、发展、消亡，最终被新的家庭所取代的过程”。[①]

婚姻家庭的发展路径一般是按照婚姻前期的生活、子女出生成长、子女离家、空巢生活重大生活节点发展的。按照婚姻家庭进程中的重要节点去研

① 潘允康：《社会变迁中的家庭：家庭社会学》，天津社会科学院出版社，2002。

究住家家政女工的婚姻发展轨迹并结合重大生活事件，可以更全面地了解她们婚姻家庭的问题。

（一）婚姻缔结前后的平稳期

三位住家家政女工都有意识地从婚姻的平稳阶段开始叙述，“刚结婚那会儿还可以”几乎是统一的开场白。

> 王姐：在刚结婚的头几年，我们确实还可以，我老公还会给洗洗衣服什么的，我们刚结婚头一年，他就和我来北京转了一圈……

但是婚前缺乏充分了解可能会影响婚后的生活。王姐和她的丈夫从相亲到结婚只短短一个月。在这个过程中他们依然对彼此没有透彻的了解。婚姻前期，他们在家庭中的动作除日常生活外，就是对彼此更多的探索和了解，在生活中适应对方的生活方式，了解对方的社会活动和性格，因此，前期属于彼此探索适应的时期，双方在这个阶段一般都是平和、小心地去适应彼此。

> 王姐：结婚前就知道他爱喝酒，爱打牌，有很多狐朋狗友，但是我觉得结婚了就会变好，就会顾家，结婚头两年是这样，后来变了。

（二）夫妻关系的发展

1. 家庭地位

父权制的社会文化造成了女性在家庭中对男性的依附。女权主义者一般用父（男）权制来解释家庭中的权力现象，认为“社会中普遍存在的父权制规范才是影响家庭中权力分配的根本原因”，[1] 而且家庭地位的高低与性

① 郑丹丹、杨善华：《夫妻关系“定势”与权力策略》，《社会学研究》2003 年第 4 期，第 96～105 页。

别、学历、经济收入等有密切关系，女性在家庭的话语权和选择权受限。

李姐表示，由于自己是一个半文盲，不善于交际，老公上完了初中，有一点点文化，所以家庭外部事务都是由老公来做，而她就是种地打理家，身边也没有朋友，平时来往的就是几个邻居和亲戚，因此家里的大事还是老公来做主。

2. 夫妻生活以繁衍后代为目的

夫妻关系是维护家庭一切关系的中心，包括情感的发展、家庭地位反映的日常生活和社会活动的处理、性生活三大主要方面。在农村，夫妻关系更多建立在生育基础上，生育明显要比性行为更让他们重视。由于时代的闭塞和观念的落后，大家对“性”都羞于启齿，但是性和感情无法从婚姻生活中割裂。性生活是婚姻感情发展中的重要环节。三位家政女工都不愿谈到这个话题。她们的婚姻结合并不是以感情为基础，更多的是男女双方在家庭中所要扮演的角色，所以在他们看来，性生活更像是为了生育而完成的一个动作。因此，经过婚姻前期的平稳生活，子女生育动作完成，夫妻双方的关系开始进入瓶颈期，如果在这个过程中，夫妻双方没有及时进行婚姻关系的维护，婚姻就会出现问题。

（三）婚姻裂痕的产生及住家家政女工的转变

三位住家家政女工的婚姻家庭关系，并没有因为子女的离开、长时间的相处慢慢好转，反而在逐渐走下坡路。这是由多方面的因素决定的：第一，婚姻的缔结方式会影响男女双方在性格行为上的匹配程度；第二，经济状况和双方对生活要求的差异；第三，夫妻双方在家庭中的角色互动；第四，社会背景和传统观念的影响。

1. 婚姻疲惫期中家庭暴力等促使家庭裂痕产生

婚姻关系是社会系统中互动最亲密和频繁、张力最大、最不稳定的系统。婚后尤其是生育子女之后，男女双方由于个性、生活习惯或子女性别等原因丧失了最初的蜜月期和新鲜感，暴露出一些更需要调整和适应的问题。其中，家庭暴力是最具破坏力的因素。

三位家政女工都遭遇了或轻或重的家庭暴力，尤其是丈夫酒后的武力、语言辱骂和冷暴力。

王姐：平常啊他就爱骂，喝多了就骂，骂到睡着，我都忍了，但是就他给我那一下我这辈子都忘不了，我现在都不敢去想。（王姐说话时眼睛红了，手指也在轻微颤抖）

说到“上来就给了我一下”时，王姐情绪特别激动，我们都坐在椅子上，面对面，王姐的身体猛地向前倾了一下，眼睛里充满泪水，努力忍着没流下来。在这个叙述的过程中，王姐不敢回忆那时她老公动手的画面，“我不敢去想，那一下过来我就懵了”。

曹姐：我干完头一年回去，别人都还挺羡慕我挣了钱的，但是我老公不是，就是讽刺。不喝酒我们就不说话，他心眼小，喝了酒就憋不住满脑子的尿。过年喝多了，回家跟我说，你也会挣钱了？你这钱脏不脏？咋来的？自己心里是不是有点数呢，还有脸回来？然后更难听的话我就不说了。

每一种冲突过后积累的矛盾都会引爆下一种冲突，同时每种冲突模式都会穿插在她们婚姻生活的方方面面，长期的精神伤害使本来就有问题的婚姻变得更加脆弱。女性的逃离成为无声的反抗。

2. 走出家门成为女工

因为家庭关系的不和谐，她们自身对婚姻的期待与现实有巨大的冲突，但是每个人走出家门的因素都有差别，这是她们婚姻中的重要节点，也是主人公转变自己思想和观念的一个重要过程。

李姐：生活在一个屋檐下，没有地方可以让我去，自己也没有一技之长，家里基本的收入都是靠他，所以那段时间我不知道自己该干什么，不想回家，不想看见他，但是自己又什么都不会，还是得依靠他。回家心里难受，后来同村的给我说她在北京打工，让我跟她一起去，我这不就来北京了。离开了，自己感觉好像也有了一些活下去的盼头。现在回头看看，我的婚姻就是我娘的复制品，但是我这个时代和我娘不同，我还有处可逃，逃出来不用受人冷嘲热讽，但是我娘不行，我也庆幸我没有活成我娘。

王姐：那时候我就想离婚，但是好多人劝我别离，我自己也好面子，怕被别人指指点点，说三道四。那时候我一看他就恶心……我就想离开，每次一进家门，每次一看到他那张脸，我就觉得浑身难受。这不后来就来了北京，刚开始也是抱着散心的态度来找工作，后来觉得离家挺好，看不到他的脸，离开了那个家，我就舒坦了不少，现在在雇主家挺好。

曹姐：天天吵架，甚至还动手，再到后来，我也不想吵了，累，慢慢我们就是零交流，我越发地看不上他，我想出来，我想自己出来生活。

住家家政女工是外来打工群体的一部分，她们与其他外来女工不同的地方在于，她们的工作场所与生活场所交织，工作方式是处理另一个家庭的家务。这样的工作方式限制了她们私密的个人空间。对于社会人来说，个人的隐私空间是非常重要的。作为独立的个体，成年人的工作和生活都需要有独立的空间。但是对于住家家政女工来说，她们逃离自己的家庭和丈夫，走出家门，是找到了属于自己的心理与社会空间。

3. 住家的工作性质加深了婚姻裂痕

由于工作性质，三位住家家政女工外出到北京打工与丈夫分居两地，使婚姻的不稳定性增加，同时对双方的沟通和交流也会产生影响。

李姐：我跟我老公几个月也不打一次电话，打电话也是问挣了多少钱，家里需要什么，要多少钱，对我一点也不关心。我前阶段病了，连着发了好几天的高烧，我就寻思往家里打个电话吧，一个人在外，一病了就想家，没出息。打电话回去那会好像是晚上11点了，刚把雇主家的孩子哄睡了，后来过了好久电话才接起来，没等我开口，就直接说，大半夜干啥，不让人睡了？就这一句话，我就不想说什么了，本来也没啥说的，这么一来，我当时就想我就算死了也不会再给你打电话。

王姐：刚干家政头一年，我过年回家，干了一年，回家带了很多东西，因为那时候，我的雇主出差，那时给家人都带了礼物，也给我带了一条丝巾。人家就是为了感谢我，我过年的时候就带回家了，那块丝巾不便宜，回家人人都问我哪买的、多少钱。我这个人不会说谎，我就说是雇主出差，买回来送的。后来这话就传到我男人耳朵里了，然后过了两天回家就是劈头盖脸的骂，把丝巾直接就撕了，然后扔了，然后接着骂我，那话啊说得太难听，我听不过去，我就跟他吵。

首先是来自外界的言语冲击，外界的声音往往会影响一个人内心的想法，促使当事人的心理活动和自然行为发生转变。其次，住家家政女工的工作方式是与雇主同吃同住，在这样的环境下，雇主与家政女工成为朋友，或者通过日常接触对家政女工有一些额外的赠予或礼品是比较正常的事情，在中国文化中一直有人情往来的传统。但是在住家家政女工与雇主的整个接触或者赠予的过程中，也会让丈夫产生误会，加深双方婚姻关系的裂痕。

4. 住家家政女工婚姻观念的变化

随着住家家政女工的流动和迁移，她们对婚姻的认识已经不再局限于传统的婚姻家庭观念。在流动的过程中，她们的婚姻观念不仅包含了农村的保守观念，也萌生了城市人对婚姻观念的开放与女性自己独特的视角。在访谈过程中可以看出，经过长时间城市文化和思想的影响，住家家政女工的思想逐渐由传统观念向现代观念靠拢，也反映了她们对现代婚恋观的内化和接受程度。

曹姐：我现在真的不怕离婚，可能以前害怕，怕别人的风言风语，怕自己没依靠，但是我现在怕什么，我自己挺自由，我能挣钱，离了婚我也能再找……现在是因为孩子，真是不想给孩子造成心理负担。就算不离婚，我也会长期在外漂泊，我不想伺候他一辈子。等老了，我也有钱，回家去养老了，他自己一间房子，我自己一间房子，相互之间是一个生活上的伴侣，有病痛的话，互相照料一下。

王姐：我的婚姻这辈子也就这样了，但是孩子不是啊，孩子的好时光正是开始的时候，想离又不能离。你说以后姑娘嫁人，哪家会看上一个离异家庭的孩子。像现在这样，虽然我跟家里那个不说话，两地分居，但是说出来怎么着也是一个完整的家，以后孩子谈恋爱结婚，人家来家里怎么着都是父母齐全的家庭，这样咱的孩子也能抬起头，跟他在家庭方面能匹配上。要不然，对方家庭会嫌弃的，我可是真怕我的孩子以后过得不好，我已经成这样了，不能让我的孩子未来的婚姻毁了，所以这婚不离，为了孩子，我也不能离。更何况女儿嫁人，我怎么着也得给她攒点嫁妆，这怎么着也是两个人挣钱，要是离婚了，他再娶一个，那钱哪轮得着我闺女的，你说是不是这个道理。

李姐：说白了啊，就是为了孩子，没有孩子的话可能我也坚持不到现在，我所有的指望都在孩子身上……

三位住家家政女工对于目前婚姻的状态，都表示孩子才是坚持下去的动力。孩子是一个家庭关系连接的纽带，是婚姻家庭的核心，寄托了父母的期望和愿景，也是一个家庭的未来。在婚姻中，夫妻双方的矛盾往往会因为孩子而化解，即使无法化解，子女的存在，也会使家庭结构相对稳定。三位住家家政女工对自己的子女非常爱护和关心，尽管她们对自己的婚姻充满失望，但希望自己的孩子能够吸取教训，得到美满的婚姻，也是由于子女，三位住家家政女工才能够继续维持婚姻关系，使家庭结构保持完整。

5. 女性独立意识的发展

随着婚姻关系裂痕的逐渐加深，她们的独立意识都在随着自己婚姻的变化而逐渐增强，在这个女性独立意识萌发的过程中，她们已经逐渐意识到男女社会地位平等的重要性。女性可以按照自己的想法规划人生，同时在婚姻关系中，她们也意识到了婚姻选择的重要性、男女婚前相处以及婚后维护夫妻关系的必要性。在与王姐和李姐的对话中，她们的一些想法和语言也表达了自己对于婚姻家庭以及独立意识的看法。

王姐：出来之后就不想回去了，那里就像个笼子……出来了之后才感觉这才是属于自己的生活，虽然这辈子就这样了，但是我这后半生有这样的一种打工经历，我也很知足，最起码，我自己挣钱自己花，不求别人，不看别人脸色。

四　研究发现及社会工作反思

（一）研究发现

婚姻是女性一生中最重要的人生阶段之一，婚姻的幸福与否与很多因素相关。通过对三位住家家政女工的生命历程和婚姻家庭的分析，笔者总结出以下几点。

1. 择偶仓促

她们的婚姻大部分是媒人介绍一些“门当户对”的人，再由父母决定，自己对婚姻的选择权利有限。对于李姐和王姐来说，她们的父母在帮助她们择偶的时候并没有考虑完全意义上的“门当户对”，因此在不完全了解对方的性格思想和个人行为的情况下，为了结婚而结婚，仓促择偶，造成婚后生活缺乏坚实的基础，无法适应彼此，双方没有办法在生活细节上达成一致，矛盾日积月累，最后导致了婚姻的不和谐。

2. 家庭地位不平等

在我国传统社会的影响下，夫妻之间的家庭分工也可以分为“公与私”。男性主要在外部活动，负责与外部有关的家庭事务；而女性则负责内部活动，负责与家庭内部相关的事务。在这种分工模式下，女性的社会活动和空间被禁锢在一定的范围内。在不平等的婚姻关系中，女性对自己的地位失去了准确的把握和判断，丈夫是家庭的掌权者，妻子在这种关系中是从属地位，负责被丈夫支配。除丈夫之外，家庭的其他成员属于被养者，在这种夫妻关系下，她们自然要接受和服从男性的掌控和命令。

3. 住家家政工作造成夫妻关系进一步疏离

从住家家政女工的口述来看，她们婚姻家庭面对的问题不只是从她们婚姻本身产生，更有一部分是工作的性质和方式影响了双方的关系。在她们外出流动的过程中，生活和工作空间上的转变，对她们的思想和行为也有一定的影响。思想逐渐解放，不再受传统思想的约束，开始独立挣钱生活，有了完整的社会观念。

长期的两地分居，也会增大婚外情的概率。产生这种现象的因素除了两地分居，还包括外出打工接触的价值观念、生活方式与在农村的时候完全不同。当新的价值观念和旧的价值观念产生冲突时，就会给婚姻带来一定的影响和伤害，也最终导致家庭危机。

4. 沟通交流障碍

夫妻间的沟通交流是指双方“以语言、电话交谈、身体姿态、面部表情等方式不断地交换意见和信息”。经口述发现，几位住家家政女工的夫妻沟通存在着明显问题：口角很多，双方对彼此都较为冷漠，彼此不了解也不关心对方的想法，长久以来的这种模式也让她们的婚姻生活名存实亡，关系的维持主要是为了孩子，夫妻关系的重要性被亲子关系取代。

（二）社会工作者的反思

通过三位住家家政女工的口述，可以发现推动女性反抗的重要因素一是经济上的独立，二是对于压抑生活的一种情感宣泄。

本报告通过运用口述史的研究方法，了解到三位住家家政女工的婚姻家庭历程，倾听当事人自己的声音和故事，从她们的故事中了解当时她们生活成长的背景以及婚姻发展过程中的问题和思想变迁，由此我们对她们的整个生命历程有了一定的了解。社会工作可以通过三种模式进行专业干预。

1. 小组工作模式

社会工作者可以通过小组工作的模式，组织在婚姻家庭中有困难的住家家政女工，帮助她们建立长久有效的住家家政女工充权互助小组，定期通过口述的方式分享自身经历和故事进行学习，通过每个人的口述故事，了解时代背景下每个住家家政女工在成长发展过程中的问题，一起探索帮助她们解决问题的方法。

同时可以运用小组工作的模式开展社会制度、法律维权的学习，帮助住家家政女工提高她们的维权意识。组织丰富的社会活动，帮助她们与社会建立联系，丰富人际关系，使其更好地了解社会的变迁，适应社会，充实自己。

2. 家庭恢复模式

倾听了三位住家家政女工的婚姻家庭事迹，发现家庭对于个人的影响是深刻的，因此想要帮助她们解决婚姻家庭中存在的问题，还要以她们的家庭为突破口，使男女双方同时接受社会工作者的帮助，更好地帮助她们在中年时期恢复家庭的部分功能。

在家庭模式中，由于住家家政女工来自外地，联系到她的家庭和丈夫对社会工作者来说有一定的难度，需要耗费大量的时间和精力。但是可以与当地城市的社会工作者进行对接，双方分别针对一个家庭中的丈夫与妻子的状况制定合理的帮助治疗对策，按时进行交流、分享及实时反馈，促进他们彼此的沟通和交流，使她们的家庭逐渐走向稳定。

3. 社区模式

社区资源广泛，社会工作者可以社区为平台，联合社区工作者，从宏观层面了解社区中住家家政女工的工作状况，为个案、小组工作打下前期基础。通过社区帮助住家家政女工建立社区支持网络，使她们在工作之余可以参与社区活动和建设，为她们提供与社区成员沟通和交流的机会，丰富她们的人际关系网络。另外，可以合理利用社区资源，为住家家政女工提供合理的培训教育机会，如可以让她们加入社区志愿者队伍，同时可以为她们提供家庭用工需求、就业指导、职业介绍等方面的机会，提升她们独立自强的能力。

为解决住家家政女工的困难，可将上述三种方式进行结合：通过社区帮助她们提升自己经济独立和思想独立能力；通过小组工作帮助她们建立充权互助小组，反思自己，建立女性意识；通过家庭恢复模式，与当地城市的社会工作者一起双管齐下，帮助住家家政女工更好地了解丈夫和婚姻家庭，也使她们的丈夫接受社会工作者的帮助，进一步了解妻子的需求和变化，促进家庭关系的恢复。

违法犯罪治理篇

Governance of Violations of Law and Grimes

B.8

北京市计算机类犯罪的现状、特点及对策

李会彬 *

摘　要： 本文通过对北京市计算机类犯罪的实证分析发现，北京市计算机类犯罪的主体以男性为主，平均年龄较小，文化程度普遍较高，并且犯罪分子没有明显的户籍特征。北京市计算机类犯罪的犯罪结果发生地主要集中于海淀和朝阳两个区，所犯罪行以非法获取计算机信息系统数据罪和破坏计算机信息系统罪为主，并且对其判处的刑罚适用缓刑率低。北京市计算机类犯罪的特征为犯罪行为实施地没有明显地域特征、智能手机设备开始成为计算机类犯罪的新对象、犯罪主体高智商特征明显、犯罪隐蔽性较强。为有效治理北京市计算机类犯罪，应构建

* 李会彬，法学博士，北京市社会科学院副研究员，博士后，主要研究方向为刑法学。

完善的法律体系，加强网络警察队伍的建设，加强对计算机类犯罪的防范能力，加强对重点人群和重点地区的宣传教育。

关键词： 计算机类犯罪　实证分析　犯罪特点　治理对策

根据中国互联网络信息中心于2018年8月发布的第42次《中国互联网络发展状况统计报告》的数据，“截至2018年6月30日，中国网民规模达8.02亿，互联网普及率为57.7%”。[①] 而网民规模的持续扩大以及互联网的进一步普及，也表明人们持有电脑、手机等计算机类设备数量持续增多。随着私人计算机类设备存储空间的增大以及功能的多样化，计算机类设备的安全不仅关涉个人隐私，还涉及财产安全，甚至是人身安全，因此，加强对计算机类犯罪的防治力度，对于保护人民群众的人身安全和财产安全尤为重要。笔者以中国裁判文书网上发布的北京市2013～2018年46份计算机类犯罪的裁判文书为样本，分析北京市计算机类犯罪的现状、成因，并提出应对策略，以有效治理北京市计算机类犯罪。

根据《中华人民共和国刑法》的规定，以计算机为犯罪对象的犯罪主要包括破坏计算机信息系统罪，非法获取计算机信息系统数据罪，非法控制计算机信息系统罪，提供侵入、非法控制计算机信息系统程序、工具罪和非法侵入计算机信息系统罪。[②] 笔者主要就前四种犯罪的情况进行分析。

一　北京市计算机类犯罪状况分析

通过对北京市2013年到2018年10月46份刑事判决书67名犯罪分子的分析，形成如下分析结论。

---

① 参见中国互联网络信息中心网站，http://www.cnnic.net.cn/hlwfzyj/hlwxzbg/hlwtjbg/201808/t20180820_70488.htm，2018年10月22日。

② 参见《中华人民共和国刑法》第285条、286条的规定。

（一）犯罪主体状况

1. 性别状况

在67名犯罪分子中，男性有61人，占总数的91.0%；女性有6人，占总数的9.0%（见图1）。可以看出，北京市计算机类犯罪具有鲜明的性别特征，即以男性为主。同时，在这6名女性中，仅一名女性是单独犯罪，并且是在与单位产生纠纷的情况下，出于报复的目的，利用曾经的职务便利对原单位的计算机系统进行破坏，具有偶发性。其他5名女性犯罪分子都是与他人合伙作案，并且处于从属地位。

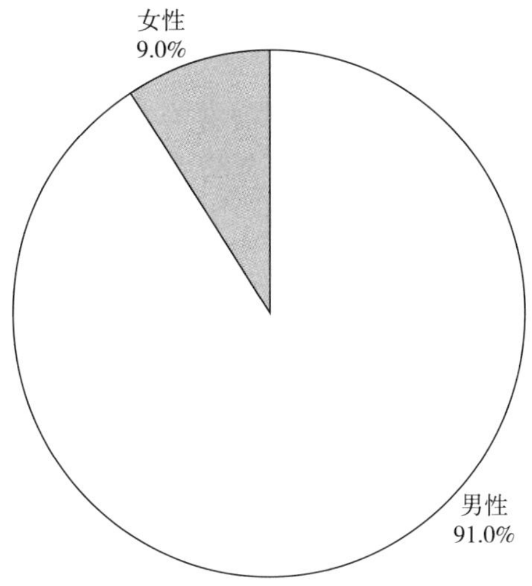

图1　北京计算机类犯罪性别结构

2. 年龄状况

通过分析发现，67名犯罪分子的平均年龄为28.2岁，其中年龄最小的为18岁，年龄最大的为55岁。具体来说，18~30岁的有45人，占比为67.2%；31~40岁的有18人，占比为26.9%；41岁及以上的有4人，占比为5.9%（见图2）。可见，北京市计算机类犯罪年轻化趋势明显，40岁及以下的犯罪分子占到了犯罪总数的94.1%。

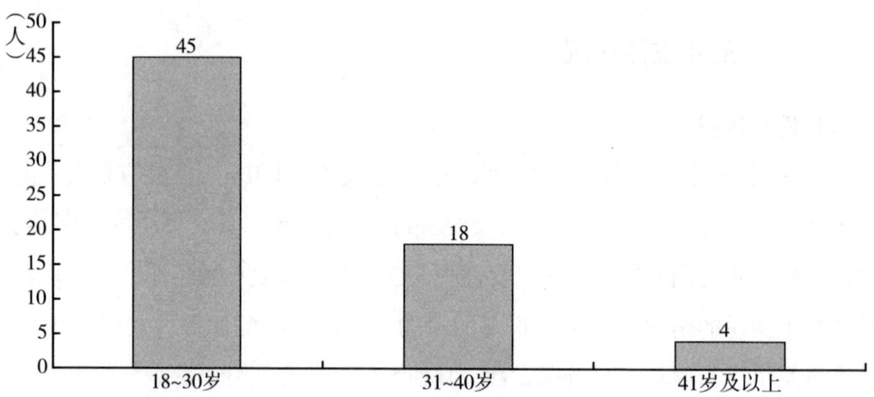

图 2　北京计算机类犯罪年龄分布

3. 文化程度

由于部分判决书未写明犯罪分子的文化程度，本部分仅对写明文化程度的30个样本进行分析。结果显示，在这30名犯罪分子中，具有初中学历的有4人，具有中专、高中学历的有7人，具有大专学历的有8人，具有大学本科学历的有9人，具有硕士学历的有2人（见图3）。可见，计算机类犯罪具有明显的高学历特征，即具有大专及以上学历的犯罪分子占到了63.3%。这与实施计算机类犯罪需要一定的专业知识密切相关。

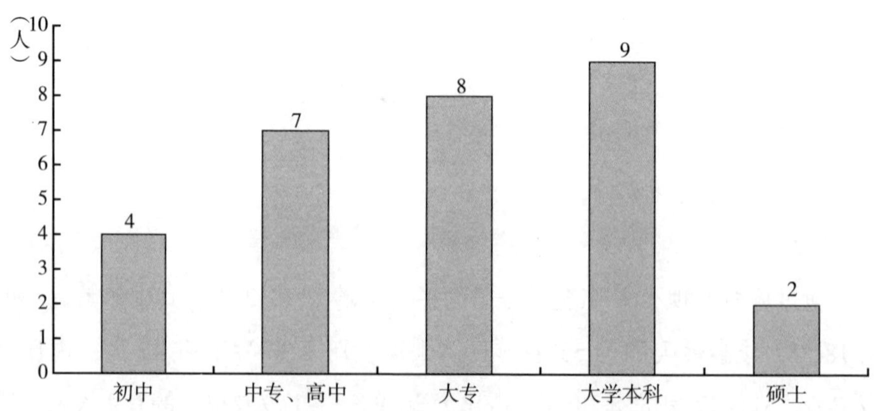

图 3　北京计算机类犯罪分子的文化程度

4. 户籍特征

由于部分判决书未写明犯罪分子的户籍所在地，本部分仅对写明户籍所在地的25个样本进行分析。结果显示，拥有北京、河北、四川户籍的各有3人，拥有湖南、天津、湖北、黑龙江、山东户籍的各有2人，拥有云南、甘肃、辽宁、安徽、内蒙古、山西户籍的各有1人。可见，北京市计算机类犯罪没有明显的地域特征，犯罪分子的户籍毫无规律地分布于全国各地。这与实施计算机类犯罪可以跨地域作案、不受地域限制的特点密切相关。

（二）犯罪事实状况

1. 犯罪时间

本报告研究样本的裁判时间是2013年至2018年6月，判决书载明的犯罪时间是2011～2017年。由于判决书具有明显的滞后性，为保证统计数据的真实性和科学性，本报告只选取了2014～2018年裁判书所载明的45起案件（发生于2012～2016年）作为统计对象。结果显示，发生于2012年的案件有3起，发生于2013年的案件有7起，发生于2014年的案件有8起，发生于2015年的案件有10起，发生于2016年的案件有8起，发生于2015～2016年跨两年的案件有7起。从上述统计数据可以看出，北京市计算机类犯罪的案发量整体呈增长态势，尤其是2015～2016年共发案25起，占5年间犯罪总数的55.6%（见图4）。这与中国网民数量持续增长，私人计算机类设备保有量持续上升，导致潜在的犯罪分子和犯罪对象的数量增多密切相关。

2. 犯罪地点

通过分析发现，北京市计算机类犯罪的案发地具有明显的地域特点。在这46起案件中，发生于海淀区的案件有20起，占总数的43.5%；发生于朝阳区的案件有8起，占总数的17.4%；发生于东城区、西城区、丰台区、通州区的案件各3起，占总数的26.1%；发生于石景山区、昌平区的案件各2起，占总数的8.7%；发生于大兴区的案件为1起，占总数的2.2%（见图5）。可见，北京市计算机类犯罪主要发生于城六区，即发生于东城

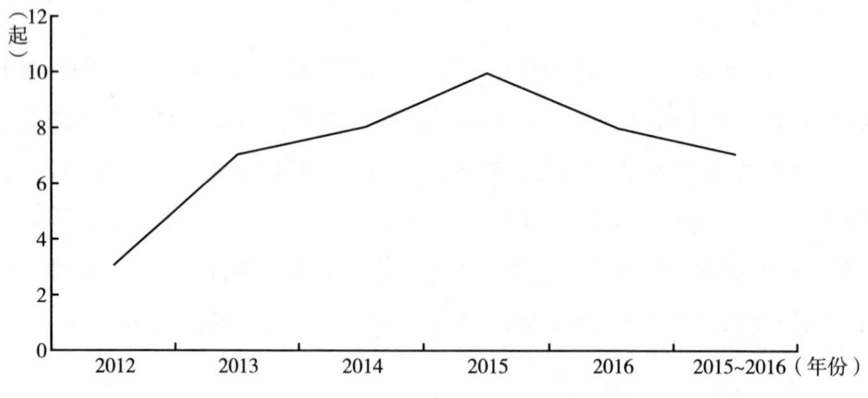

图 4　北京计算机类犯罪的时间分布

区、西城区、海淀区、朝阳区、丰台区、石景山区的案件共 39 起，占到了总数的 84.8%，并且以海淀、朝阳两区最为集中，案发 28 起，占到了总数的 60.9%。出现这样的现象是因为计算机类犯罪属于高新技术犯罪，犯罪分子需要具备一定的专业知识才能实施此类犯罪，而海淀、朝阳等中心城区聚集了大批计算机企业和计算机人才，其潜在的犯罪对象和犯罪分子也必然高于其他城区，导致北京市计算机类犯罪具有明显的地域特点。

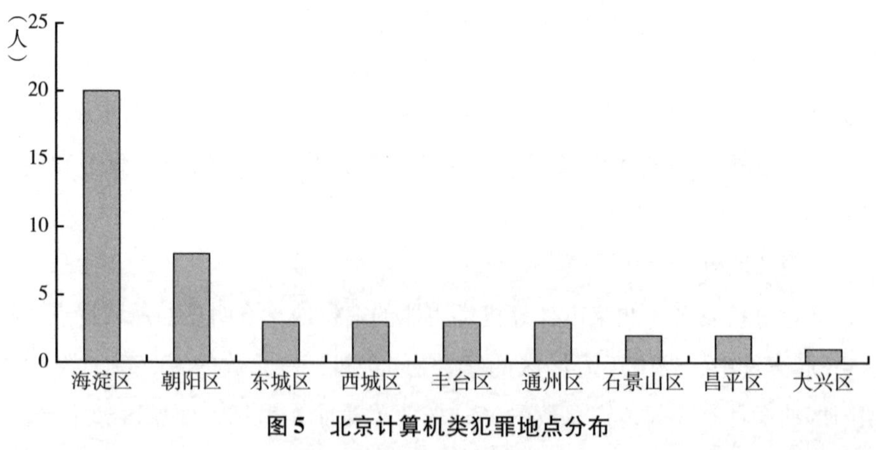

图 5　北京计算机类犯罪地点分布

3. 犯罪行为

从 46 起案件的犯罪行为来看，构成非法获取计算机信息系统数据罪的有 18 起，占总数的 39. 1%；构成破坏计算机信息系统罪的有 16 起，占总数的 34. 8%；构成非法控制计算机信息系统罪的有 4 起，占到犯罪总数的 8. 7%；构成提供侵入、非法控制计算机信息系统程序、工具罪的有 2 起，占犯罪总数的 4. 3%（见图 6）；同时构成非法获取计算机信息系统数据罪、非法控制计算机信息系统罪的有 2 起，占犯罪总数的 4. 3%；同时构成非法获取计算机信息系统数据罪，提供侵入、非法控制计算机系统的程序、工具罪的有 2 起，占犯罪总数的 4. 3%。以上可以看出，北京市计算机类犯罪案件的犯罪行为具有明显的特征，其犯罪行为主要集中于非法获取计算机信息系统数据罪和破坏计算机信息系统罪，两者占到了犯罪总数的 73. 9%。这与实施计算机类犯罪的犯罪分子通常具有牟利目的密切相关，即犯罪分子非法获取计算机信息系统数据的目的通常是转卖用户信息、游戏账号以获得非法利益，而犯罪分子破坏计算机信息系统也通常是为了篡改账户信息或者游戏数据以非法获利。

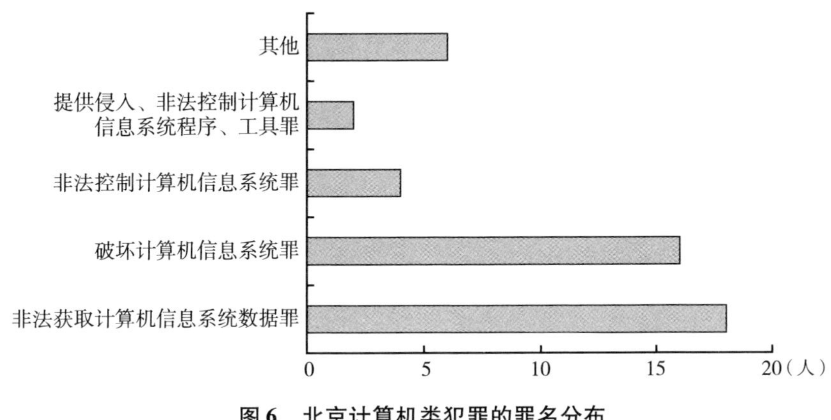

图 6　北京计算机类犯罪的罪名分布

4. 犯罪量刑

（1）刑期情况。67 名犯罪分子的平均刑期约为 2 年零 5 个月（29. 3 个月），其中刑期最短的为 6 个月，刑期最长的为 5 年零 6 个月（66 个月）。具体情况：被判处 6～12 个月刑期的有 20 人，占总犯罪人数的 29. 9%；被判处 1～2 年刑期的有 14 人，占总犯罪人数的 20. 9%；被判处 2～3 年刑期的有10人，占总犯罪人数的14.9%；判处3年以上刑期的为23人，占总人数的34.3%（见图7）。如果以1年刑期为分界点，判处1年以上刑期的犯罪分子总人数占到了犯罪总数的70.1%。可见，北京市计算机类犯罪的刑事处罚较为适中。

（2）缓刑情况。在67名犯罪分子中，适用缓刑的犯罪分子为16人，占犯罪人总数的23.9%。这说明犯罪分子适用缓刑的比例较低，也反映出计算机类犯罪的社会危害性较大、犯罪分子人身危险性较大的特点。

（3）罚金情况。在67名犯罪分子中，被判处罚金的有50人，占犯罪人总数的74.6%。判处罚金的数额，最高为80万元，最低为1000元，平均为4万元。这一方面说明北京市对计算机类犯罪实施了较为严厉的经济制裁，另一方面也表明犯罪分子实施计算机类犯罪的主要目的是牟利，对其适用罚金有利于抑制该类犯罪的发生。

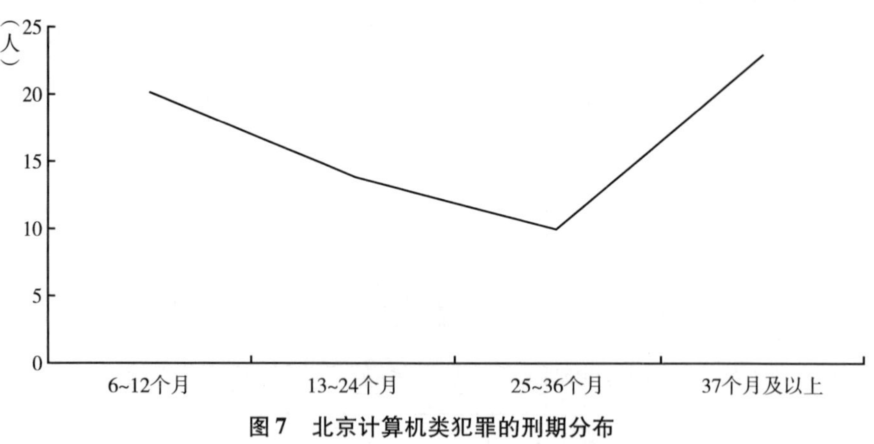

图7　北京计算机类犯罪的刑期分布

二　北京市计算机类犯罪的特点

（一）犯罪行为实施地无地域限制

从犯罪行为实际发生的地点来看，没有表现出明显的地域特征，即危害结果发生地或者犯罪对象虽然地处北京，但犯罪人分布于全国各地，没有明显的规律性，这与近年来计算机类犯罪的特点相符合。因为随着互联网技术的快速发展和普及，越来越多的计算机设备接入互联网，以计算机为对象的犯罪早已打破了地域的限制，通过远程操作即可达到破坏他人计算机信息系统、控制他人计算机信息系统、非法获取计算机信息系统数据以及提供破坏、侵入他人计算机信息系统的程序、工具的目的。被告人通过网络聊天工具、电子信息、云盘、社区交互平台等方式，可以使自己制作的病毒或者破坏性程序迅速传遍世界各地，在极短的时间内控制、破坏他人的计算机，非法获取海量数据，甚至获得他人的交易账号、密码，以达到自己的犯罪目的。例如，在同样以“北京百度公司”为侵害对象，构成非法获取计算机信息系统数据罪、非法控制计算机信息系统罪的五起案件中，[①] 犯罪分子分别来自四川省三台县、河北省廊坊市、四川省德阳市、湖北省大冶市、北京市等地，并且多数于家中实施犯罪行为，这充分体现了计算机类犯罪没有地域和场所限制，只要拥有一台能够接入网络的计算机，远程操作即可达到自己的犯罪目的，具有极强的便捷性与隐蔽性。

（二）智能手机设备开始成为计算机犯罪的对象

传统计算机类犯罪的犯罪对象，主要集中于笔记本电脑、台式机、服务器等智能设备。但随着近年来智能手机和移动网络的大力发展，手机已完全摆脱了单纯的通信功能限制，具有了存储、游戏、上网等强大的功能，其与传统计算机之间的界限日益模糊。而且手机普遍具有消费、转账、拍照等功能，这使犯罪分子侵入或者控制他人手机后，不仅可能获得他人隐私，还可能直接窃取他人财产，这使近年来计算机类犯罪的对象开始转向手机等智能设备。例如，在杨某等 10 人非法获取计算机信息系统

① 参见北京市海淀区人民法院（2017）京 0108 刑初 238 号、（2017）京 0108 刑初 603 号、（2017）京 0108 刑初 303 号、（2017）京 0108 刑初 1003 号、（2017）京 0108 刑初 392 号刑事判决书。

数据、非法控制计算机信息系统一案①中，其犯罪对象针对的就是智能手机设备。被告人杨某等人成立以软件开发为主要业务的信息公司，授意技术人员开发“静默插件”，通过刷机和后台服务操控的方式植入“静默插件”。“静默插件”具有在用户不知情的情况下，“获取用户手机位置、用户手机网络状态，更改用户网络状态，删除用户手机内安装的应用程序，安装其他应用程序，通过手机网络访问互联网，强制关闭用户手机内正在运行的应用程序，读写用户存储卡信息，上传手机收发短信、通话信息、通信录、GPS 定位信息的功能”。可见，随着智能手机的大量普及，以手机为犯罪对象，较传统的计算机类犯罪产生的后果更为严重，波及的范围更为广泛。

（三）犯罪主体高智商特征明显

不同于传统犯罪的是，计算机犯罪需要较高的专业知识和技术。因为侵入、破坏计算机信息系统，非法获取计算机信息系统数据，以及提供侵入、破坏计算机信息系统的程序、工具的行为，仅仅懂得如何操作、使用计算机还不够，还需要更专业的计算机知识，诸如编制一定的计算机程序用于破解他人计算机系统的口令密码，懂得计算机病毒的特点和应用等。这就需要犯罪分子或者受过专业的教育，或者虽然没有受过专业的教育但通过自学掌握了大量的计算机专业知识。犯罪主体通常表现为两个方面的特征：一是学历普遍较高，北京市计算机类犯罪的主体 63% 具有大专以上的学历，而且多为计算机相关专业毕业或者长期从事计算机相关工作；二是年轻化现象明显，北京市计算机犯罪的主体平均年龄为 28.2 岁，18 ~30 岁的占犯罪总数的 67.2%。因为年轻人脑力较好，具有非常强的学习能力，易于掌握新的计算机知识，具有依靠脑力实施计算机类犯罪的优势。

---

① 参见北京市朝阳区人民法院（2014）朝刑初字第 1743 号刑事判决书。

（四）具有很强的隐蔽性

计算机类犯罪是通过远程操纵计算机设备以达到犯罪的目的，不像传统犯罪一样需要犯罪分子到达现场实施相关行为，因此具有极强的隐蔽性，具体表现在以下三个方面。一是犯罪手段隐蔽。在互联网时代，绝大多数计算机设备之间实现了互联互通，这就意味着犯罪分子在任何计算机设备前通过输入指令、程序即可对其他计算机实施远程攻击，获取、伪造、篡改、删除其他计算机的数据，以达到自己的犯罪目的，而且这些操作有时很难被被害人发觉。例如，在王某非法控制计算机信息系统案①中，犯罪人在长达 8 个月的时间里连续作案，非法控制计算机信息系统共计 856 台，获利 14 万余元。直到犯罪分子被抓获后，某些被害人才知道自己的计算机系统被他人非法控制，足见计算机犯罪的隐蔽性。二是犯罪方式快速。在计算机类犯罪中，犯罪分子通常将已经编好的程序，如木马病毒等，通过网络传播出去。例如，电子信箱已成为人们通信的最重要的手段，犯罪分子敲几个按钮便可使包含病毒的邮件传遍世界各地。三是犯罪行为的无痕性。不同于传统犯罪的是，计算机类犯罪都是“在网络上完成，不会在现场留下任何物理痕迹，很难应用传统的文检或痕检等技术侦查、鉴定手段，充其量仅能发现一些非专业人员难懂的电脑打印出来的计算机语言字符”，这一特点决定了计算机类犯罪较传统犯罪更难侦破。

三　北京市计算机类犯罪的治理对策

（一）构建完善的法律体系

随着互联网技术的发展，新的犯罪形式不断涌现，犯罪手段不断翻新，再加上计算机犯罪本身所具有的隐蔽性和跨地域性特点，使计算机类犯罪具

① 参见丰台区人民法院（2015）丰刑初字第 109 号刑事判决书。

有调查难、取证难和防范难的特点，这使规范涉计算机类行为的法律难免出现滞后和漏洞。目前，我国《刑法》第285和第286条对以计算机为对象的犯罪进行了规定，《治安管理处罚法》第29条也规定了四类破坏计算机安全的违法行为，建立了相对完善的法律制度体系，这对于遏制以计算机为对象的犯罪行为和违法行为起了非常重要的作用。同时，我国还颁布了《中华人民共和国网络安全法》《互联网信息服务管理办法》《计算机软件保护条例》《维护互联网安全的决定》《计算机信息系统国际联网保密管理规定》《计算机信息系统安全保护条例》等法律法规，以规范日常生活中的计算机安全行为。尽管如此，我国法律对于涉计算机安全的违法行为仍然存在漏洞。例如，上述法律和行政法规过于碎片化，使规范计算机安全的行为散见于具有不同效力的法律和法规中，存在很多冲突和不协调的地方，从而使法律实施的效果大打折扣。因此，有必要进一步完善相关的法律，以更好地实现维护计算机安全的目的。同时，虽然《刑法》和《治安管理处罚法》分别对危害计算机安全的犯罪行为和违法行为进行了规定，但由于配套的相关证据制度并不完善，很多案件虽被查实，但由于一些数据证据不符合传统证据标准而不能被采纳，从而放纵了犯罪。例如，“对于非法获取计算机信息系统数据罪中数据量的认定、对于破坏计算机信息系统罪实际损失的认定，目前就缺乏明确的认定标准，从而给法律的适用造成难题”。① 因此，有必要建立专门针对计算机犯罪的证据采集和认定的相关法律规范。

（二）加强网络警察队伍的建设

为了适应互联网技术的不断发展，各国纷纷建立“网络警察”队伍以应对日益多发的计算机犯罪和违法行为。北京市已根据公安部的部署建立了专门的网络警察队伍，其主要职责为：一是对网民、网站、网络服务提供者（ISP，提供网络接入等技术性服务的网络运营商）、网络内容服务提供者

---

① 参见罗猛、邓超《网络犯罪的计量模式》，载刘仁文主编《网络时代的刑法面孔》，社会科学文献出版社，2017，第266~278页。

（ICP，提供信息内容服务的网络运营商）和上网服务营业场所经营者进行行政管理；二是做好党政机关、金融、重点生产、通信等部门的安全防护工作；三是对计算机违法犯罪案件的侦查工作。[①] 由于计算机安全方面的违法犯罪行为涉及较多计算机专业知识和技能，并且犯案快速、隐蔽性强，这就需要网络警察不仅要掌握法律知识和侦查技能，还需要具有深厚的计算机知识和专业能力，能紧跟技术的发展，以适应花样不断翻新的计算机犯罪。北京市网安总队成立于2011年，绝大多数人员为本科及以上学历，并且基本上都是“80后”“90后”。[②] 虽然这支年轻队伍的组建基本适应了计算机类犯罪的特点，发挥了重要的作用，但仍存在如下问题。一是人才缺口仍然较大。目前，北京市网安队伍的警力仍然不能完全满足网民数量不断增长、网络警情不断增多的情况。例如，仅2018年9月一个月，北京市网络违法犯罪举报网站共受理网民举报48143条、解答网民咨询10744次。这使网安队伍的民警每天都处于加班状态，难以有效应对不断增多的网络警情。二是人才培养机制不健全。目前，我国高校还没有设立专门的与网络警察工作相关的专业。虽然部分高校开设了计算机类犯罪侦查专业和信息安全专业，但这两个专业与网络警察的相关要求还存在一定的差距。这是因为，首先，计算机类犯罪侦查专业的课程设置由法学、侦查、治安和计算机相关学科内容构成，但并没有实现各学科的有效融合，培养出来的人才还没完全满足网络警察工作的相关要求。其次，信息安全专业虽然是新兴交叉学科，整合了国防、金融、商业、制造等相关专业，但仍然以计算机科学技术、通信工程技术为主，虽然包含了网络警察工作需要的专业知识，但缺乏法学、侦查、治安等相关专业的培养，离网络警察工作需要仍然存在着一定的差异。综上两点，应进一步加大网络警察队伍警力的投入力度，改变网络警察人才的培养模式，从整体上加强网络警察队伍的建设。

---

① 参见徐飞《网络警察行政执法规制研究》，硕士学位论文，郑州大学，2018，第4页。

② 参见《北京网警：平均29岁均为高学历》，http://news.163.com/15/0605/03/ARAKCUE400014JB6.html。

（三）加强对计算机犯罪的防范能力

加强计算机安全的保护，除健全法律制度，依靠网络警察的力量进行防范和打击外，加强使用人员对计算机犯罪的防范能力也具有十分重要的作用。一是增强计算机使用人员的法律意识。由于网络行为不受地域和时间的限制，而实施侵犯他人计算机安全的行为又通常具有匿名性和隐蔽性的特点，使得部分网民放松了自己的守法意识，有意无意地走上了犯罪道路。“在网络世界，没有真实身份的束缚，色彩斑斓的网络就像是一个化装舞会，每个人都可以戴着面具，尽情地嬉笑怒骂。”① 例如，北京市计算机类犯罪的主体大部分为年轻人，有相当一部分是刚刚毕业的大学生，甚至是高中生。他们实施计算机类犯罪的原因，或者是为了获得更好的游戏装备，或者是为了炫耀自己的“黑客技术”，以一种“玩乐”心理在网上作恶，完全没有意识到自己的行为已经触碰了法律的底线，甚至在被抓时都没有意识到自己的行为是违法犯罪行为。因此，加强法制宣传，增强计算机使用人员的法律意识，有利于防止计算机类犯罪的高发。二是增强计算机使用人员的防范意识。计算机类犯罪频发的另外一个原因是，使用计算机的个人或者单位防范意识不强，没有安装必要的网络安全软件，从而给犯罪分子留下了犯罪空间。例如，北京市计算机犯罪的相关案例中，有相当一部分犯罪分子与单位产生纠纷离职后，出于报复心理利用在原单位工作时获得的账号、密码登录计算机信息系统，以实施破坏行为。如果这些单位提高防范意识，在员工离职后迅速收回其登录权限，则可以有效避免危害后果的发生。因此，可以对广大计算机使用者加强教育和培训，重点讲解防范计算机类犯罪的技术和注意事项，并根据计算机类犯罪的新趋势，在使用计算机的个人和单位中有重点地推广计算机安全技术，建立计算机安全的保障机制。三是增强计算机系统的自我保护能力。计算机犯罪是一种高智商犯罪，防范技术与侵犯技术具有此消彼长的特点，只有不断地发展计算机安全防范技术，研制新型防火

① 参见于同志《网络诽谤的刑法规制》，《人民司法》2008 年第 14 期。

墙、杀毒软件、关键保密技术，如“加密路由器技术、安全内核技术、数据加密技术、网络地址转换器技术、身份证认证技术、代理服务技术、防火墙、网络反病毒技术等产品，增加计算机的防护能力，堵塞安全漏洞”，才能有效防止计算机类犯罪的多发。

（四）加强对重点人群和重点地区的宣传教育

通过北京市计算机类犯罪的实证分析，我们发现北京市计算机类犯罪的发案人群和发案地区具有一定的规律性。首先，发案人群主要集中于以下几类人。一是具有一定的计算机专业知识的待业人员，主要包括未参加工作的大学毕业生、中专毕业生和高中毕业生。这些人员由于未参加工作，没有固定的收入来源，而且空闲时间较多，并掌握一定的计算机专业知识，他们长期依靠网络打发时间，当受到网络上其他不良分子引诱后，容易走上犯罪的道路。二是通信技术公司及其从业者。部分通信技术公司及其从业者在暴利的诱惑下，编制用于获取他人计算机中的信息数据、控制他人计算机的“流氓软件”，以达到赢利的目的。例如，在杨某等10人非法获取计算机信息系统数据、非法控制计算机信息系统一案①中，杨某及其控制的公司为了获取暴利，指使公司的其他从业人员编制“静默插件”侵入他人手机系统，控制并非法获取手机数据，造成了严重的危害后果，最终使公司全部从业人员集体犯案。三是掌握计算系统登录权限的原公司离职人员。北京市计算机类犯罪的相当一部分犯罪分子是原就业公司的离职人员。他们多数与原就业公司产生了劳动纠纷，为发泄不满而利用原来的登录权限破坏原就业公司的计算机信息系统，从而触犯了刑法。针对上述三类特定人群，加强宣传教育有利于防止计算机类犯罪的多发。其次，从发案地区来看，计算机类犯罪主要集中于海淀区和朝阳区，这是因为这些地区集中了北京市大部分高技术企业，对计算机信息系统的依赖程度较大，同时其从业人员也非常多。加强这两个地区相关公司的安全防范意识教育和法律意识教

① 参见北京市朝阳区人民法院（2014）朝刑初字第1743号刑事判决书。

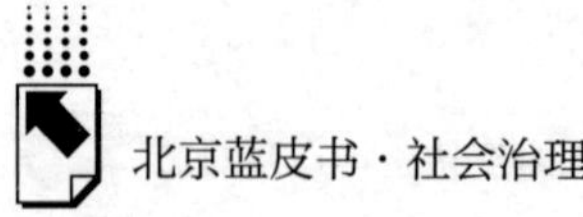

育，规范从业人员的行为，可以在一定程度上抑制北京市计算机类犯罪的多发。

参考文献

罗猛、邓超：《网络犯罪的计量模式》，载刘仁文主编《网络时代的刑法面孔》，社会科学文献出版社，2017。

王学光：《计算机犯罪取证法律问题研究》，法律出版社，2016。

刘仁文主编《网络时代的刑法面孔》，社会科学文献出版社，2017。

蒋平：《计算机犯罪问题研究》，商务印书馆，2000。

最高人民法院法律政策研究室编《网络犯罪指导性案例实务指引》，中国检察出版社，2018。

B.9 首都地区抢夺犯罪现象的实证分析

赵学军　袁煜驰*

摘　要： 抢夺是“两抢一盗”犯罪中的重要类型。本文通过对2014年至2018年9月1日抢夺犯罪刑事判决书的统计分析，发现首都地区抢夺犯罪的主体具有犯罪能力强、人身危险性大、防范难度大的特点，犯罪的整体数量得到控制，但个罪危害较大，而且犯罪实施更为狡猾，致使防范难度不断增大。在司法控制方面表现出主刑量刑从宽性和缓刑适用从严性的特点。为此，有必要加大抢夺犯罪的惩处力度，以实现司法治理的协调和平衡。

关键词： 抢夺犯罪　主体特点　事实特点　量刑特点

长期以来，“两抢一盗”是直接侵害人民群众人身、财产权利的严重犯罪类型，其发案率高、案件数量多、涉及面广，给公众的安全感带来直接影响，历来是我国政府严厉打击的重点。其中，抢夺犯罪虽然在暴力程度上略逊于抢劫，但由于其时常出现于街头巷尾，甚至一度出现“飞车抢夺”的升级版，从而对群众的日常生活、社会秩序稳定造成很大威胁，破坏性不容小觑。作为首善之区的北京，历来注重社会面的治安防控，严厉打击各类治安犯罪，营造和谐稳定的社会局面。在此社会背景下，为了解作为常见多发

* 赵学军，法学博士，汕头大学法学院法律实证研究中心主任；袁煜驰，法律硕士，北京市门头沟区人民法院党组成员，政治处主任。

类型的抢夺犯罪在当前社会环境下的表现，本报告以北京市法院一审刑事判决书作为分析样本,[①] 通过揭示该罪在犯罪主体、犯罪行为、司法样态等方面的特征，为进一步开展治安防控提供实证依据。

一　北京市抢夺犯罪主体特征分析

（一）实证统计情况

1. 性别比例

作为犯罪人重要特征的性别因素在犯罪学研究中具有重要意义，是展现犯罪人类型的重要指标。样本分析发现，在148个抢夺犯罪人中，仅有2人为女性，只占总数的1.4%。抢夺犯罪是一种趁人不备、公然夺取财物的行为。尽管抢夺在暴力程度上弱于抢劫，但对实施者来说同样需要一定的体力和胆识作为支撑，因而体现了其显著的“体力型”犯罪特点。而“女性由于体力处于劣势，肌肉不发达，因而较少实施需要较高体力条件的犯罪行为”。[②] 这应当是北京市抢夺犯罪主体中男性明显居于优势地位的合理解释。

2. 年龄状况

对抢夺犯罪人的年龄情况进行统计，发现平均年龄为29岁，即处于年富力强的青壮年时期。尽管如此，未成年人的比例却并不高，仅占2.0%，即绝大部分属于成年人作案，比例达到98.0%。同时，为了掌握各年龄段犯罪人的数量分布情况，以10年为统计段落，形成年龄分布趋势。

根据图1，犯罪人的年龄在21~30岁的比例最高，为56.7%，超过半数。其次是31~40岁的比例也相对较高，为26.4%，约占总数的1/4。其余年龄段的人数相对较少，占比均在10%以下。

---

① 截至2018年9月1日，从中国裁判文书网搜集到北京市法院2014年以来的抢劫罪一审刑事判决书134份，涉及犯罪人148人。

② 赖修桂、赵学军：《女性犯罪研究》，法律出版社，2013，第10页。

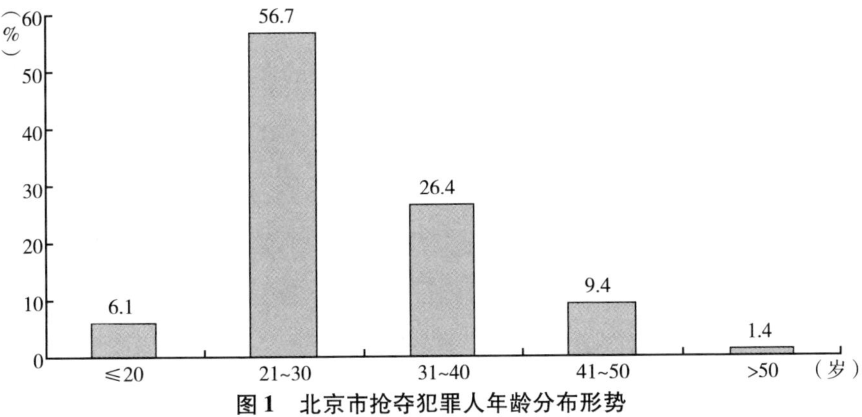

图1　北京市抢夺犯罪人年龄分布形势

3. 文化、职业类型

个体的文化程度、职业类型等情况是体现其社会地位和身份特点的重要指标。显然，较高的文化程度和优厚的职业待遇使一个人处于有利的社会结构中，从而能够避免因生活贫困而走上犯罪道路。统计数据表明，北京市抢夺犯罪人的文化程度相对较低，绝大部分为初中以下文化程度，占到总人数的84.8%，而其中小学文化的比例最高，达到44.1%。另外，高中（包括中专、技校）文化程度的比例为11.9%，大学及以上文化程度的仅3.4%（见图2）。

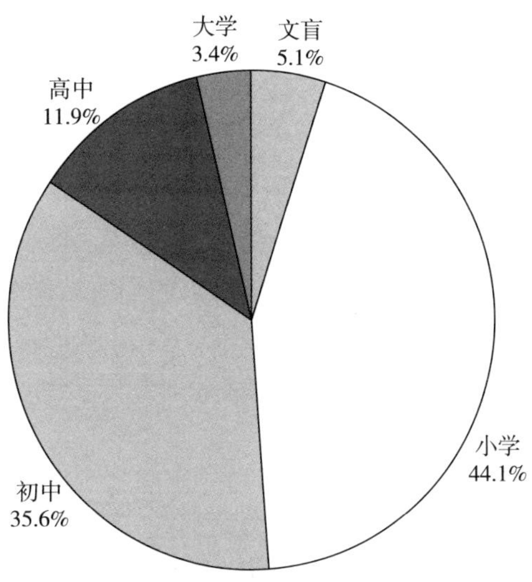

图2　北京市抢夺犯罪人文化程度占比

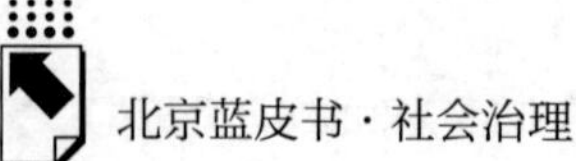

文化程度往往与职业类型息息相关，即较低的文化程度限制了职业选择，使他们在不利的社会竞争中要么从事最初级的体力劳动，要么则处于无业的状态。对此，实证统计数据也证明了这一点，如犯罪人中属于农民的占40.3%，属于无业的占24.2%，另有一部分务工或者手工业者。由此可见，犯罪人多处于较低的社会层级中，他们之所以实施抢夺犯罪往往与其生活状况存在很大的关联性。

4. 来源地域

犯罪人的来源地同样体现着犯罪主体的结构特征，也是进行人口管理的重要依据。统计发现，北京市抢夺犯罪人大多来自京外地区，即属于外地人的比重较高，占91.5%，而本地人实施抢夺罪的比例不到10%。这一数据说明，北京市的抢夺犯罪基本形成以外地人为主的犯罪特点。

5. 前科情况

在犯罪学研究中，前科情况是体现犯罪人人身危险性大小的重要因素。根据统计，北京市抢夺犯罪人中具有前科劣迹的比例达30.4%，其中属于有犯罪前科的比例为28.4%，另有2.0%的犯罪人属于违法劣迹。此外，构成累犯的比例达20.4%（见图3）。

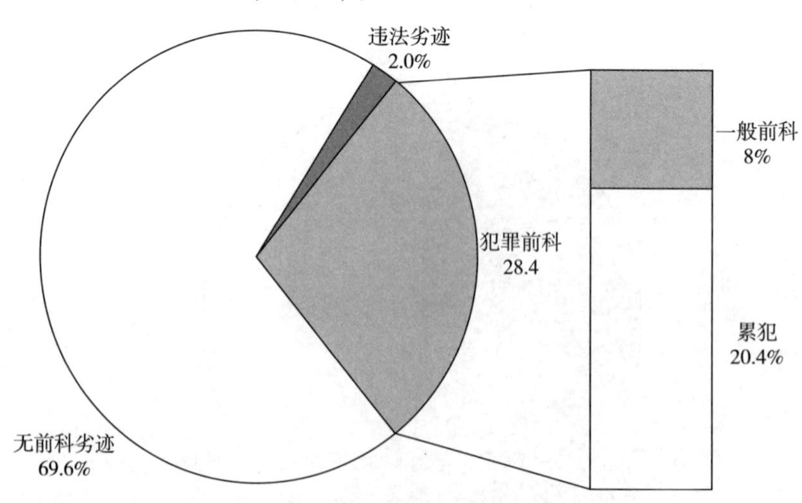

图3　北京市抢夺犯罪人前科劣迹情况

（二）在“两抢一盗”犯罪中的比较

对于北京市抢夺犯罪在实践中形成的上述主体特点，经与同属“两抢一盗”犯罪类型的抢劫罪和盗窃罪进行比较，形成对比结果见表1。

表1　北京市“两抢一盗”犯罪主体情况比较

特征类型	抢夺罪	抢劫罪	盗窃罪
性别比例	男性占98.6%，女性占1.4%	男性占96.8%，女性占3.2%	男性占87.7%，女性占12.3%*
年龄状况	未成年人占2.0%，成年人占98.0%	未成年人24.3%，成年人75.7%	未成年人12.6%，成年人87.4%
文化程度	初中及以下占84.8%	初中及以下占83.1%	初中及以下占83.4%
职业状况	无业和农民占64.5%	无业和农民占81.1%	无业和农民占90.3%*
地域来源	外地人占91.5%，本地人占8.5%	外地人占71.1%，本地人占28.9%	外地人占73.9%，本地人占26.1%
前科情况	有前科的占28.4%	有前科的占12.3%	有前科的占11.7%

注：因不同研究罪名的样本选取时段略有差异，所以表中的犯罪数据忽略时间因素。

资料来源：表中有关抢劫罪的数据来源于赵学军、王晓烨《北京市抢劫犯罪演变趋势实证研究》，载殷星辰主编《北京社会治理发展报告（2016～2017）》，社会科学文献出版社，2017；赵学军《北京市抢劫罪量刑实证研究》，博士学位论文，北京师范大学，2015。有关盗窃罪的数据来源于董晓华《北京市盗窃罪量刑实证研究》，博士学位论文，北京师范大学，2014。表中标注“*”的数据来源于胡昌明《社会结构因素对量刑影响的实证分析——以盗窃罪为例的案件社会学研究》，《法律适用》2011年第3期。

根据表1所列数据，北京市“两抢一盗”犯罪的主体情况具有较多一致性特征。具体来说，性别比例方面多以男性为主导，如抢夺罪的男性比例最高，占98.6%；其次是抢劫罪，占96.8%；再次是盗窃罪，占87.7%。年龄状况方面，多为成年人作案，如抢夺罪中成年人占98.0%，盗窃罪中成年人占87.4%，抢劫罪中成年人占75.7%。文化程度都相对较低，多为初中及以下文化程度，如抢夺罪占84.8%，盗窃罪占83.4%，抢劫罪占83.1%。职业状况方面，多为农民或者无业人员，如盗窃罪中的比例最高，占90.3%；其次是抢劫罪，占81.1%；再次是抢夺罪，占64.5%。在地域来源方面，以外地人作案为主，如抢夺罪的外地人比例达到91.5%，盗窃罪和抢劫罪分别占73.9%和71.1%。在前科情况方面，各类型犯罪人的前科比例均超过10%，其中抢夺罪中的比例最高，达到28.4%；盗窃罪的比例最低，为11.7%。

但与此同时，各罪的主体特点也存在一定的差别，如抢夺罪的男性比例最高，年龄方面基本属于成年人作案；在职业方面除无业人员和农民以外，还存在相当比例的其他职业者；在地域来源方面，主要以外地人为主，而且前科比例明显高于抢劫罪和盗窃罪。

（三）特点总结

根据以上实证分析数据及对比情况，可见北京市抢夺犯罪主体具有以下明显特点。

1. 犯罪能力强

犯罪能力是犯罪人自身具有的更容易使犯罪得以实现的能力，从犯罪人个体角度来看主要体现在年龄及性别上。一般来说，未成年人尚处于身心发育阶段，身体机能没有达到完全成熟的程度，因而无论在体力还是在智力等方面都不及成年人。而抢夺犯罪虽不及抢劫犯罪的暴力程度深，但也属于需要一定体力才能顺利实施的犯罪，所以更高比例的成年人参与抢夺犯罪过程，必然具有更强的犯罪能力。同样，男性与女性相比具有更为明显的体力优势。上述统计数据表明，抢夺犯罪人的成年人和男性比例明显高于抢劫罪和盗窃罪，说明了抢夺行为人的更强犯罪能力。

2. 人身危险性大

人身危险性即犯罪人再次实施犯罪的可能性。一般来说，犯罪前科是表征犯罪人反规范意识强弱程度的重要指标，“部分刑满释放人员之所以不断重新犯罪，就是由于根深蒂固的犯罪思想在作祟”。[①] 从对比情况来看，抢

① 魏平雄、赵宝成、王顺安主编《犯罪学教科书》，中国政法大学出版社，2008，第609页。

夺犯罪人的前科比例最高，且超过 1/4 为再次犯罪，累犯率超过 20%，从而表现出更大的人身危险性。此外，未成年人由于心智发育尚未成熟，具有很强的可塑性，因而未成年犯罪人较易改造，从而体现出较弱的人身危险性。实际统计数据表明，抢夺犯罪人中的未成年比例最低，抢夺犯罪人基本上为成年人，这也间接说明抢夺犯罪人的改造难度更大，因而人身危险性也更大。

3. 防范难度大

从犯罪防控方面来说，如果犯罪人在来源地、职业方面较为集中，那么更容易采取措施进行有效控制；反之，则需要投入更大的人力、物力，因而防范难度更大。从实际情况来看，抢夺犯罪人来自外地的比例最高，达到 91.5%，远高于抢劫罪和盗窃罪。从职业类型上看，抢夺犯罪人属于无业人员和农民的比例为 64.5%，仍有较高比例的犯罪人分散于其他职业中，而抢劫罪和盗窃罪的犯罪人多属于无业人员和农民，分别达到 81.1% 和 90.3%，因而职业分布较为集中。由于人口流动性特点，外地人犯罪的重要特点就是防范难度大。因为许多犯罪人作案后便逃回原籍，致使犯罪地公安机关无法及时破获案件。而且由于防控群体的流动性大，也大大增加了防控管理成本。同样在职业聚集的情况下可以采取集中管理、教育或防范措施，而分散性的职业现状必然需要采取更为灵活和多种样的针对措施，从而大大提高了防范成本。

二　北京市抢夺犯罪事实特征分析

（一）实证统计情况

1. 数量情况

本报告在研究中搜集了 2014 年以来的共计 134 个抢夺罪判决书，总体数量不大。从年度划分来看，2014 年数量最多，为 53 件，占 39.6%；其次是 2015 年 35 件，占 26.1%；然后是 2016 年 22 件，占 16.4%；2017 年 18

件，占13.4%；2018年6件，占4.5%。形成案件数量随着年度变化而逐年下降的趋势（见图4）。

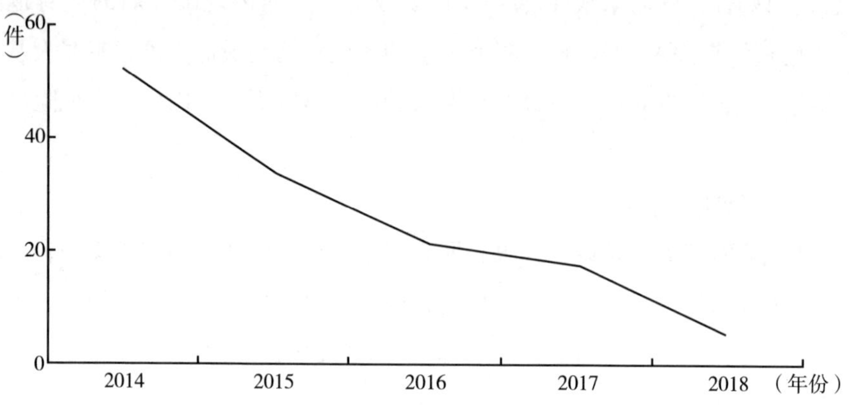

图4　北京市抢夺犯罪案件数量年度分布

2. 地区分布

在司法实践中，抢夺犯罪案件的审判地通常为犯罪地，因而案件在不同法院的数量体现犯罪的地区分布状况。统计发现，北京市抢夺犯罪案件发生于朝阳区和丰台区的数量最多，均占总数的21.6%；其次是海淀区，占总数的17.2%；再次是西城区，占9.0%；最后是东城区和大兴区，各占7.5%。上述数量总计占总数的84.4%，剩余15.6%的案件数量分散于其他各区。从北京市各行政区划的位置来看，东城区和西城区位于市中心，属于中心城区，而朝阳区、海淀区、丰台区和石景山区位于城区和郊区相衔接的地带，通常称为城乡接合部，其他地区则属于远郊区。可见，北京市的抢夺犯罪案件分布明显带有区域特色，如案件数量较多的朝阳区、丰台区和海淀区均属于城乡接合部，即城乡接合部成为抢夺犯罪的高发地区。中心区也具有一定比例的案件，而远郊区的抢夺犯罪数量相对较少。对于该种情况，可用图5进行直观展示。

3. 时空特点

任何一个案件都发生在特定的时空范围内，通过时空特点分析可以发现

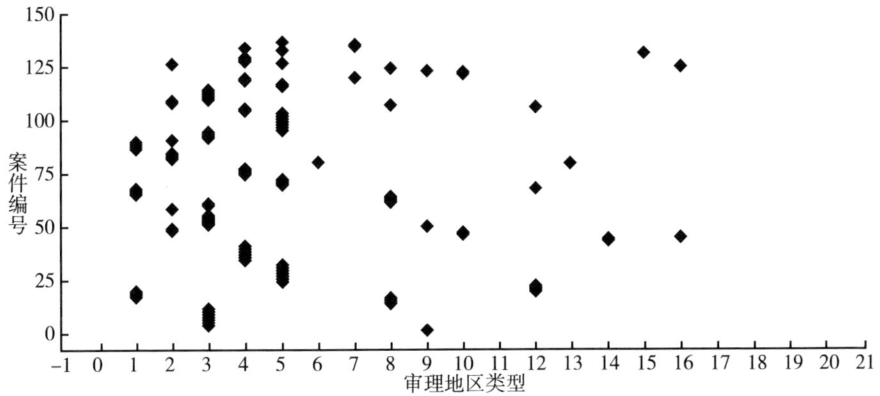

图5　北京市抢夺犯罪案件数量地区分布

注：图中序号1~2分别为中心区的东城区和西城区，3~6分别为城乡接合部的朝阳区、海淀区、丰台区和石景山区，7~16分布为远郊区的通州区、大兴区、昌平区、顺义区、房山区、平谷区、怀柔区、延庆区、密云区和门头沟区。

北京市抢夺犯罪的时空分布规律。统计发现，“发生在白天的案件比例为45.7%，发生在夜晚的案件比例为54.3%，即夜晚发生的抢夺案件略高于白天”。① 而就空间位置来看，发生在路边的案件比例最高，达到73.9%；其次是商场内的抢夺，占17.9%。另外，还有少量案件发生在胡同和室内，分别占6.0%和2.2%。这种情况说明，抢夺犯罪在空间上多以人员流动较多的路边、商场等公共场所为主，并且多发生在社会保护力量（主要是警察）较弱的夜晚时段。这一现象正好契合了犯罪学中日常活动理论所主张的犯罪发生需要同时具备三个因素的观点——有动机的犯罪人、合适的被害目标和缺乏“保护者”，即“被害人的日常活动导致了他与犯罪人在同一时空下的接触或造成财物无人看管的情形，此时便给犯罪人创造了犯罪机会”。②

4. 犯罪对象

抢夺犯罪中的犯罪对象情况主要表现为被害人的年龄、性别等特征。根

① 在统计中将6时至18时统计为白天，将18时至次日凌晨6时统计为夜晚。

② 康树华、张小虎主编《犯罪学》，北京大学出版社，2016，第167页。

据统计，处于不同年龄阶段的被害人均占有一定比例，但其中青年段（20～39岁）的被害人数量最多，占48.1%，接近半数；其次是13岁以上19岁以下的少年占25.9%，超过1/4；其余年龄段的人数较少，如40～59岁的中年人占16.7%，60岁及以上的老年人占7.4%，另有1.9%的儿童。可见，40岁以下的青少年是抢夺犯罪中较易被侵害的群体。这一点与犯罪学中的生活方式暴露理论相一致，即"个人被害的可能性与其暴露在公共场所时间的多少成正比"。[①] 显然，青少年是一类较为活跃、更多往返于公共生活空间的群体，这一生活方式特征使其与犯罪人接触即身处危险情景中的机会增多，因而被侵害的可能性就越大。在性别方面，男性被害人占23.8%，女性被害人占76.2%。[②]

5. 犯罪方式

统计发现，北京市抢夺犯罪通过共同犯罪方式实施的占27.0%，而单独实施的占73.0%。与此同时，参与共同抢夺的犯罪人均是作为实行犯实施的，为抢夺提供帮助条件的情况极少。另外，近年来"飞车抢夺"现象较为突出，如在统计中发现，有31.8%的抢夺犯罪是驾驶机动车实施的"飞车抢夺"；所驾机动车类型中，二轮、三轮的电动车、摩托车数量最多，达到60.4%，其余的39.6%则是驾驶汽车实施的抢夺。从年度变化情况来看，"飞车抢夺"案件数量呈现逐年递减的趋势，如"飞车抢夺"的案件中，于2014年发生的占48.9%，2015～2018年的比例分别是29.8%、10.6%、6.4%和4.3%。但是从"飞车抢夺"案件在本年度全部抢夺案件中的比例来看，差异性并不明显，如在2014～2018年所占比例分别为37.1%、35.9%、21.7%、16.7%和33.3%。卡方检验结果显示（$\chi^2=4.088$，df=4，$p>0.05$），上述比例在不同年度不存在显著性差异。这说明，"飞车抢夺"案件的发生率没

---

① 康树华、张小虎主编《犯罪学》，北京大学出版社，2016，第165页。

② 在抢夺罪判决书样本统计中，有的判决书中对被害人的年龄和性别记述得较为模糊，本数据仅将表述较为清晰的情况进行了统计。因而上述数据并非全部样本中的数据情况，可能与实际情况略有偏差。

有发生变化。

6. 犯罪后果

抢夺犯罪是一种对物实施暴力的犯罪类型，在侵害财产权利的同时还可能危及人身安全，因此抢夺犯罪的危害后果主要体现在财产数额和人身伤害两个方面。统计发现，北京市抢夺犯罪中造成轻微伤的比例为4.7%，其余95.3%的案件中没有出现伤情。而就抢夺数额来看，除个别案件因财物数额无法鉴定或者犯罪未遂以外，大部分犯罪数额较高，最高的达到200万元，数额最低的为400元，数额均值超过4万元，可见该罪对于财产权的侵害已经达到相当严重的程度。为比较抢夺数额在不同年度的变化情况，分析发现2014～2018年的抢夺数额均值分别为2.9万元、6.4万元、1.3万元、9.0万元和1.0万元，方差分析结果显示为F（4，143）=0.546，p>0.05，没有形成趋势性变化（见图6）。

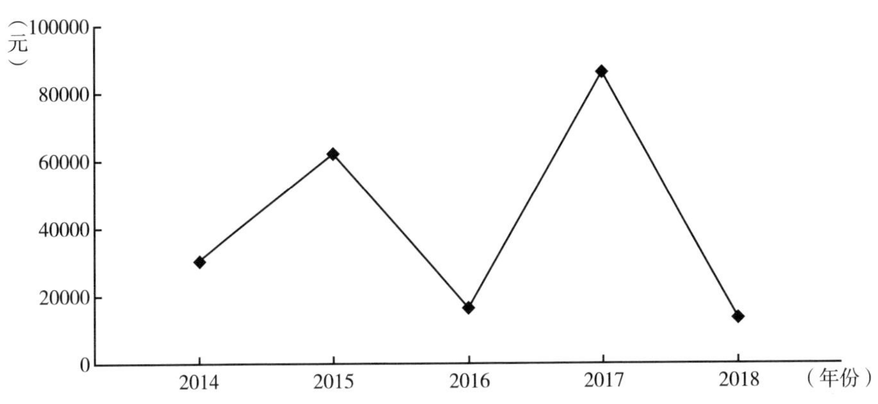

图6　北京市抢夺犯罪数额均值年度变化

（二）在“两抢一盗”犯罪中的比较

对于北京市抢夺罪在实践中形成的上述事实，经与同属“两抢一盗”犯罪类型的抢劫罪和盗窃罪进行比较，形成的对比结果见表2。

表2　北京市"两抢一盗"犯罪事实情况比较

特征类型	抢夺罪	抢劫罪	盗窃罪
数量情况	2014 年以来 134 件	2014 年以来 437 件	2014 年以来 6265 件
地区分布	城乡接合部最多,远郊区最少	城乡接合部最多,远郊区最少	城乡接合部最多,远郊区最少
时空特点	多发生于公共场所,夜晚略高于白天	多发生于公共场所,多数为夜间作案	多发生于公共场所
犯罪对象	中青年为主,女性多于男性	中青年为主,男性多于女性	—
犯罪方式	共同犯罪率为 27.0%	共同犯罪率为 82.4%	共同犯罪率为 2.6%
犯罪后果	有伤情者占 4.7%,数额均值约为 4 万元	有伤情者占 28.5%,数额均值为 3.3 万元	无伤情,数额均值为 1.6 万元

注：表中标注"－"的表示数据缺失。因不同研究罪名的样本选取时段略有差异，所以表中的犯罪数据忽略时间因素。

资料来源：表中有关数据来源于中国裁判文书网和有关研究成果。其中，抢劫罪的数据来源于赵学军、王晓烨《北京市抢劫犯罪演变趋势实证研究》，载殷星辰主编《北京社会治理发展报告（2016～2017）》，社会科学文献出版社，2017；赵学军《北京市抢劫罪量刑实证研究》，博士学位论文，北京师范大学，2015。有关盗窃罪的数据来源于董晓华《北京市盗窃罪量刑实证研究》，博士学位论文，北京师范大学，2014。

根据表2数据，北京市"两抢一盗"犯罪的事实情况在地区分布、时空特点和犯罪对象等方面存在诸多共性，如多发生于城乡接合部地区的公共场所，犯罪对象多为中青年。但抢夺、盗窃和抢劫之间也存在许多差别，如在犯罪数量方面，抢夺罪是"两抢一盗"犯罪中发案率最低的类型，其次为抢劫罪，发案率最高的是盗窃罪；在时空特点方面，抢夺犯罪和抢劫犯罪虽然发生在夜晚的比例更高，但发生在白天的抢夺并不在少数，即与夜间抢夺在数量上不相上下；在犯罪对象方面，抢夺罪行为人多选择女性实施抢夺，而抢劫罪的被害人更多属于男性；在犯罪方式方面，抢夺罪的共同犯罪率高于盗窃罪，但又远低于抢劫罪；在犯罪后果方面，抢夺罪仅有少数情况造成轻微伤，远低于抢劫罪的伤害后果，但造成的财产侵害数额均值最高。

（三）特点总结

根据以上实证分析数据及对比情况，可见北京市抢夺犯罪事实具有以下明显特点。

1. 整体数量得到控制，但个罪危害较大

就犯罪数量来看，抢夺罪的数量远低于盗窃罪，而且比抢劫罪少得多；在年度变化方面，2014 年以来，北京市抢夺罪数量表现出逐年递减的趋势。这些状况都表明，北京市抢夺犯罪在整体上得到了有效控制。但就个罪情况而言，其表现出来的严重危害性仍不容忽视。在财产侵害数额方面，其数额均值远高于盗窃罪，也略高于抢劫罪，所以单就财产侵害程度来说，抢夺犯罪在“两抢一盗”犯罪中是危害性最大的类型。在犯罪对象方面，抢夺犯罪多以女性为侵害对象，这在一定程度上体现了更严重的社会危害性。“被害者作为直接受害主体，其相关情况是体现犯罪行为社会危害程度的重要内容。”[①] 在相同情况下，对女性实施抢夺造成的心理恐慌和财产侵害更重于男性，从而体现出更大的危害性。

2. 犯罪实施更为狡猾，防范难度不断加大

从抢夺犯罪发生的时空特点看，犯罪分子多选择在社会控制力量较为薄弱的城乡接合部作案，这一地区治安状况较差，既便于顺利实施抢夺，也较容易逃脱。在公共场所作案，由于行人的防范心理较弱，实施抢夺较为容易得手。在作案时间方面，尽管“白天作案被发现的可能性大，被害得到救助的机会大，犯罪成功的概率相对小”,[②] 但是抢夺犯罪多选择在上下班高峰期，此时人员流量大且较为混杂，作案后依然较为容易逃窜。另外，在犯罪方式方面，抢夺罪共同犯罪的比例远低于抢劫罪，但实践中仍有超过 1/4 的犯罪人实施共同抢夺，他们相互配合、相互掩护，使抢夺犯罪的既遂率大大提高。在犯罪对象的选择方面，犯罪分子通常选择女性作为侵害对象，“女性身体相对弱小，难与嫌疑人对抗，自我保护意识也相对较

① 王雪丽、李晓磊：《量刑情节本质研究——从〈人民法院量刑指导意见（试行）〉切入》，《贵州警官职业学院学报》2012 年第 5 期，第 46 页。

② 李洁、于雪婷、徐安怀：《量刑规范化的规范方式选择》，《当代法学》2011 年第 3 期，第 71 页。

弱”，而且“女性爱打扮，喜欢戴贵重金饰，或将手机挂在胸前”，[1] 这些都为抢夺犯罪顺利实施创造了有利条件。

三　北京市抢夺犯罪量刑特征分析

（一）实证统计情况

1. 主刑情况

根据刑法关于抢夺罪的规定，作为主刑的种类包括无期徒刑、有期徒刑、拘役和管制。而实际统计数据表明，北京市抢夺罪的主刑仅为有期徒刑和拘役两种，其中有期徒刑占88.5%，拘役占10.1%，另有1.4%的犯罪人被免予刑事处罚。在主刑刑期方面，平均刑期为18个月，即一年半，总体相对较轻。从刑期分布来看，一年以下的占54.7%，三年以下的占87.2%，五年以下的占93.2%，最高刑期为有期徒刑十年，即全部刑期在有期徒刑十年以下。

2. 缓刑情况

缓刑是对被判处有期徒刑三年以下或者拘役的犯罪分子的一种刑罚执行方式。统计发现，北京市全部抢夺犯罪人中被适用缓刑的比例仅为6.1%，在被判处三年以下有期徒刑或者拘役的犯罪分子中，适用缓刑的比例仅为6.8%。这说明，尽管实践中抢夺罪行为人的量刑较轻，但在缓刑适用方面较为谨慎。这一量刑特点恰好体现了抢夺罪行为人人身危险性较大的现实状况。

3. 罚金情况

抢夺罪是一种侵犯财产犯罪，通常将罚金或者没收财产作为附加刑并处。由于统计样本中均为有期徒刑十年以下刑罚，所以作为附加刑的财产刑均为罚金。经统计，北京市抢夺犯罪人的罚金数额最高为2万元，最低为

① 彭文华、王瑞丽：《论飞车抢夺犯罪的防治对策》，《政法学刊》2005年第5期，第78页。

500 元，平均数额为 3326 元。从罚金数额与主刑时长的相关性统计结果来看（$r=0.671$，$p<0.05$），两者存在显著相关性，即罚金数额随着主刑刑期增加而增加。

（二）在“两抢一盗”犯罪中的比较

对于北京市抢夺罪的量刑情况，经与同样作为“两抢一盗”犯罪类型中的抢劫罪和盗窃罪进行比较，形成对比结果见表 3。

表 3　北京市“两抢一盗”犯罪量刑情况比较

量刑	抢夺罪	抢劫罪	盗窃罪
主刑情况	刑种为有期徒刑和拘役,平均刑期 18 个月	刑种为拘役、有期徒刑。有期徒刑以下平均刑期 46 个月	刑种为管制、拘役和有期徒刑,平均刑期为 25 个月
缓刑情况	缓刑率为 6.1%	缓刑率为 10.4%	缓刑率为 12.5%
罚金情况	均值为 3326 元	均值为 4677 元	均值为 2638 元

注：因不同研究罪名的样本选取时段略有差异，所以表中的犯罪数据忽略时间因素。

资料来源：表中有关抢劫罪数据来源于赵学军、王晓烨《北京市抢劫犯罪演变趋势实证研究》，载殷星辰主编《北京社会治理发展报告（2016～2017）》，社会科学文献出版社，2017；赵学军《北京市抢劫罪量刑实证研究》，博士学位论文，北京师范大学，2015。有关盗窃罪的数据来源于董晓华《北京市盗窃罪量刑实证研究》，博士学位论文，北京师范大学，2014。为比较方便，上述样本均来源于基层人民法院刑事判决书，不包括中级人民法院作为一审做出的刑事判决书。

根据表 3 中数据，在基层人民法院审理的“两抢一盗”犯罪刑事判决中，抢夺罪、抢劫罪与盗窃罪的主刑刑种基本一致，即主要为有期徒刑和拘役，其中有期徒刑为主要刑种。在刑期方面则存在较大差异，抢夺罪的刑期最短，均值仅为 18 个月；其次是盗窃罪，为 25 个月；最长的是抢劫罪，为 46 个月。在缓刑适用方面，抢夺罪的缓刑适用最为谨慎，适用率仅为 6.1%；其次是抢劫罪为 10.4%；适用率最高的是盗窃罪，为 12.5%。在罚金情况方面，抢劫罪的数额最高，其次是抢夺罪，盗窃罪的数额最低。

（三）特点总结

根据以上实证分析数据及对比情况，可见北京市抢夺罪量刑具有以下明显特点。

1. 主刑量刑的从宽性

从犯罪性质来说，抢劫罪同时侵犯财产权和人身权，最为严重；其次是抢夺罪，其主要侵犯财产权，兼有危及人身权的特点；盗窃罪最轻，因为其仅侵犯财产权。所以单从犯罪性质上比较，抢夺罪的量刑应当介于盗窃罪和抢劫罪之间，但根据统计数据，抢夺罪主刑刑期均低于抢劫罪和盗窃罪。同时，考虑到三个罪名均具有侵犯财产权的共性，从平均财产数额和平均刑期的对应比值来看，抢夺罪每月刑期对应的财产数额为2222元，抢劫罪的对应数额为717元，而盗窃罪的对应数额仅为640元，这说明单从侵犯财产权角度进行比较，抢夺罪量刑最轻，盗窃罪量刑最重。所以整体来看，北京市抢夺罪的主刑量刑存在从宽的特点。

2. 缓刑适用的从严性

在刑罚执行方式的比较中，抢夺罪的缓刑适用率最低，与抢劫罪和盗窃罪相比具有更为严格的适用标准。这一情况明显体现了抢夺罪在缓刑适用方面的从严趋势，与前文对抢夺罪犯罪主体特征的分析相印证，即较大的人身危险性决定了应当采用更为严格的缓刑适用标准。

结　语

通过对犯罪主体、事实情况和量刑情况的实证分析，可以发现北京市抢夺罪尽管在数量上呈现逐年下降的趋势，但由于犯罪主体的人身危险性较大、防范难度较高且个罪的危害性较强，应当引起社会治理的足够重视。目前在司法实践中尽管对抢夺罪行为人从严适用缓刑，但在主刑量刑中表现出轻刑化的特点，不利于对抢夺罪的司法控制，有必要加强对其量刑工作的规范化建设，以便与同属“两抢一盗”犯罪的抢劫罪和盗窃罪量刑相协调，从而为有效抑制抢夺罪提供有力司法保障。

参考文献

赖修桂、赵学军：《女性犯罪研究》，法律出版社，2013。

魏平雄、赵宝成、王顺安：《犯罪学教科书》，中国政法大学出版社，2008。

康树华、张小虎主编《犯罪学》，北京大学出版社，2016。

王雪丽、李晓磊：《量刑情节本质研究——从〈人民法院量刑指导意见（试行）〉切入》，《贵州警官职业学院学报》2012 年第 5 期。

李洁、于雪婷、徐安怀：《量刑规范化的规范方式选择》，《当代法学》2011 年第 3 期。

彭文华、王瑞丽：《论飞车抢夺犯罪的防治对策》，《政法学刊》2005 年第 5 期。

B.10 新时代在京外国人犯罪治理对策研究*

操宏均**

摘　要： 新时代，北京全面谋划并积极打造“首善之区”，但首都地区日益突出的外国人犯罪现象却与之格格不入。这不仅严重影响了首都地区的治安形势，也阻碍了首都地区积极开展对外交流合作的进程。因此，必须高度重视这一类犯罪问题，全面把握这类犯罪最新发展动态，立足新时代北京社会治安防控新任务、新要求，坚持对等原则，构建应对在京外国人犯罪立体化防控体系。

关键词： 新时代　在京外国人　外国人犯罪　犯罪治理

“天下熙熙皆为利来，天下攘攘皆为利往。”在全球经济普遍不景气而中国经济处于“一枝独秀”的环境下，“高铁、扫码支付、共享单车和网购”构筑的新“四大发明”更是彰显华夏智慧，于是来华旅游、留学、经商、工作的外国人越来越多，新一轮全球“淘金热”直指中国，由中国发起并推动的“一带一路”倡议、构建人类命运共同体等一系列造福于全人类的理念日益深入人心，并在全世界范围内引起共鸣。北京作为国家政治、经济、文化、国际交往和科技创新中心，以悠久的历史文化、庞大的商业体量、丰富的科技含量、一流的教育医疗资源等得天独厚的优势，成为来华外

* 本报告系2017年度中国—上海合作组织国际司法交流合作培训基地内部教材建设项目“跨国犯罪治理对策研究”（项目编号：17NBJC19）阶段性研究成果。

** 操宏均，国家检察官学院副教授，法学博士，兼任中国犯罪学学会副秘书长。

国人的首选地。相关统计显示，1981～1985 年来京旅游的外国游客为 233 万人次，1986～1990 年来京旅游的外国游客为 357 万人次，1991～1995 年来京旅游的外国游客为 683.4 万人次，1996～2000 年来京旅游的外国游客为 984.3 万人次，2001～2005 年来京旅游的外国游客为 1238.8 万人次，2006～2010 年来京旅游的外国游客为 1821.1 万人次，2011～2015 年来京旅游的外国游客为 1992.5 万人次，2016 年为 354.8 万人次。[①] 由此可见，来京旅游人数呈现大幅增长的趋势。同样，来京求学的人数也呈现增长趋势。相关统计显示，2015 年在京外国留学生 39017 人，[②] 2016 年在京外国留学生 40486 人。[③] 当然，前述在京外国人旅游、留学人数只是在京外国人总体的一个缩影，管窥蠡测，从侧面说明在京外国人数量基本呈现逐年增长趋势。

与此同时，有关在京外国人违法犯罪的新闻近年来屡屡见诸报端。例如，2015 年 3 月 16 日 19 时许，马来西亚籍嫌疑人梅杰灵在王府井抢劫商铺；[④] 2015 年 4 月 17 日，朝阳警方破获一起外国人涉毒案，共抓获 8 人，其中 5 人已被刑事拘留，3 人被行政拘留；[⑤] 2018 年 4 月 1 日 6 时许，一名外籍男子从“中国尊”大厦跳伞后离开，被朝阳警方行政拘留 10 日；[⑥] 2018 年 4 月，北京首例伪造外教证书案宣判；[⑦] 2018 年 10 月，外国游客在

① 北京市统计局编《按客源地分入境旅游者人数（1978～2016 年）》，《北京统计年鉴 2017》，http://tjj.beijing.gov.cn/nj/main/2017－tjnj/zk/indexch.htm。

② 北京市统计局编《高等教育外国留学生情况（2015 年）》，《北京统计年鉴 2016》，http://tjj.beijing.gov.cn/nj/main/2016－tjnj/zk/indexch.htm。

③ 北京市统计局编《高等教育外国留学生情况（2016 年）》，《北京统计年鉴 2017》，http://tjj.beijing.gov.cn/nj/main/2017－tjnj/zk/indexch.htm。

④ 刘晓玲：《北京王府井抢表嫌犯被批捕解读：老外犯法如何办》，http://news.sohu.com/20150401/n410640419.shtml。

⑤ 安然：《8 名外籍人士在京涉毒被抓　北京朝阳群众再立新功》，《北京晚报》2015 年 5 月 9 日。

⑥ 《老外从北京第一高楼上跳伞　网友：你以为是煎饼侠?》，http://www.sohu.com/a/227851264_115479。

⑦ 《给外教买假证幼儿园主管获刑　北京首例伪造外教证书案宣判》，http://bj.people.com.cn/n2/2018/0410/c82841－31440363.html。

颐和园翻墙拍照踩碎瓦;[①] 2018 年 11 月，一名泰国籍旅客利用“144 小时过境免签”政策非法出入境。[②] 诸如此类违法犯罪案件，不胜枚举。较为突出的外国人犯罪现象，不仅影响了北京的治安状况和北京国际大都市形象，也极易诱发民间对来华外国人的排斥，阻碍对外交流顺利进行。

一　新时代在京外国人犯罪现象揭示与解读

为了较为直观地揭示当前在京外国人犯罪现象，同时，鉴于当前我国官方相关犯罪统计缺失的客观现实，围绕“在京外国人犯罪”这一主题，笔者在中国裁判文书网、北大法宝司法案例库和 OpenLaw 网分别进行了检索。[③] 由于各网站或数据库在案件公布上的差别（包括技术层面的），检索的结论不尽一致，甚至相差甚远（主要体现在案件数量上）。例如，在 OpenLaw 网，通过将关键词设定为“被告人的国籍”,[④] 案件类型设定为“刑事案件”，法院（地区）设定为“北京市”，共检索到裁定书 594 份、判决书 366 份、通知书 2 份、决定书 1 份。以同样的方法，在北大法宝司法案例库进行检索，发现相关法律文书 31 份；在中国裁判文书网中进行检索，发现相关法律文书 204 份。根据 2016 年修订的《最高人民法院关于人民法院在互联网公布裁判文书的规定》《最高人民法院裁判文书公布管理办法》

① 《颐和园回应“外国游客翻墙拍照踩碎瓦”：您出格了!》，http：//bj. people. com. cn/n2/2018/1021/c82840 - 32182530. html。

② 张雷：《一外籍旅客被处 3000 元罚款》，http：//bj. people. com. cn/n2/2018/1130/c82840 - 32353902. html。

③ 检索日期为2018 年10 月20 日，因此有关统计数据截至检索日当天，尤其是2018 年的相关判决可能还没有上传至网络。

④ 因为检索条件中没有专门设置诸如“外国人”“涉外”等这样的条件，通过浏览有关在京外国人犯罪案件的法律文书，发现对于外国人实施的犯罪，在判决书的证据部分一般都会有“被告人的国籍”这一表述。笔者也试图将关键词设置为“驱逐出境”并进行检索，但是发现一些轻微犯罪并不是都适用该附加刑。同样的，笔者也试图将关键词设置为“国籍”并进行检索，发现容易将被害人为外籍人的案件纳入其中，从而导致非在京外国人犯罪案件被纳入其中。因此，相对用“驱逐出境”检索导致范围过窄和用“国籍”检索导致范围过宽而言，将关键词设置为“被告人的国籍”较为合理。

等相关规定，以及结合上述裁判文书检索情况来看，笔者认为以 OpenLaw 网检索的 366 份判决书为分析样本最为客观且具有一定的代表性。现以这 366 份已经公布的判决书为基础，进行统计分析，以求较为直观地认识当前在京外国人犯罪现象的基本状况。①

统计显示，2018 年已经公布的判决为 26 份，2017 年已经公布的判决书为 63 份，2016 年已经公布的判决书为 79 份，2015 年已经公布的判决书为 75 份，2014 年已经公布的判决书为 95 份，2013 年已经公布的判决书为 12 份，2013 年前的判决书共计 16 份。由此可见，2013 年之后，虽然各年度在京外国人犯罪案件数量有所波动，但是案件数量总体有所增长，且年均案件数量在 67 件左右，是 2013 年在京外国人犯罪案件数量的约 5.6 倍（见图 1）。

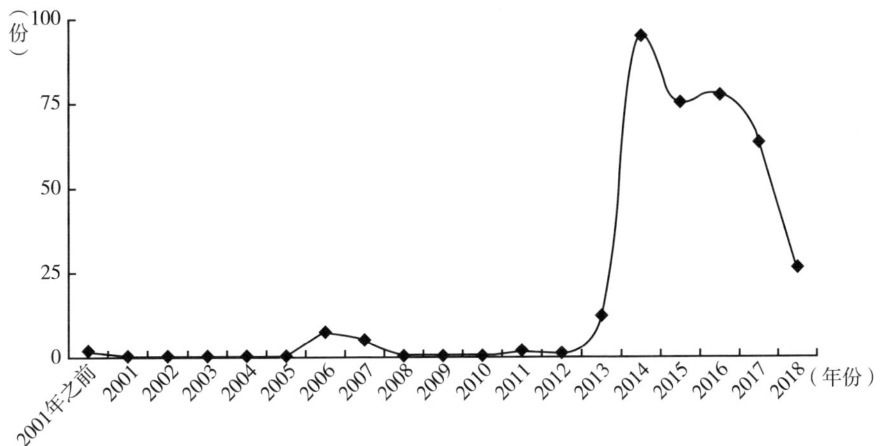

图 1　判决书统计

在京外国人犯罪类型主要集中于侵犯财产罪，妨害社会管理秩序罪，危害公共安全罪，破坏社会主义市场经济秩序罪，侵犯公民人身权利、民主权

① 需要在此指出，该 366 件案件并不能 100% 精确地反映在京外国人犯罪现象。受犯罪统计黑数、案件公布条件、上传技术以及此类案件可能带来的外交影响等诸多客观因素的影响，有些案件没有完全公布，因此，本研究所统计的案件只是对在京外国人犯罪现象相对意义上的反映。

利罪和贪污贿赂罪等几类犯罪。其中，侵犯财产罪和妨害社会管理秩序罪两类犯罪尤为突出（见图2）。

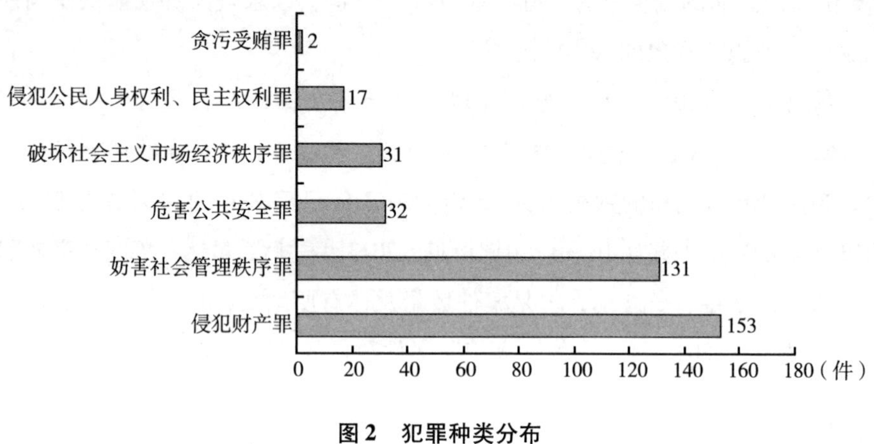

图2　犯罪种类分布

在侵犯财产罪中，盗窃罪案件数量最多，占侵犯财产罪案件总数的77.1%。其次为诈骗罪，占侵犯财产罪案件总数的13.7%。相对而言，带有暴力性质（或者软暴力）的抢夺、抢劫、敲诈勒索等则相对较少（见图3）。

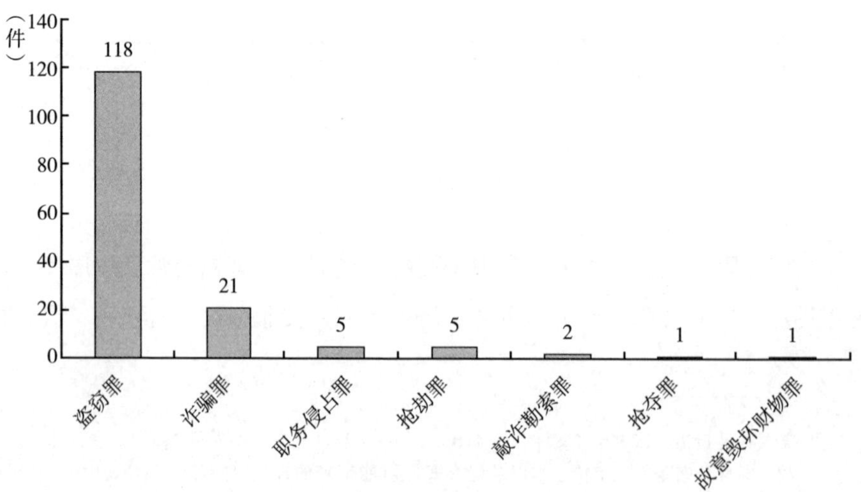

图3　侵犯财产罪具体罪名分布

在妨害社会管理秩序罪中，毒品犯罪最为突出，达96件，占此类犯罪案件总数的73.3%。其次为妨害公务罪和寻衅滋事罪，分别为10件和9件，妨害国（边）境管理犯罪案件［具体包括组织他人偷越国（边）境罪，运送他人偷越国（边）境罪，骗取出境证件罪，提供伪造、变造的出入境证件罪几个具体罪名］为7件。除此之外，还有掩饰、隐瞒犯罪所得、犯罪所得收益罪，伪造、变造、买卖国家机关公文、证件、印章罪和招摇撞骗罪三个具体罪名，只是数量较少（见图4）。

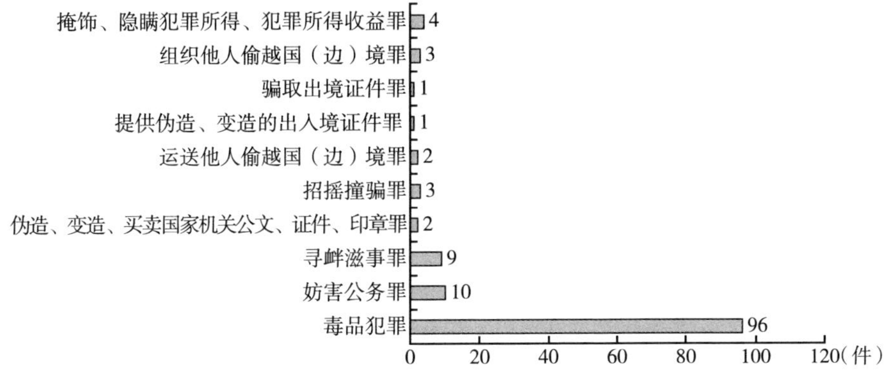

图4　妨害社会管理秩序罪具体罪名分布情况

在危害公共安全罪中，罪名相对集中，集中于危险驾驶罪、交通肇事罪和非法持有、私藏枪支、弹药罪三个具体罪名。其中，危险驾驶罪最为突出，占此类犯罪总数的75%，其次为交通肇事罪（5件）和非法持有、私藏枪支、弹药罪（3件）（见图5）。

在破坏社会主义市场经济秩序罪中，走私罪最为突出，占此类犯罪总数的80.6%。此外，还有合同诈骗罪、非法经营罪和破坏金融管理秩序罪三个具体罪名（见图6）。

在侵犯公民人身权利、民主权利罪中，故意伤害罪数量最多，占总数的64.7%，此外还触及非法拘禁罪3件、强奸罪2件、诽谤罪1件（见图7）。

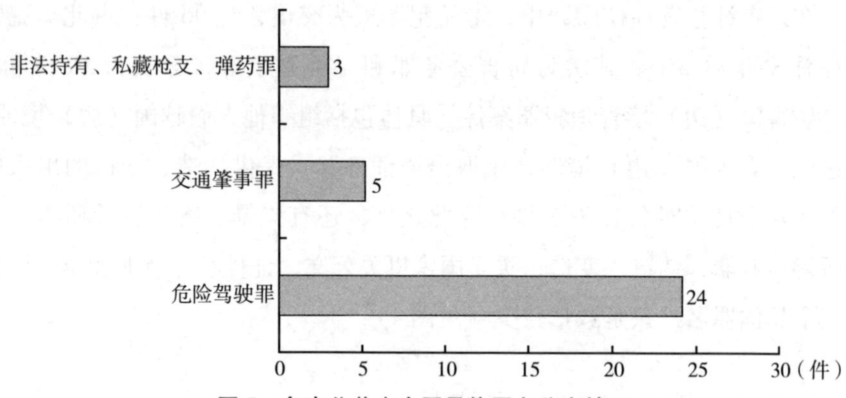

图5　危害公共安全罪具体罪名分布情况

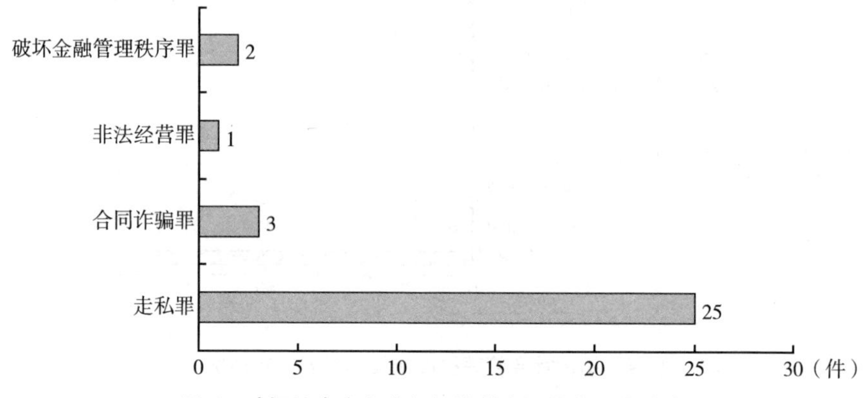

图6　破坏社会主义市场经济秩序罪具体罪名分布

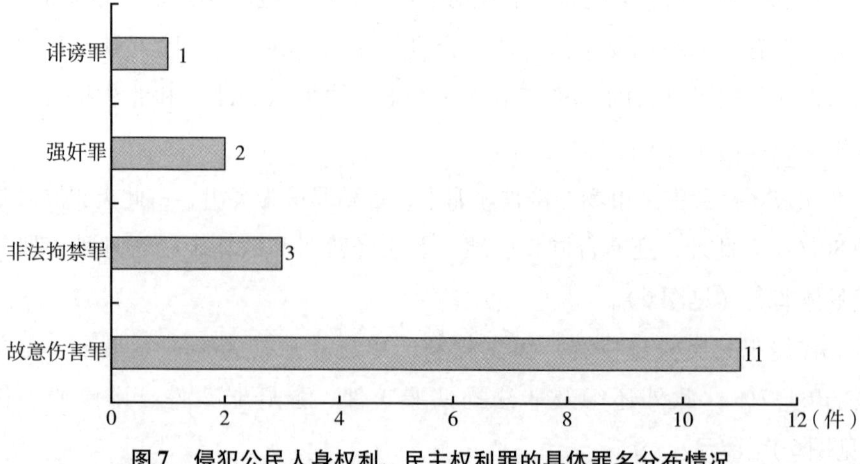

图7　侵犯公民人身权利、民主权利罪的具体罪名分布情况

通过对在京外国人犯罪案件的具体罪名进行统计分析发现，侵犯财产罪和妨害社会管理秩序罪最为突出。而从具体罪名来看，较为集中的主要有：盗窃罪 118 件、诈骗罪 21 件、毒品犯罪 96 件、妨害公务罪 10 件、寻衅滋事罪 9 件、走私犯罪 25 件、故意伤害罪 11 件，共计 290 件，占所有在京外国人犯罪样本总数的 79.2%（见图 8）。由此可见，在京外国人犯罪罪名分布虽然较为广泛，但是发生频率较高的犯罪仍然较为集中，盗窃、毒品和走私三类犯罪是高频犯罪，需要引起高度重视。

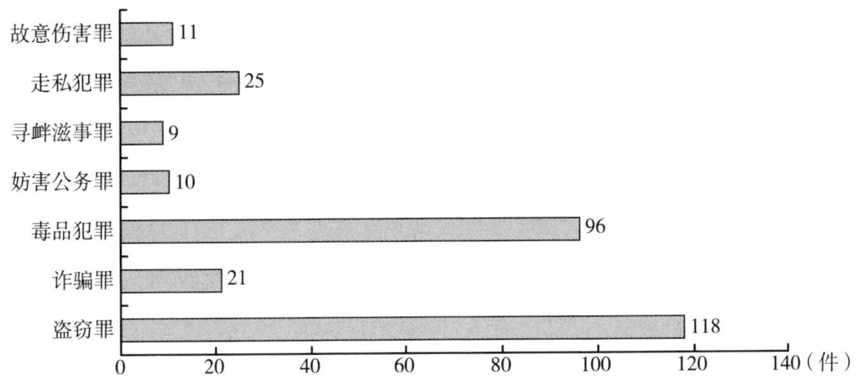

图 8　发生频率较高的几个具体犯罪

从这 366 起在京外国人犯罪案件的管辖情况来看，在基层人民法院中，朝阳区人民法院审理的案件数量最多，达 184 件，占总数的 50%。其次为东城区人民法院和西城区人民法院，东城区人民法院审理的案件数量为 77 件，占总数的 21%，西城区人民法院审理的案件数量为 23 件，占总数的 6%。当然，其他基层人民法院也审理此类犯罪案件，只是数量较少。在中级人民法院中，北京市三中院、四中院审理的此类案件数量相对较多，数量也较为均衡，为 25 件左右。一中院审理的此类案件则相对较少（见图 9）。

此类案件管辖情况，也在一定程度上反映出此类犯罪的发案地分布情

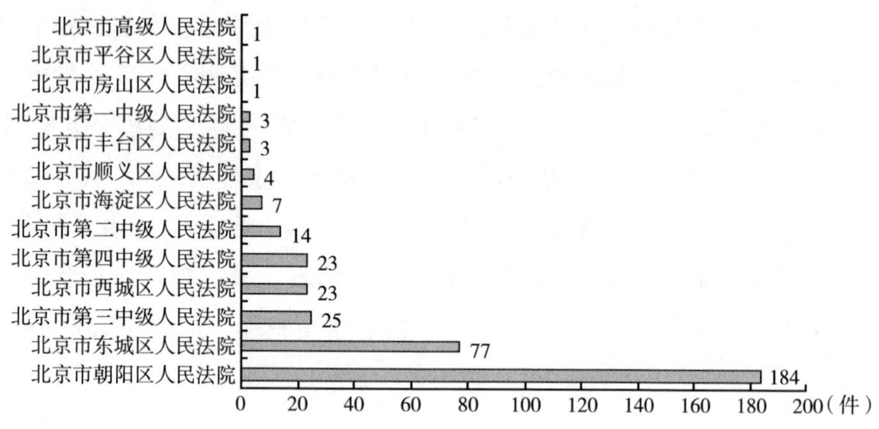

图 9　在京外国人犯罪案件管辖情况

况。随着在华外国人越来越多，2012 年刑事诉讼法修订时，将一般外国人犯罪案件的管辖权由中级人民法院变为基层人民法院，即外国人在华犯罪案件不再因为被告人的身份系外国人而由中级人民法院审理。① 因此，2012 年起，在华外国人的普通一审刑事案件都是由犯罪发生地基层人民法院来审理，只有危害国家安全、恐怖活动案件和可能被判处无期徒刑、死刑的案件，一审由中级人民法院管辖。

从案件管辖情况来看，北京市朝阳区人民法院、东城区人民法院、三中院、二中院审理的在京外国人犯罪案件较为集中。一方面，这种现象与该区域外国人较为集中的客观现实密切相关；另一方面，这种现象与该区域人口流动性大、居于北京市中心等因素相关。由此可见，这些区域是在京外国人犯罪的高发地带。

从在京外国犯罪人犯罪手法来看，呈现一定的反侦查特点。例如，有的外国违法犯罪人假装不懂中文，企图蒙混过关，但实际上已经学习

① 1979 年《刑事诉讼法》第 15 条第 3 款规定："外国人犯罪或者我国公民侵犯外国人合法权利的第一审刑事案件，由中级人民法院管辖。" 1997 年《刑事诉讼法》第 20 条第 3 款规定："外国人犯罪的第一审刑事案件，由于中级人民法院管辖。" 2012 年《刑事诉讼法》第 16 条规定："对于外国人犯罪应当追究刑事责任的，适用本法的规定。对于享有外交特权和豁免权的外国人犯罪应当追究刑事责任的，通过外交途径解决。"

中文多年;[①] 又如两个外国违法犯罪人以分头行动和将毒品私藏内衣的形式来躲避侦查。[②]

从在京外国犯罪人被判处的刑罚情况来看，被判处三年以下有期徒刑、管制和拘役的较多，且多数被告人能够当庭“自愿认罪”。而被判处十年以上有期徒刑、无期徒刑甚至死刑的案件则相对较少，且主要集中于毒品犯罪和严重暴力犯罪。由此可见，在京外国人犯罪主要集中于一些轻刑犯罪（理论上一般把法定刑为三年以下有期徒刑、管制和拘役的犯罪划归到轻刑犯罪之列）。

从在京外国犯罪人自身基本情况来看，这些实施犯罪的行为人大部分来自我国的邻国（日本、韩国、蒙古国以及东南亚部分国家）和非洲地区。犯罪主体男性较多，统计数据显示 333 起案件由男性实施，占总数的 91%。

从行为人文化程度来看，大学以下文化程度（不含大学文化程度）的犯罪人较多。此外，从统计数据来看，近年来在京外国人犯罪案件中，留学生实施的犯罪占有相当比例。在本研究样本中，留学生实施的犯罪案件为 65 件，占案件总数的 18%。

综上所述，当前中外交流日益频繁，在京外国人犯罪总数大幅增长，犯罪种类分布较为广泛，但主要集中于盗窃、诈骗等侵犯财产罪、毒品犯罪和走私罪。同时，在京外国人犯罪类型多为轻刑犯罪，犯罪人多来自我们的邻国或者非洲地区，且男性犯罪人占大多数。此外，近年来在校留学生实施犯罪的现象有所抬头，需要引起高度重视。

二　当前治理在京外国人犯罪面临的困境

基于维护国家主权的出发点和平等对待一切在中国领土实施犯罪行为的人的原则，同时，随着我国刑事法治的不断完善，当前国家有关部门在处

---

① 《老外吸毒被抓还想装作听不懂中文　民警放大招……》，https：//www. nanrenwo. net/zlht/128525. html，2018 年 10 月 28 日。

② 《外国人内裤藏毒，刚到北京就落网：国籍不是“免死金牌”，对毒品“零容忍”》，https：//www. sohu. com/a/152183222_ 391368，2018 年 10 月 28 日。

理在京外国人犯罪问题方面，不仅积累了一些成功经验，也有力化解了实践中的一些突出问题，很好地维护了北京国际大都市的形象。但与此同时，我们也必须清醒认识到，基于当前在京外国人犯罪的数量较多、范围较广，以及出现的一些新情况、新特点，治理在京外国人犯罪还存在一些问题亟待解决。

（一）观念层面：仍然存在“涉外无小事”和对外国人过度礼遇的惯性思维

作为文明礼仪之邦，在对外交往中，我们始终秉持“与人恭而有礼，四海之内皆兄弟”的基本原则，所以长此以往，我们给外国友人的感觉就是慷慨友善。然而随着对外交流的进一步发展，我们在引来国际友人的同时，把一些“苍蝇蚊子”也引了过来。我们的慷慨被当作一种理所当然，同时，我们因对自己坚持“克己复礼”，也逐渐习惯了对外国人应该礼遇有加。然而，这种思维定式在处理在京外国人犯罪案件时，往往就会变成放纵和姑息养奸，进而造成基于中外当事人身份不同而形成的事实上的不平等。

其一，受“涉外无小事”观念的影响，在处理外国人犯罪案件时过于谨慎，贻误时机。在与犯罪的斗争中，双方都尽最大可能逃避或者抓获对方，“侦查是一种活力对抗”。[①] 谨慎处理在京外国人犯罪案件固然无错，但是过于谨慎往往会错失良机，导致关键性证据灭失、犯罪嫌疑人逃脱，尤其是当前在京外国人流动性大，互联网使信息传递快捷，因此必须形成快速处置机制，而非一味谨慎保守。

其二，处理外国人犯罪案件轻缓化倾向比较明显。就前述在 OpenLaw 网检索到的 594 份裁定书而言，其中减刑裁定书为 461 份，占总数的 77.6%。先抛开是否所有的减刑都合适这一问题，单从减刑数量上看，在京外国人犯罪获得减刑的概率较大。同时，通过不完全检索发现，大量在京外国人犯罪案件减刑频率高、幅度大，而且减刑的门槛一般为在服刑改造期间

① 王传道：《侦查学原理》，中国政法大学出版社，2001，第 83 页。

能认罪服法、服从管理、积极改造，这是所有在押犯都应该遵守的义务而不应该作为一种奖励条件而存在。

其三，实践中，还存在滥用将犯罪人驱逐出境的情形。北京市有关司法实务部门调查显示，“即使查证属实，证据充分，被检察机关公诉、法院判刑的外国人，也大多是被适用驱逐出境的刑罚，相比其所犯罪行来说，不能起到很好的惩罚、威慑作用，达不到打击犯罪、遏制犯罪的效果”。[①] 由此可见，这种简单将犯罪人驱逐出境的做法，实际上也反映出一些司法部门在处理在京外国人犯罪时过于慎重，怕对其“用刑”或者不敢“用刑”，未能很好地使用刑罚权。

因此，正是我们对外国人犯罪过度司法礼遇，导致一些外国人认为中国是法外之地，进而为所欲为，任意践踏中国法律。例如，2012 年一英籍男子在北京宣武门地铁站附近公然猥亵一名中国妇女。[②]

（二）制度层面：“行刑衔接”不畅通，导致变相放纵

2012 年的《中华人民共和国出境入境管理法》第七章“法律责任”规定了各种违法行为，并在第 88 条规定：“违反本法规定，构成犯罪的，依法追究刑事责任。”对于违法行为满足犯罪条件的，将对其予以刑事处罚。然而，刑法的基本原则——罪刑法定原则要求对一个不法行为进行处罚，必须以刑法对此类行为予以规制为前提。

但是实践中，对于有些违法行为，刑法并没有与之匹配的犯罪规定。例如《外国人在中国就业管理规定》第 30 条规定：“对伪造、涂改、冒用、转让、买卖就业证和许可证的外国人和用人单位，由劳动行政部门收缴就业证和许可证书，没收其非法所得，并处以 1 万元以上 10 万元以下的罚款；情节严重构成犯罪的，移送司法机关依法追究刑事责任。”根据我国刑法的规定，伪造、涂改、冒用、转让、买卖就业证和许可证的，可能构成刑法

① 张旭明、余浩：《近三年在京外国人犯罪情况管窥》，《人民检察》2006 年第 14 期。

② 吕梁远：《英国流氓为何会在北京街头公然撒野猥亵中国女孩》，http：//england. xdf. cn/201205/1238497. html。

第280条规定的“伪造、变造、买卖国家机关公文、证件、印章罪”，或者刑法第320条规定的“出售出入境证件罪”，然而单纯的无偿转让自己签证证件的行为，刑法并没有规定与之对应的罪名。因此，对于这种行为进行刑事处罚实际上于法无据，而单纯的行政处罚又难以起到惩处和威慑的效果。

另一方面，以罚代刑的情形也较为突出。尽管行政处罚中也有限制人身自由的“行政拘留”，但其与刑罚是性质完全不同的两种处罚措施，不仅在对行为人的处罚上有所不同，在对行为性质的认定上，也体现了以民意为基础的立法者的价值取向。

（三）实践层面：重打击、轻预防，相关管理不到位，留下监管死角

前述犯罪统计显示，在京外国人犯罪主要集中于盗窃、毒品、走私三类，犯罪地聚集于朝阳区，同时，犯罪主体多为来京文化程度不高的外籍人员。这些客观现象说明，相关犯罪预防工作还不到位。对于处于未然状况的在京外国人犯罪，如果介入过早则会打草惊蛇，甚至陷入被动。所以实务部门往往对正在实施的偷盗、毒品交易等或者是实施完毕的犯罪更加关注。如此一来，往往对处于萌芽状态的犯罪存在放纵，如该监管的处于脱管、漏管状态，该及时制止的不予制止，等等。

三　新时代在京外国人犯罪治理的对策

党的十九大报告明确提出“打造共建共治共享的社会治理格局”,[①] 为我们进一步完善在京外国人犯罪治理指明方向。实践表明，尤其是在当今信息大爆炸以及人财物流动性极大的时空背景下，单纯寄希望于运用刑法

① 《决胜全面建成小康社会　夺取新时代中国特色社会主义伟大胜利》，人民出版社，2017，第49页。

或者单纯依靠司法机关来打击此类犯罪已经不切实际。因此，必须立足维护国家安全的基本站位，在深刻认识此类犯罪基本规律和结合北京实际的基础上，加快社会治安防控体系建设，形成预防打击并行、专群力量结合、相关保障措施齐备的立体化治理体系，以应对当前日益突出的在京外国人犯罪现象。

（一）摒弃涉外无小事的观念，以事实和法律为基本出发点

从我国刑事诉讼法中对外国人犯罪规定的演进过程可以看出，早期出于对涉外案件的谨慎考虑，将其交由中级人民法院一审在当时特定的历史背景下有其合理性，一方面是这类案件数量少，另一方面是外国人来华现象不像现在这么平常，当时来华的外国人一般具有一定社会影响力，对于这些人在华实施的犯罪案件当然需要谨慎处理。然而时至今日，来华外国人不仅数量呈几何级数增长，而且人员素质、层次、身份地位等都参差不齐，越发多样化。正是由于这种时代变迁，法律也做出了相应的调整，即 2012 年修订后的刑事诉讼法将外国人犯罪案件改由基层人民检察院批捕、提起公诉，基层人民法院一审。因此，如果我们还坚持以往的“涉外无小事”思维定式，畏首畏尾，势必舍本求末。对于一般外国人犯罪，我们应该淡化其外籍身份，坚持法律面前人人平等这一项基本原则，一切以事实和法律为准绳，只要触犯中国法律的，严格按照法律处理，强化证据意识，依法对其适用中国法律。

（二）加大对在京外国犯罪的打击力度，并坚持罪刑相适应原则

实践中，受案件分流、证据标准等多种因素的影响，最终进入司法程序的犯罪案件不会太多。诚如有学者指出，“由于外国人在华停留时间短、流动性大，案件的侦破率比较低，因此，最终被追究刑事责任的外国人比例较低，实际犯罪数量要远大于进入诉讼程序的案件数量”。[①] 所

① 于志刚：《在华外国人犯罪的刑事法律应对》，《中国社会科学》2012 年第 6 期。

以，一旦确定有在京外国人犯罪发生或者犯罪行为处于准备阶段，应该及时介入，强化打击成效，尤其是对共同犯罪、团伙犯罪、严重暴力犯罪等及时予以处置。早在200多年以前，意大利著名刑法学家贝卡利亚从预防犯罪的角度，论述了犯罪与刑罚之间的关系，“犯罪与刑罚之间的时间隔得越短，在人们心中，犯罪与刑罚这两个概念的联系就越突出、越持续……只有使犯罪和刑罚衔接紧凑，才能指望相连的刑罚概念使那些粗俗的头脑从诱惑他们的、有利可图的犯罪图景中立即猛醒过来……（因为）推迟刑罚尽管也给人以惩罚犯罪的印象，然而，它造成的印象不像是惩罚，倒像是表演”。[①] 同时，对于犯罪的外国人适用刑罚时，应该根据犯罪基本事实、犯罪情节等法定和酌定量刑情节依法处理，而不是人为放纵。

（三）基于预防，强化基础性监管，建立立体化治安防控体系

通过分析在京外国人犯罪的地点分布情况、犯罪类型可以看出，在京外国人管理存在一些基础性监管漏洞，为犯罪实施创造了条件。因此，在强力打击在京外国人犯罪的同时，还应该构筑牢固的“防火墙”，防患于未然。一方面，加强外国人聚集区域的人口管理，对其身份、职业、关系人等进行摸底掌控，尤其是对于有前科、劣迹等不良记录的，将其列入危险人口，加大监控力度。另一方面，引导社会力量积极参与在京外国人犯罪治理，如加强外国人所在社区、单位、学校等机构治安志愿服务力量。实践中，如“朝阳群众”不仅成为吸毒明星的“克星”，也是吸毒外国人的“克星”，朝阳警方根据群众举报成功侦破一起外籍人员吸贩毒案，抓获涉案人员8名。[②] 此外，相关部门应该加大对外国人的法制宣传，不仅帮助其认识了解中国相关法律，更重要的是帮助其形成规范意识。

① 切萨雷·贝卡里亚：《论犯罪与刑罚》，黄风译，北京大学出版社，2008，第47～48页。

② 李涛：《8名外国人在北京吸毒被抓　“朝阳群众”举报又火了》，《北京青年报》2015年5月9日。

（四）建立外国人犯罪办理专门机构，提高处理此类犯罪的专业性

建立外国人犯罪办理专门机构，并不是要对其特殊对待，更不是要对法外开恩，而是旨在增强治理此类犯罪案件的针对性和时效性。因为外国人犯罪案件在对行为人身份确认、诉讼权利保障等方面都有其特殊性，往往除了司法机关，还会涉及外事、法律援助、在读学校、翻译机构等组织机构，尤其是语言交流保障方面尤为重要。所以，在确保案件事实认定、证据收集客观公正，以及相关合法权益保障及时到位等方面，在京外国人犯罪案件与一般普通刑事案件在处置机制上是存在一些差异的。为了有效维护国家法治权威，实现此类犯罪治理专业化，完全有必要设置专门机构来办理此类案件。一方面，在长期司法实践中，已经积累了一定的司法经验，可予以提炼，形成可复制可推广的规范性文件，如“外国人犯罪案件办案流程”等。另一方面，刑事诉讼法早就有专门针对外国人犯罪的规定，加上外国人犯罪数量基数较大且日益增长，完全具备成立专门机构的前提条件。实践中，有些地方人民检察院已经开展了相关探索，如苏州姑苏区人民检察院建立“无国界涉外刑检工作室”以专门应对此类犯罪案件，[①] 办案效果较为明显。

（五）开展此类犯罪统计，借力大数据，洞悉犯罪规律

进行外国人犯罪统计，在有些国家不仅是公开的，而且形成惯例，成为其犯罪统计的一个组成部分，日本就是其中之一。日本法务省公布的年度犯罪白皮书一般会有一章专门就外国人在日本犯罪情况进行统计分析。应该说，这种犯罪统计不仅有利于日本官方及时掌握外国人犯罪动态，以便及时采取相应手段，还有利于帮助普通民众认识这一问题。当前，我们已经全面实施裁判法律文书上网，已经具备了一定的数据基础，但是在检索条件设

① 曹烨琼、李跃、张安娜：《江苏苏州：文化建设紧扣时代特征地域特点检察特色》，《检察日报》2016 年 9 月 28 日。

置、文书格式等方面还不尽如人意，可以在检索条件上设置外国人犯罪相关的条目，同时进一步规范裁判文书上传。条件成熟后，可以北京市高院、市检察院、市公安局等部门名义联合发布此类犯罪的统计分析报告。

此外，还可以运用大数据对此类犯罪动态进行实时监控，揭示犯罪热点分布、锁定犯罪嫌疑人以及起获赃款赃物等。同时，将最新犯罪手段予以揭示，纠正舆论曲解与误导，帮助民众形成客观的社会安全感。

参考文献

陈兴良：《刑法哲学》，中国政法大学出版社，2014。

劳东燕：《风险社会中的刑法》，北京大学出版社，2015。

切萨雷·贝卡里亚：《论犯罪与刑罚》，黄风译，北京大学出版社，2008。

王传道：《侦查学原理》，中国政法大学出版社，2001。

于志刚：《在华外国人犯罪的刑事法律应对》，《中国社会科学》2012年第6期。

张旭明、余浩：《近三年在京外国人犯罪情况管窥》，《人民检察》2006年第14期。

网络社会治理篇

Governance of Network Society

B.11

北京市网络犯罪的特征、结构及治理对策

——以海淀区为分析样本

纪敬玲　李涛*

摘　要： 网络安全是近年来受到持续关注的热点领域。本文通过对北京市海淀区发生的网络犯罪案件情况进行实证分析，发现网络犯罪日趋类型化、产业化、集团化，犯罪手段日趋多样化，并且其形成的产业链条特征明显，给司法机关侦查、审查、法律适用都带来了困难。对此，建议持续创新专业化办案机制，建立联席会议常态化机制，积极探索社会治理的协同机制，以有效应对北京市的网络犯罪。

* 纪敬玲，北京海淀区人民检察院科技犯罪检察部检察官；李涛，北京海淀区人民检察院科技犯罪检察部检察官助理。

关键词： 网络安全 网络犯罪 犯罪特征

一 网络犯罪案件的现状与特征

（一）网络犯罪的现状

2016年9月至2018年6月，“北京市海淀区人民检察院共受理网络犯罪案件450件1076人，其中审查逮捕案件245件588人，审查起诉案件205件488人，涉及27个罪名”。[①] 审查逮捕案件主要集中于诈骗罪、扰乱无线电通信管理秩序罪、侵犯公民个人信息罪、盗窃罪等罪名（见表1）。

表1 2016年9月至2018年6月海淀区网络犯罪状况

审查逮捕案件总量	诈骗罪	扰乱无线电通信管理秩序罪	侵犯公民个人信息罪	盗窃罪	非法获取计算机信息系统数据罪、非法控制计算机信息系统罪	破坏计算机信息系统罪	非法吸收公众存款罪	其余19个罪名
245件 588人	34件 250人	64件 88人	35件 68人	41件 53人	15件 31人	12件 22人	5件 11人	人数较少，分布均匀

资料来源：北京市海淀区人民检察院。

（二）网络犯罪案件的特征

1. 网络犯罪的主体呈现低龄、低学历化的特征，以男性为主

通过对数据的分析发现，近几年海淀区“网络犯罪的犯罪主体普遍呈

① 参见于潇等《北京海淀区检察院发布白皮书：网络犯罪呈产业化、低龄化》，最高人民检察院官网，http://www.spp.gov.cn/spp/zdgz/201806/t20180608_381225.shtml。

现低龄化特点”。[①] 其中20世纪90年代出生的犯罪人占1/3，20世纪80年代出生的犯罪人占近一半，初中及以下文化程度的犯罪人占比超过60%，男性犯罪人占近8成（见表2），网络犯罪的作案地点涵盖全国28个省、自治区、直辖市。

表2　2016年9月至2018年6月海淀区网络犯罪主体特征

年龄特征			文化程度			性别
1990～1999年出生	1980～1989年出生	1980年以前出生	本科及以上	高中、高职教育	初中及以下	男性
221人，占37.58%	283人，占48.12%	84人，占14.38%	82人，占21%	68人，占16.95%	242人，占62.05%	379人，占77.66%

资料来源：北京市海淀区人民检察院。

2. 网络犯罪突破了传统地域空间的限制，跨地域作案特征非常明显

一是网络犯罪行为的实施地和犯罪的结果地之间是跨地域的。被害人分布于全国不同的省份，往往与犯罪分子相隔万里。二是犯罪主体之间也是跨地域的。共同犯罪的犯罪主体、帮助行为主体与实施行为主体之间在现实生活中往往并不认识，主要通过网络论坛、QQ群、微信群等进行沟通联络，共同实施犯罪。三是销赃行为也是跨区域的。犯罪行为人往往在实施犯罪行为后，马上通过互联网寻找收赃人，迅速地实现异地销赃。

3. 网络犯罪形成完整、闭合的产业链条

当前，网络犯罪已经形成较为完整且闭合的产业化链条，且产业链上中下游的分工十分明确，可以十分容易地实施犯罪。上游主要提供技术工具，制作木马病毒，通过网页、邮件等形式投放木马病毒，诱导用户访问下载并在用户的电脑中种植木马软件，以此来获取用户电脑中的信息或者直接将用户的电脑予以控制。中游则将获取的用户账号、密码

① 参见于潇等《北京海淀区检察院发布白皮书：网络犯罪呈产业化、低龄化》，最高人民检察院官网，http://www.spp.gov.cn/spp/zdgz/201806/t20180608_381225.shtml。

等信息通过数据平台清洗后盗取财产，也可以用户信息为对象直接转卖获利，其控制的“僵尸网络”在发动网络攻击时可以发挥巨大的作用。下游则以盗窃、诈骗等形式将获取的数据变现。例如，行为人为实施诈骗犯罪专门制作虚假网站、入侵工具，或将入侵教程发布于黑客论坛，大大降低了网络犯罪的门槛和成本。

4. 犯罪组织多以公司、集团的形态出现

网络犯罪案件中，犯罪行为人个体往往难以实施规模化的犯罪行为，或犯罪行为本身即为了公司的业务而实施，因而往往以注册公司形式，有组织、有规模地实施犯罪行为。如在“重庆某公司刷单案”中，为从事刷单业务，犯罪人专门组织50余名员工成立了一家公司，公司设有业务部门负责承揽业务，技术部门专门从事刷单，还设有财务、行政等后台服务部门。而在某特大侵犯公民个人信息专案中，犯罪主体共涉及20余家公司，主管人员、技术负责人、业务部门人员在沟通后购买计算机代码用于窃取公民个人信息，以实现公司业务的所谓“精准营销”。

5. 受害人数多，犯罪数额大，影响范围广

在侵犯财产权案件中，一方面针对受害人进行精准诈骗的数额不断刷新高度，另一方面互联网又扩大了案件的影响范围，针对不特定公众的诈骗数额虽小，但受害人数攀升，总体犯罪数额较大。如在“郭某某电信诈骗案”中，犯罪行为人先后以检察官、警察等不同身份，以被害人涉嫌刑事犯罪为由，共骗取被害人财产1800余万元人民币；在“欧某某非法吸收公众存款案”中，犯罪行为人以微信公众号的形式宣传所谓“理财产品”，共向百余名公众非法吸收存款达5000余万元。

6. 跨国犯罪趋势增强，全球化特征明显

由于互联网的跨界特性，网络犯罪也不局限于国内。为逃避打击，行为人在境外诈骗境内受害人，或在境内租用服务器攻击境外服务器，此类行为常见于电信网络诈骗案件与流量劫持案件。例如，在“马某破坏计算机信息系统案”中，为避免被追诉，其在国内成立公司租用服务器，劫持并篡改国外用户的浏览器数据，受害人主要集中于美国、欧洲等地；再如在

“肯尼亚西班牙特大跨境电信诈骗案”中，行为人在境外成立犯罪集团专门针对境内的用户实施诈骗。

二　网络犯罪行为的结构分析

当前，网络犯罪运作模式日渐成熟，从传播木马病毒、实行电话诈骗等原始模式日渐转化为“拖库撞库”、精准诈骗等日渐成熟的模式，且上中下游产业链复杂、隐蔽、完整、高效。上游技术供应商负责提供制作木马、恶意代码、“肉鸡网络”、动态 IP 非法服务等技术工具服务；中游数据服务商、黑市交易平台在产业链中充当数据生产者和交易服务提供者的角色；下游行为人利用中游的数据和平台实施直接诈骗、“薅羊毛”、流量劫持等犯罪行为。基于行为人目的不同，上中下游可以任意组合，形成典型或非典型的网络黑产犯罪（见图 1）。

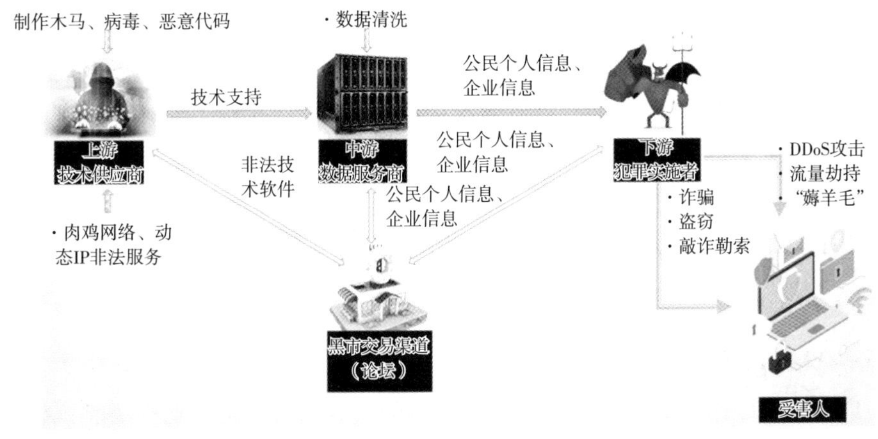

图 1　典型网络黑色产业链条示意

（一）上游犯罪产业链分析

网络犯罪是互联网“双刃剑”弊端的集中体现，其中上游犯罪产业链是网络黑色产业的具体体现。“上游犯罪为下游犯罪提供工具、技术、数据和平台等方面的支持，客观上助推下游网络犯罪的实施，甚至从主观上直接为下游产业链提供专业化服务；下游犯罪在上游犯罪的支持下，犯罪成本下降，效率提升，上游犯罪产业就越来越专业化”。[①] 上游产业链主要包括网络平台提供者、技术工具提供者、信息传播服务者三部分。

第一，网络平台提供者为犯罪行为人提供钓鱼网站、黑客网站和 QQ 群、微信群等。一是架设非法网站、钓鱼网站等，属于电信网络诈骗中的平台提供者。例如，“胡某某非法利用非法信息网络案”中违法行为人胡某某以牟利为目的，在明知他人利用信息网络实施违法犯罪活动的情况下，仍利用信息网络为其设立、维护专门用于实施违法犯罪活动的虚假“最高人民检察院”等非法网站。二是以黑客类网站的形式传播犯罪方法、犯罪工具、违法信息等，并以会员注册、付费服务的方式牟利。三是 QQ 群、微信群等通信群组依旧是违法信息交易、数据交换的主要渠道，而支付宝、微信钱包等第三方支付服务平台成为多数人进行资金结算的主要渠道。在大量的网络犯罪刑事案件中，网络服务提供者往往以不保存用户通信信息为由表示无法进一步提供涉案电子证据。同时，为规避网络服务提供者的监管，部分违法行为人选择了诸如 Telegram 一类的采用“点对点”加密技术的即时通信软件，给刑事取证工作增大了难度。

第二，技术工具提供者为犯罪行为人提供技术支持。上游犯罪产业链中，行为人专门编写程序、发现漏洞，为下游犯罪提供技术工具。例如，“马某提供侵入、非法控制计算机信息系统程序、工具案”中，马某编写程序后在贴吧、群组、淘宝等平台向他人出售专门用于撞库的软件，用于获取用户在各大网站的账号、密码，还可根据购买者的需求定制软件功能，如有购买者在购买后提出定制扫号功能，即对撞库成功的账号和密码进行扫描查看其中的余额。通常购买者购买该软件的目的是实施后续的违法犯罪行为。

第三，信息传播服务者通过非法手段窃取公民信息。行为人通过使用“伪基站”设备发送带有木马病毒、钓鱼网站的手机利诱短信，短信接收者

① 曹诗权主编《2017 年新型网络犯罪研究报告》，中国人民公安大学出版社，2018，第 122 页。

一旦点击，行为人便可获取公民的个人信息、银行账户密码、社交网络信息等，进而实施盗取银行账户财产、精准诈骗等下游犯罪。

（二）中游犯罪产业链分析

犯罪产业链中，有一类行为主体之所以实施犯罪，是“为了他人更加方便、高效地实施犯罪行为”。如果用经济学描述这种现象，我们可以说，在“犯罪”这个市场中存在着供需关系，其交易标的是某一类犯罪行为实施过程中必须借助的生产要素。犯罪市场的供需关系决定了生产要素的价值，而价值催生了生产、销售生产要素的产业链，这便是网络犯罪黑色产业链的中游。结合不同场景，生产要素的载体形式和具体价值均不尽相同，但通过对此类案的梳理，我们发现某种特定犯罪的生产要素较为相似。例如，对电信诈骗类案件而言，公民个人身份信息是其完成犯罪中不可或缺的生产要素；对流量攻击而言，生产要素则是计算机信息系统的控制权和流量带宽；对 APT 攻击①而言，0DAY 类漏洞②则是最为核心的生产要素。黑色产业链中游以牟利为目的，为下游犯罪提供相关生产要素。网络犯罪黑色产业链中游通常利用社会工程学攻击、钓鱼攻击、“撞库”、内部人员作案、安全漏洞挖掘、流量劫持、非法利用信息网络等方式达到犯罪目的。

第一，社会工程学与钓鱼陷阱。计算机信息系统安全是容纳多种学科知识的领域，传统观点认为安全工作的重心是计算机信息系统技术的完善与发展，但是也有一类人持不同的观点，并且将其定义为一门独特的、具有争议的学科——社会工程学（Social Engineering），其核心是“将计算机信息系统的安全视角从技术的对抗转变为人性的对抗，将人性视作计算机信息系统

① 高级持续性威胁（Advanced Persistent Threat，APT），泛指利用先进的攻击手段对特定目标进行长期持续性网络攻击的攻击形式。

② 0DAY 类漏洞，泛指已经被非官方主体掌握、利用的且未公开的计算机信息系统或应用程序的安全漏洞。2013 年《瓦森纳协定》正式将入侵软件纳入网络战争工具清单，监管国家之间的漏洞信息互通和跨国厂商之间的漏洞协作，安全漏洞正式成为“数字武器”。

中的一个无法避免和修复的缺陷，通过对关键人员的行为、性格、习惯等要素进行研究、分析，从而获取与计算机信息系统安全有关的信息，而为达到上述目的，行为人往往会运用到搜集公民个人信息、欺骗、敲诈等危害手段”。[①] 而“对社会工程学最经典的诠释与应用，便是臭名昭著的钓鱼陷阱”。[②] 例如，在“洪某某涉嫌敲诈勒索、侵犯公民个人信息案”中，洪某某系某小额贷款公司员工，为拓宽业务渠道，其将视线转移到某互联网金融平台收集、储存的客户信息资料上。洪某某前期花费大量时间从相关网站、论坛、新闻中搜集该公司的信息资料，包括业务模式、企业架构等内容。随后，通过精心伪造的社交信息混入该公司的员工QQ群并取得被害公司管理人员信任，进而掌握被害公司内部网络登录权限。洪某某在掌握相关权限后，非法登录被害公司的服务器并下载、储存公民个人信息、运营、人力资源等数据信息，然后结合相关数据有针对性地实施诈骗、敲诈勒索等犯罪行为。

第二，撞库式攻击。理论上，账号和密码均是由字符组合而成，组合数量存在上限，行为人只需对全部组合进行一一匹配验证，就可以获得正确的用户身份认证信息，这种思路是传统“穷举法”在网络安全领域的体现。虽然撞库式攻击在本质上依然是穷举法，但其巧妙之处在于对样本数据的选用充分考虑了现代网络用户的日常习惯：用户在注册不同网站账户时，基于方便记忆的习惯，大概率偏向使用近似或同一身份认证信息。因此，我们可以认为，任何已经被验证为真实的用户身份认证信息，往往也是该用户在其他网站注册时使用的数据。基于此种理念，犯罪行为人首先通过非法方式获取安全体系较为薄弱企业的用户身份认证信息数据库（也就是“脱库”）作为样本数据库，使用其包含的数据尝试登录不同的网站（也就是“撞库”），这种攻击方式不仅提高了验证的效率，也降低了犯罪成本，深受犯罪分子的

① 于志刚：《网络犯罪立法与法学研究契合的方向》，《重庆邮电大学学报》（社会科学版）2015年第6期。

② 即Fishing，主要是通过伪造来源、内容，诱骗被害人点击非法链接。这种链接往往指向用于实施诈骗的虚假网站或是装载了病毒木马的应用程序。

青睐。近年来，互联网企业用户身份认证信息数据库泄露事件频发，为撞库攻击提供了充足的“数据弹药”。多数行为人因同时存在非法获取与使用用户身份认证信息的情况，难以明确区分其在黑色产业链中的地位，用户身份认证信息先清洗再出售的使用方式已经成为业界常态，而这些用户身份认证信息多数会再次经由黑产市场成为新的“数据弹药”。在选择撞库攻击的对象时，违法行为人往往进行以下考虑。一是用户身份认证信息是否具有直接经济利益。违法行为人可以通过用户身份认证信息直接对相关经济利益予以控制，典型的犯罪场景是盗取他人账号内的真实与虚拟财产。二是用户身份认证信息本身并不包含任何直接的经济利益，但对用户身份认证信息加以利用，可以间接达到其他目的，典型的犯罪场景为“刷粉”“顶帖”等产业。

第三，内部人员作案。在任何企业中，都有这样一类群体：他们身居核心位置，掌握关键权限，可以轻易接触具有重要价值的信息数据以及载体。企业组织管理中的内部控制系统针对他们的限制往往在降低风险和提升效率的矛盾中沦为摆设，一旦开始实施犯罪行为，往往可以持续许久而不被发现，因具有犯罪机会，犯罪成本低廉，他们之中有的人铤而走险，有的人无法抵御外部诱惑沦为“帮凶”。内部人员作案的情形主要包含以下两类。一类是着眼企业掌握的计算机信息系统资源和数据，多见于 DDoS 攻击、挖矿、流量劫持、侵犯公民个人信息、侵犯商业秘密等犯罪行为，内部人员通过安装木马、病毒等程序非法控制计算机信息系统，非法获取计算机信息系统数据。另一类是着眼自身权限及变现可能性而实施犯罪行为，多见于非国家工作人员受贿罪、职务侵占罪等犯罪，此类犯罪往往带着深刻的权钱交易的烙印。随着计算机信息技术的普及，数据的价值日益凸显，逐渐成为信息社会建设和网络产业发展的战略要素。而企业对数据的保护无异于对商业秘密的保护，从外部获取数据的难度日益艰难，因此，部分企业内部工作人员便利用工作便利，私自兜售企业数据牟利。在实践中，大量公民个人信息也以计算机信息系统数据的形式储存，如违法行为人非法获取的数据实质内容为公民个人信息，则构成侵犯公民个人信息罪，尤其是银行、电信、快递、教育等行业的内部工作人员作案，产生的危害结果更为严重、恶劣。

第四，安全漏洞挖掘。安全漏洞挖掘是指行为人通过对计算机信息系统进行技术层面的分析、测试，找到计算机信息系统及应用程序本身存在的具有利用价值的安全缺陷。安全漏洞挖掘的主要方式有三种。第一种是违法行为人可以通过对计算机信息系统安全漏洞进行攻击，绕过安全防范系统，上传木马、病毒等破坏性程序，达到控制目标计算机信息系统的目的，形成“僵尸网络”。在黑产中，这种行为也被称为“抓肉鸡”。随着移动互联网的发展，移动端设备（手机、平板电脑）的大量普及，黑产的主要控制目标也从计算机转移到IOT设备、移动设备。“僵尸网络”“肉鸡”被“黑产”下游广泛用于各类型犯罪，如DDoS攻击、流量欺诈、钓鱼网站。第二种是支付场景中的安全漏洞可能会导致被害方的直接经济损失。如“某外卖平台反向刷单系列案件”，该外卖平台的移动客户端在系统提现功能设计上存在严重的安全漏洞，导致犯罪行为人可以通过技术手段免费为自身账户充值，类似案例多见于具有支付、提现、消费功能的App。第三种是硬件设备的安全漏洞可能直接威胁公民的个人信息安全，其中具有代表性的是家庭路由器与智能摄像头。家庭路由器是家庭网络对外访问的必经之路，黑产通过对家庭路由器的入侵可以实现流量劫持、攻击，信息流嗅探等行为。家庭摄像头因其功能直接与公民的个人隐私及人身安全相关，也得到了“黑产”的“青睐”。

（三）下游犯罪产业链分析

网络犯罪的下游产业端是利用上游的技术工具、中游生产的数据资料来将生产要素进一步变现的过程。无论是利用已获取的公民个人信息实施精准电信网络诈骗，抑或是盗取银行账户内的财产，将游戏账户内的装备变现，还是利用“僵尸网络”发动攻击用于敲诈勒索等行为，其最终的目的都是将这些生产要素转化为经济利益。在分工更为细致的复杂产业链的末端，为逃避监管部门对资金链的追踪，出现了协助犯罪分子进行财产转移、转换的犯罪。下游产业链主要包括以下几个方面。

第一，侵犯公民个人信息。公民个人信息日渐成为网络犯罪分子觊觎的对象，实践中多以黑客攻击、内部人员泄露等方式受到侵犯。例如，在“北京某信息科技有限公司非法获取侵犯公民个人信息案”中，被害公司系某知名互联网企业，其计算机信息系统上储存了大量的公民个人信息，内容包括电话号码、订单、行踪轨迹等，相关信息被用于企业相关服务产品。由于被害公司计算机信息系统存在重大安全漏洞，加之该公司并未依照《中华人民共和国网络安全法》对公民个人信息采取保密措施，导致犯罪单位可以在未获得公民用户身份认证信息的情况下，利用安全漏洞，直接获取被害公司计算机信息系统上储存的公民个人信息。又如某特大侵犯公民个人信息案，就完整展现了一条以电信运营商安全漏洞为核心的“手机访客营销”黑产链条。行为人利用电信运营商存在的重大安全漏洞，建立可以获取手机访客电话号码的服务平台，并将该服务功能进行代理推广、销售。全国约有4万家不同类型的网站购买相关服务，以便获取手机用户的手机号、搜索关键词、设备信息等数据，并将相关数据用于电话营销服务。

第二，电信网络诈骗。电信网络诈骗犯罪中，上中下游的犯罪分子配合更加默契。行为人通过上中游的犯罪行为或数据平台获取了精确的姓名、职业、电话号码、身份证号码等信息，后通过邮件、电话等方式进行精准诈骗。例如，在“张某等3人诈骗案”中，张某等人使用从服务商处购买的中国邮政储蓄银行账户和密码、对应的账户持有人的身份证号码等信息，购买专门改号软件服务，拨打客服电话，在银行限定数额内将账户钱款进行电话转账。再如“张某诈骗案”中，行为人获取了受害人的电话号码等个人信息后，谎称自己是海淀区消防大队工作人员，经受害人朋友介绍向张某购买军用帐篷等物资，骗取被害人人民币17万元。

第三，刷单式诈骗。网络犯罪中的刷单可以归为电信网络诈骗，但其往往利用被害单位的激励政策。例如，企业在对旗下产品进行推广时，常采取补贴、奖励的方式来增加用户流量，而专门利用上述机制进行批量下载、注册便可轻松骗取企业的奖励或补贴。例如，重庆某公司与某科技公司签订合同，在对其旗下某手机App进行推广的过程中，开发了一套“刷量平台操作系统”，通过电脑系统控制手机登录 VPN，模拟各地的 IP 地址，控制千余部手机同时完成下载、安装、运行、注册、打开、使用，模拟正常用户下载使用 App。每注册一个 App 账户，该科技公司支付企业推广费 3.6 元。

第四，敲诈勒索。主要有两种方式。一种是通过“僵尸网络”也就是俗称的“肉鸡”进行网络攻击，如“潘某敲诈勒索案”，行为人通过 DDoS 攻击致使河北、安徽等地某大宗商品交易市场服务有限公司网络瘫痪，并以此勒索该公司 62 个比特币。另一种是侵入公司服务器窃取公司运营资料从而敲诈勒索被害单位，如“洪某某敲诈勒索案”，行为人混入某金融服务公司员工群，利用群内成员的身份认证信息登录金融服务公司的邮箱，对邮箱数据进行筛选、分析后获得该服务器的身份认证信息，后获取公司的运营资料，包括客户信息、贷款情况，并以此来勒索该公司 20 万元人民币。

第五，利用充值系统漏洞。系统本身的漏洞或维护不及时等，给了犯罪分子可乘之机。公交卡、加油站、高校校园卡的储值系统、外卖平台等成为被侵害的重灾区。例如“郑某某盗窃案”，郑某的网友陈某在黑客论坛上发现有人发布该外卖平台的充值漏洞，并附有教程，后陈某利用该平台漏洞使用 FD 抓包软件给郑某的账户充值 10 万余元。

三　北京市网络犯罪的对策建议

习近平总书记在 2018 年 4 月 20 ~ 21 日全国网络安全和信息化工作座谈会上的讲话中强调，“没有网络安全就没有国家安全……要依法严厉打击网络黑客、电信网络诈骗、侵犯公民个人隐私等违法犯罪行为，切断网络犯罪利益链条，持续形成高压态势，维护人民群众的合法权益”。[①] 为积极应对

① 参见《在全国网络安全和信息化工作座谈会上的讲话》，国家互联网信息办公室网站，http：//www.cac.gov.cn/2016 - 04/25/c_ 1118731366.htm。

网络犯罪产业化、新型化、复杂化等挑战，适应首都战略定位对保障科技创新的要求，针对网络犯罪的特点，提出如下建议。

（一）持续创新专业化办案机制，精准高效办理网络犯罪案件

一是建立“外脑”专家库，充分发挥北京地区高校、科研院所集中的优势，积极通过专家咨询会等形式听取相关领域专家的意见和建议，提升司法办案的质量。如在马某等9人流量劫持案中，为保证案件正确办理，多次邀请外部专家提供法律适用意见，有针对性地开展提前介入、引导侦查、自行补充侦查，高质量地完成办案预期目标。二是整合专业化办案资源办理重大疑难复杂案件。跨部门成立专业化办案机构，专门办理网络犯罪案件，在办理重大复杂案件时，成立联合办案组协同办案。例如在“张某等特大跨国电信诈骗案”中，“由一名检察官主办、两名检察官协同办案，审查卷宗数百份，成功地拘押包括5名台湾省籍犯人在内的40名犯罪嫌疑人；庭审阶段三名检察官分工配合，采用电子化示证方式，有力地指控了犯罪”。① 三是开展专业同步辅助审查，解决电子数据审查的难题。“创新开展新型疑难案件专业同步辅助审查机制，案件由检察技术人员同步介入，对涉及技术型证据的合法性、客观性等问题进行审查，必要时由技术人员作为司法辅助人员，充当办案人员‘左右脑’，随办案组全程介入案件办理，为办案人员提供内部专业意见。”②

（二）建立联席会议常态化机制，加强公安机关与检察机关的协调

为解决专业领域案件取证困难等现实问题，加强公安机关与检察机关的协调，建立联席会议常态化机制，强化捕前取证，统一执法标准，强化监督效果。以“重庆刷单诈骗案”为例，“海淀公安机关与检察院科技犯罪检察部召开联席会议就案件的行为性质、取证方向和标准进行了探讨，并邀请检察官前往犯罪现场引导侦查。检察官在犯罪现场了解到，行为人为骗取直播

① 参见《他们都成了高科技犯罪办理专家了》，《检察日报》2018年6月25日。

② 参见《他们都成了高科技犯罪办理专家了》，《检察日报》2018年6月25日。

平台推广费，租用服务器，设置海量手机端，批量注册虚假的直播平台账号。就此，检察官提出扣押作案电脑、手机，对电脑端群控软件、手机端注册软件予以勘验，对软件功能进行鉴定，提取注册账号等引导侦查意见，为诉讼程序的顺利进行奠定了坚实的证据基础”。①

（三）积极探索社会治理的协同机制，切实推动网络安全保护

一是深化与行政监管机关、行业协会的协作，推动风险防治共建。加强网络安全与检察机关的深度协作，共同研究网络犯罪案件的发案特点、原因，共同商讨预防和打击网络犯罪的对策，加强与互联网协会的沟通，及时掌握互联网行业动态，对于已出现的网络高危情况以通报的形式及时向行政监管部门反馈，提出治理建议。二是加强法律普及和典型案例宣传，与互联网企业建立犯罪预防基地。与今日头条、搜狐等多家知名互联网企业达成共识，以大量真实的案件资源进行犯罪预防警示教育，以“以案说法”的形式促使互联网企业建立规章制度，加强对企业工作人员的刑事风险防控教育。三是打造自媒体宣传品牌，以文章、动漫、直播等多种形式开展“互联网+”普法宣传，举办形式多样的宣传讲座，增强广大群众对网络犯罪的防范意识。

参考文献

曹诗权主编《2017年新型网络犯罪研究报告》，中国人民公安大学出版社，2017。

龙卫球、林桓民：《我国网络安全立法的基本思路和制度建构》，《南昌大学学报》（人文社会科学版）2016年第2期。

于志刚：《网络犯罪立法与法学研究契合的方向》，《重庆邮电大学学报》（社会科学版）2015年第6期。

刁胜先、郑浩：《大数据战略视野下我国信息网络安全立法分析》，《重庆邮电大学学报》（社会科学版）2018年第1期。

① 参见《他们都成了高科技犯罪办理专家了》，《检察日报》2018年6月25日。

B.12

P2P网贷中非法吸收公众存款罪法律适用问题研究

黄忠军*

摘　要： 非法吸收公众存款罪在网络借贷领域出现了被不当扩张适用的现象，既有其构成要件属于开放的类型而不能直接发挥违法行为类型推定机能的内部原因，也有网络借贷领域爆发严重的金融风险而处于政府严厉打击的态势之下等多重外部因素。司法实践中要实现非法吸收公众存款罪的合理适用，就必须在合理解读其构成要件的前提下回归到构成要件符合性的判断上来，从而实现对网络借贷活动中各主体的行为罪与非罪的准确界分，将合理的网络集资行为排除在刑事违法的范畴之外。

关键词： 非法吸收公众存款罪　网络借贷　构成要件　罪与非罪

信息科技给人类社会生活带来的改变已无须赘言，互联网在给人们生活方式带来质的变化的同时，也对我们日常生活的各个领域产生了巨大冲击，有些冲击甚至已经波及文化和制度层面。互联网作为信息科技的主要载体，在悄无声息中影响我们的消费理念、改变我们消费方式的同时，在眼球转动的瞬间也在冲击甚至摧毁诸多的传统经营模式，改变诸多行业的传统生存样

---

* 黄忠军，中国人民大学法学院2018届刑法学专业硕士研究生。

态，让很多曾经被广泛认为的如“金融”“创业”等高端词语，通过互联网进入平常百姓家，以至互联网金融成了民众耳熟能详的名词。更为重要的是，它让现代社会的每个人在瞬间都能轻易地进入金融领域。

在互联网金融的浪潮中，“P2P”这个陌生而熟悉的词语可谓牵动着无数人的心。我们一般也称 P2P 为网络借贷，它指个体（不仅包括自然人，也包括法人）之间通过互联网平台直接实现借贷交易。在合法的 P2P 运营模式之下，互联网平台作为单纯的信息媒介在有合理资金需求的借款人与有闲置资金的出借人之间建立一个信息共享的桥梁，互联网平台在尽到应尽的信息披露义务的同时不得触碰用户资金，不得以任何名义为自身的经营进行融资活动，出借人完全基于自己的风险判断来选择借款人以及决定是否出借资金并且自担风险。网络借贷也曾因其在国家现有的金融体制之下能够解决私营企业，尤其是中小微型企业融资难的问题，在鼓励金融创新的大背景之下，曾一度得到了社会公众的热捧，也在一定程度上得到了政府的认可和支持，一时间在全国各地出现了数以千计的互联网借贷平台。

但是网络借贷作为金融领域的新事物，无论是社会大众还是监管机构，对其潜在的风险均没有合理的预期，加之金融监管滞后等诸多因素，引发 P2P 平台用户“跑路潮”以及网络借贷信息中介服务公司的“爆雷”风波，引发了整个金融行业的震动，给无数出借人造成了直接的财产损失，不仅影响了国家金融秩序的稳定，而且对社会秩序的稳定也产生了负面影响。在民间金融活动遭遇重大风险之时，国家又会以严重扰乱金融秩序或者造成重大损失为由，给予相关人员刑罚处罚，加之网络借贷模式中的网络信息中介平台和借款人的行为模式与我国现行《刑法》第 176 条非法吸收公众存款罪的认定标准之间具有较高的契合度，其本身就带有高度的入罪隐患和风险，最终导致非法吸收公众存款罪成为国家近年来规制网络借贷领域广泛适用的罪名。这一现象很快引起了刑法学界的怀疑和探讨，在网络借贷领域如何合理地适用非法吸收公众存款罪，也是互联网时代对刑法学研究的拷问和冲击。

一 非法吸收公众存款罪在网络借贷领域被“泛化”的成因及问题

网络借贷领域非法吸收公众存款罪的广泛适用，呈现一种明显的不合理扩张趋势。论及其中缘由，既有非法吸收公众存款罪立法不明确的内部原因，也有为维护社会稳定而不当适用等多方面的外部因素。在依法治国背景下，这无疑是对罪刑法定原则的冲击，让国民在网络时代无法对自己的行为做出准确的判断和合理的预期。同时，不当地将网络借贷领域的集资行为认定为非法吸收公众存款罪，也会给该新型经济领域套上无形的枷锁，进而阻碍民间金融行业的正常发展。

（一）内部原因的解析与外部因素的梳理

我国现行刑法将非法吸收公众存款罪规定在第三章第四节第 176 条，在类罪名上属于破坏金融管理秩序罪，“非法吸收公众存款或者变相吸收公众存款，扰乱金融秩序的”① 是对该罪构成要件内容的全部规定。立法时没有对其各构成要件要素进行详尽而具体的描述，在个案适用时裁判者不得不借助一般的违法要素或者联系其他要素来进行补充判断，因而该种类型的构成要件在刑法学界被称为“开放的构成要件”。② 在日本刑法学界，不少学者也将其称为“被展开的构成要件”。③ 开放的构成要件不能直接发挥违法行为类型的推定机能，在具体适用时法官需要对构成要件要素进行展开并参考其他要素，针对具体的案件事实进行规范的评价，从而确定某一行为是否完全与该构成要件的语义内容相符合。2010 年 11 月 22 日，最高人民法院发布《最高人民法院关于审理非法集资刑事案件具体应用法律若干问题的解

① 参见《中华人民共和国刑法》。

② 刘艳红：《刑法类型化概念与法治国原则之哲理——兼论开放的构成要件之存在根据》，《比较法研究》2003 年第 3 期。

③ 〔日〕福田平、大塚仁编《日本刑法总论讲义》，李乔等译，辽宁人民出版社，1986，第 87 页。

释》(以下简称《解释》),从概念、特征、行为方式和入罪标准等方面对非法吸收公众存款罪做进一步的阐释。但不可否认的是,该规定仍具有高度的概括性,非法吸收公众存款罪的判断标准及其行为类型仍有待进一步明确。例如,“不特定多数”等概念如何具体界定,都有必要针对具体情形展开进一步研究。

发生在网络借贷平台的诸多集资行为类型虽然表面上具备《解释》所规定的非法吸收公众存款罪的特征,但是《解释》所规定的内容本身并不能为诸多网络集资行为提供罪与非罪的判断标准,对具体的网络集资行为刑事违法性的推定仍须回归到构成要件符合性的判断上来。从笔者随机抽取的几份以非法吸收公众存款罪定性的刑事判决书来看,“法官几乎都是采用事实和证据的罗列,最后采用概括性总结行为人违反国家金融管理规定,面向社会公众吸收资金、扰乱金融秩序的方式,来认定行为人所实施的行为符合非法吸收公众存款罪的犯罪构成”。[①] 这种缺乏规范向事实涵摄的判断方式,无说理论证,同时法官将其判断的思维过程和标准置于“黑匣子”之中,使得该罪在司法适用时具有较强的随意性。这种违法与否的推定完全诉诸法官内心感知的判断模式,就为非法吸收公众存款罪这种开放的构成要件的罪名在刑事司法领域的扩张适用提供了内部条件。

非法吸收公众存款罪在网络借贷领域被不当地扩张适用,除具有上述内部原因外,还有以下外部因素。其一,长期以来,非法吸收公众存款罪都被最高人民法院、最高人民检察院认定为严重影响社会稳定的涉众型经济犯罪,国务院办公厅也曾专门发文要求对非法集资活动“依法严惩”“加大打击力度”,从而导致非法吸收公众存款罪成为在刑事规制领域被广泛适用的罪名;[②] 其二,网络借贷领域爆发的大规模网络借贷平台借款人“跑路潮”以及网络借贷信息中介服务公司的“爆雷”风波,在严重扰乱国家金融秩序的同时,也成为影响社会稳定的因素。政府担心可能出现大量网络借贷的出借人因不

---

① 参见北京市第三中级人民法院(2018)京 03 刑初 106 号刑事判决书;天津市和平区人民法院(2018)津 0101 刑初 302 号刑事判决书。

② 参见刘伟《非法吸收公众存款罪的扩张与限缩》,《政治与法律》2012 年第 11 期。

能收回出借资金而到政府集体维权或者出现其他更加严重的集体性事件，为安抚社会公众的情绪以及满足借款人的报复心理，只要出现借款人不能偿还借款的现象，借款人就极有可能直接被追究刑事责任。司法实践中，在无法证明借款人具有非法占有目的的情形下，法官就可能适用非法吸收公众存款罪来对行为人定罪，从而形成在网络借贷领域非法吸收公众存款罪被扩张适用的乱象。

（二）非法吸收公众存款罪司法扩张的问题反思

在网络借贷领域爆发大量违法行为给国家的金融秩序及社会稳定造成严重的威胁之际，国家集中刑事司法资源予以有力规制合乎情理，同时运用刑事司法手段也是国家社会治理的重要途径。但是国家为维护社会稳定，不当地将网络借贷活动中许多借款人合理的融资行为纳入非法吸收公众存款罪的处罚范围，明显背离了现代法治国家所坚持的罪刑法定原则，刑法条文作为正义的文字表述，其本身既是裁判规范也是行为规范，刑罚的滥用不仅会降低国民的法治信仰，也会让国民无法对自己行为合法与否做出合理的预判。就社会效果而言，近年来全国整体的非法集资现象并没有因刑事打击的严厉而有所消减，反而变本加厉，这不得不让我们反思，刑法作为国家治理的最后一道防线，是否已经因其适用不当或者提前介入，反而造成了适得其反的社会治理效果。刑法应该保持其应有的谦抑性，不能在行政法、民法等前置法能够发挥治理作用的情形下提前介入或者过度干预人们正常的经济社会生活。非法吸收公众存款罪的扩张适用，已经使其成为金融犯罪中适用率量最高的罪名并沦为“口袋罪”而受到一些学者的质疑①。此外，非法吸收公众存款罪在网络借贷领域的不当适用，堵塞了民间中小企业的融资渠道，让民营企业的生存愈发艰难，从而压制了经济发展的活力。

---

① 参见郝艳兵《互联网金融时代下的金融风险及其刑事规制——以非法吸收公众存款罪为分析重点》，《当代法学》2018 年第 3 期。

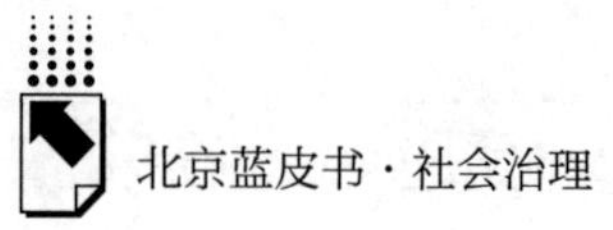

二　构成要件的解读与处罚范围的界定

在网络借贷领域，刑法要在有效规制金融风险的同时兼顾民营企业合理的自由发展空间，就必须坚守罪刑法定原则的红线，对非法吸收公众存款罪的构成要件进行合理的解读，开放的构成要件的语义边界难以确定早已是司法实践的一大难题。笔者认为，要合理确定非法吸收公众存款罪在网络借贷领域的处罚范围，就必须借助该罪的规范保护目的和一般违法要素对该罪构成要件的语义范围加以合理地限制。基于本报告的探讨仅限于网络借贷领域，而发生在网络借贷领域的吸收资金行为都是以典型的承诺还本付息的方式进行的，因此变相吸收公众存款处罚范围的界定不属于笔者在此所论及的范畴。

（一）规范保护目的与一般违法要素的梳理

我国刑法学界的主流观点认为，“非法吸收公众存款罪的规范保护目的在于维护国家正常的金融管理秩序，具体指的是货币、资本经营秩序”。[①] 虽然该观点在形式上能够得到立法体例安排的支持，我国现行刑法将非法吸收公众存款罪规定在分则第三章第四节破坏金融管理秩序罪的类罪名之中，将国家正常的金融管理秩序认定为该罪的规范保护目的自无疑问，但笔者认为，这一观点忽视了该罪名之下保护的另一法益，即社会公众的资金安全。虽然条文本身不能直接反映，但在解读该罪的行为人所侵害的法益时，很容易发现这一点。同时，这也是刑事立法的常有现象，如抢劫罪被规定在我国现行《刑法》第五章侵犯财产罪的类罪名之中，但仍不可否认的是，该罪的保护法益除财产法益外还包含公民的人身权益。因此，非法吸收公众存款罪的规范保护目的既在于维护国家正常的金融管理秩序，也是维护社会公众的资金安全。

---

① 刘宪权：《互联网金融平台的刑事风险及责任边界》，《社会科学文摘》2017 年第 2 期。

至于在司法适用层面如何理解两者之间的关系，不仅是理论上应该讨论的问题，而且会直接影响法官在具体复杂案件中罪与非罪的判断。而要对二者的关系进行有实质意义的分析，就必须对国家正常的金融管理秩序这一过于抽象的法益予以具体化，使其能够发挥规制构成要件的机能，正如德国著名刑法学者罗克辛教授所言，“如果保护的对象抽象的让人无法把握，那么就不能再将该对象看作是法益”。[①] 因此，有必要进一步追问国家正常的金融管理秩序背后的具体对象。金融业与风险相伴而生，[②] 金融业也一直被人们视为高风险高回报的行业，所以国家必须在以银行业为主导的金融体系之下，通过全面监管的方式让金融机构采取有效的风险防控措施，从而将金融风险控制在一个合理的限度内，进而我们也可以确定合理的金融风险是非法吸收公众存款罪的具体保护法益。何种程度的风险是为法律所允许的，完全取决于立法的推定，立法者在前置法主要是行政性法律中对此做出的强制性规定。据此，笔者认为非法吸收公众存款罪所保护的两种法益之间的关系，应该被认定为有前者就必然有后者，但有后者并不必然有前者的充分不必要关系，即破坏国家正常金融管理秩序而引发不合理的金融风险的行为必然侵犯了社会公众的资金安全，但侵犯社会公众资金安全的行为并不必然破坏国家正常的金融管理秩序。

我国行政性法律的种类和数量繁多，为对指导司法实践发挥实际作用，本报告拟对规制网络借贷领域同时又能够用以判断非法吸收公众存款罪违法行为边界的一般违法要素的行政规范性文件进行有目的性的梳理。根据学界已有的学者对行政规范文件进行的简要梳理，“分别由全国人大常委会、国务院颁布的《中华人民共和国商业银行法》（以下简称《商业银行法》）、《非法金融机构和非法金融业务活动取缔办法》（以下简称《取缔办法》），都因对‘存管业务’有直接或间接的规定而被认定为非法吸收公众存款罪

① 〔德〕克劳斯·罗克辛：《对批判立法之法益概念的检视》，陈璇译，《法学评论》2015年第1期。

② 郝艳兵：《互联网金融时代下的金融风险及其刑事规制——以非法吸收公众存款罪为分析重点》，《当代法学》2018年第3期。

的主要前置法”。[①] 作为行政性法律的《商业银行法》及行政法规的《取缔办法》因其规定内容与非法吸收公众存款罪构成要件的判断具有直接或间接的关联性，而被认为是非法吸收公众存款罪司法适用时的准据法，自无疑问。但问题在于我们并不能直接根据《商业银行法》和《取缔办法》的规定，来确定网络借贷行为的合法边界。而由银监会、公安部等部门联合发布的《网络借贷信息中介机构业务活动管理暂行办法》（以下简称《暂行办法》）作为直接规范网络借贷活动的行政法律规范，而又因其在法律位阶上属于部门规章，能否作为非法吸收公众存款罪的前置性判断依据学界尚有争议。有学者认为，“应该把空白罪状的准据法限制在我国现行《刑法》第96条‘国家规定’的语义范围内，而当然认为部门行政规章不能作为确立不法要件的法源”。[②] 也有学者认为，“在法律、行政法规的概念明确，不需要作进一步解释的情形下，当然地排斥部门行政规章的适用，但在非法吸收公众存款罪中，《商业银行法》及《取缔办法》的相关规定无法明确网络借贷活动中该罪的不法内涵时，就必须借助《暂行办法》的相关概念对非法吸收公众存款罪构成要件的不法边界加以明确”。[③] 在此笔者同意后一种观点，因法律、行政法规所规定的内容本身存在模糊性，而下位法对其进行补充解释的情形是非常普遍的现象，而且在对构成要件进行解释时借助部门规章的规定，可以直观清晰地明确不法行为的边界，我们没有理由排斥部门规章在解释构成要件上的适用。

（二）构成要件要素的内涵与违法的边界

无论是非法吸收公众存款罪的规范保护目的，还是作为其前置性法律规范的一般性违法要素，都只能为具体案件中行为是否具有该罪的刑事违法性

---

① 邹玉祥：《非法吸收公众存款罪之行为类型研究——基于网贷背景下的教义学展开》，《政治与法律》2018 年第 6 期。

② 姜涛：《非法吸收公众存款罪的限缩适用新途径：以欺诈和高风险为标准》，《政治与法律》2013 年第 8 期。

③ 邹玉祥：《非法吸收公众存款罪之行为类型研究——基于网贷背景下的教义学展开》，《政治与法律》2018 年第 6 期。

提供指导，划定违法的边界，要实现构成要件的违法行为类型的推定机能，还必须将构成要件要素中抽象的概念进行展开解读。

首先，关于该罪构成要件中“非法”的含义。笔者认为“非法”一词在该罪中只是立法时一种必要表述，并无实质的违法界分机能：第一，刑法所规制的必然不是合法行为，而吸收公众存款的行为确实存在合法和非法两种形态；第二，诚然，对法定犯而言，只有违反相应的行政法规才能落入刑法评价的范围，但是对本罪而言，并非违反任意金融管理法规的行为都会直接进入本罪所评价的范畴，违法性的前提必须是该行为符合某罪构成要件的全部内容；第三，在我国刑事立法上，这种只作为一种必要性表述的现象并不少见，如我国现行《刑法》第 238 条非法拘禁罪中，也有“非法”一词的类似表述。

其次，如何界定“公众”作为该罪构成要件要素的语义范围。从现代汉语的语义来分析，“‘公众’一词具有广义与狭义之分，广义上的公众泛指自己以外的所有人；而狭义上而言，公众则是指除自己及与自己有特定关系的人以外的人群，且这里的‘人’不限于自然人”。[①] 在此，应该从狭义上来界定公众的含义，否则在司法适用上就没有任何实义。即使是在狭义上认定公众的含义，刑法学界对其具体范围的界定也是争论不息。部分学者以我国的金融法规及相应的司法解释存在“不特定对象”的规定为由，认为“公众即为社会上不特定的群体”。[②] 持不同观点的学者认为“公众即为多数人或者不特定的人”。[③]目前学界主流观点则认为，“公众应该是指社会上不特定的多数人”。[④] 笔者认为上述各种观点皆不可取，因为特定与不特定本身就是一个很模糊的、具有相对性的概念，根本无法为司法实践提供一个可操作性的判断标准。因此，应该以非法吸收公众存款罪的规范保护目的为规

① 涉众型经济犯罪问题研究课题组：《非法吸收公众存款罪构成要件的解释与认定》，《政治与法律》2012 年第 11 期。

② 孙国祥、魏昌东：《经济刑法研究》，法律出版社，2005，第 325 页。

③ 张明楷：《刑法学》，法律出版社，2007，第 584 页。

④ 陈兴良：《罪名指南》，中国人民大学出版社，2008，第 411 页；高铭暄、马克昌：《刑法学》，中国法制出版社，2007，第 493 页。

制目标，应该将注意力从特定与不特定的区分转移到行为人吸收资金的手段行为是否具有不可控的扩散性上来，而且行为本身必须已经实现了数量上的多数。

最后，关于“存款”的理解。“存款”本身是金融学上的一个概念，是指存款人为获得利息而存入银行及其他金融机构的资金。但就其作为非法吸收公众存款罪的构成要件要素该如何合理确定其语义范围，刑法学界也是观点各异。有的学者从刑法文义解释及《商业银行法》的相关规定来解读，认为“必须将‘存款’的范围限定在行为人将吸收的资金用于间接投资的情形”。① 但也有持相反观点的学者认为，“‘存款’的语义范围并不与资金的用途挂钩，因立法目的旨在处罚未经有关部门批准擅自吸收公众资金的行为，故在确定其语义范围时并不需要考虑吸收资金的用途”。② 笔者认为应该将“存款”的范围限定在行为人将吸收的资金用于间接投资的情形：第一，作为前置法的《商业银行法》对此做了明确的限定，如果不将其限定在该语义范围内，就会导致该罪被随意地扩张适用；第二，从文义解释的角度，“存款”与“资金”的含义明显不能等同，本身有其特定的含义，如果不做此限制就可能超出其应有的语义范围，有类推解释之嫌；第三，就该罪规范的保护目的而言，超出前置法所规定的语义范围的行为，不能被推定为引起了不合理的金融风险而侵犯社会公众资金安全的行为。

三　网络借贷领域非法吸收公众存款罪的罪与非罪

基于前述对非法吸收公众存款罪构成要件要素的规范解读，笔者试图分别对网络借贷活动中网络借贷中介平台、出借人、借款人的常见行为是否具备刑事违法性通过构成要件的具体内容进行检验。在进行具体分析之前，需

① 欧阳本棋：《论网络时代刑法解释的限度》，《中国法学》2017 年第 3 期。

② 刘宪权：《金融犯罪刑法理论与实践》，北京大学出版社，2008，第 242 页。

要说明的是出借人的行为是向外出借资金，因此出借人的行为就不可能是非法吸收公众存款罪构成要件所认定的违法行为类型，在此不再论及。

（一）网络借贷中介平台的集资行为

无论是通过建立“资金池”的方式，还是自己通过虚构标的并采用以新还旧的方式，都是网络借贷活动中网络借贷中介平台归集社会闲散资金的两种常见手段，也都是为《暂行办法》第 10 条所禁止的非法集资行为。但要对行为人以非法吸收公众存款罪进行法律规制，就必须以其行为完全与该罪构成要件的内容相符合为前提。

首先，根据《暂行办法》的立法逻辑，行为违反《暂行办法》的相关规定，就必然同时违反了《商业银行法》以及《取缔办法》的对应规定，属于未经银监会批准的非法集资行为，符合非法吸收公众存款罪“违反金融管理法规，扰乱金融管理秩序”的构成要件要素。其次，基于网络借贷的特殊性，网络给所有人提供的是一个超越传统地域限制和熟人社会之下亲友关系网的自由空间，因而在此判断行为人的行为对象是否符合该罪构成要件要素中“公众”的范围相对比较容易，只要网络借贷中介平台在自己运营的网络平台上公开发布集资信息的行为具有持续性，并且已实现了较大数量的出借人向其投资的情形，就可以认定行为对象已经属于该罪构成要件要素意义上“公众”的范围。

因此，主要难题在于“存款”这一要素的判断，针对自己通过虚构标的并采用以新还旧的方式归集社会闲散资金再向外出借的行为，无论其他资金用途如何，在此将被归集的资金直接认定为“存款”应该说并无疑问，因为借新还旧并向外借款的方式实质上就是在从事专属于银行的存贷业务。因而就构成要件符合性的判断而言，这种非法集资行为就符合了非法吸收公众存款罪构成要件的全部语义，可以推定其具有该罪意义上的刑事违法性，是网络借贷领域非法吸收公众存款罪的一种违法行为类型。“孝感世宇商务信息咨询有限公司、李某等非法吸收公众存款罪”一案，就是这种违法行为类型的典型案例。世宇商务信息咨询有限公司设立名叫“世宇财富”的

P2P 网络平台并通过平台持续发布借款标的吸收社会闲散资金，而后再将吸收的资金以较高的利率借出，实质上是在利用自己设立的网贷平台从事银行专属的存贷业务，在已经吸收数量较大的人群向其出借资金的情况下，对其以非法吸收公众存款罪定性处罚应该说是不存疑问的。[①]

但具有争议的是网络借贷中介平台采用其他方式吸收资金建立“资金池”直接用于平台自身经营的行为。根据笔者的观点，应该将“存款”的范围限定为行为人将吸收的资金用于间接投资的情形，很显然将资金用于自身经营的行为属于直接融资的范围，与非法吸收公众存款罪构成要件中“存款”的要素不符，即使发生平台资金链断裂而导致无法归还大量出借人出借资金的情形，也不能以非法吸收公众存款罪来追究网络借贷中介平台的刑事责任，这种案件只能通过行政处罚和民事诉讼的方式处理。相反，若网络借贷中介平台将该资金用于间接投资，就可以将该资金直接认定为非法吸收公众存款罪构成要件要素中的“存款”，属于该罪的一种违法行为类型。

（二）网络借贷活动中借款人的集资行为

无论是自然人基于其合理的资金需求，还是企业为了自身生产经营的需要通过网络借贷中介平台向社会公众筹集资金，如果行为没有违反《暂行办法》的规定，即使因正常的经营风险而导致其无法偿还大量出借人的出借资金，也仍然属于正常的民间借贷行为，出借人的损失属于其自担风险的范围。但问题是，在此情形下自然人或者企业还存在通过平台发布虚假信息或者将同一融资项目信息在平台以外的公共场所重复发布等行为，资金的用途仍未超过自身生产经营的范围，这种行为是《暂行办法》第 12 条、第 13 条明确禁止的行为，但问题仍在于资金用途属于直接融资的范围，该情形与非法吸收公众存款罪构成要件要素中“存款”的语义不符，整体而言也就不可能与该罪的构成要件相符合，在存在重大欺诈构成其他犯罪时可以适用其他罪名来追究行为人的刑事责任，否则只能通过行政处罚和民事诉讼的途

① 参见湖北省孝感市中级人民法院（2017）鄂 09 刑终 148 号刑事判决书。

径处理此类案件。而司法实践中，的确还存在着不考虑行为人非法吸收社会闲置资金的用途，只要行为人违反金融管理法规向社会公众非法吸收资金的事实确定，就直接认定行为人构成非法吸收公众存款罪的情形。如“郭某等非法吸收公众存款罪”一案中，郭某通过名叫“贷乐网”的线上平台同时在线下以高额返利的方式公开宣传，非法吸收公众资金，但法院在判决书中并未说明其资金用途，而直接以非法吸收公众存款罪对行为人定性处罚。法院的这种做法极易导致不符合非法吸收公众存款罪构成要件的行为被不当地纳入该罪的处罚范围。[①]

因此，只有借款人（包括自然人和企业）在网络借贷中介平台公开持续地发布融资信息，并已实现了较大数量的出借人通过平台向其提供出借资金，其行为本身又同时违反了《暂行办法》关于出借人的禁止性规定，而将其吸收的社会闲散资金用于间接融资的情形，因具备了非法吸收公众存款罪的构成要件符合性而推定其具有该罪意义上的刑事违法性，属于非法吸收公众存款罪的一种行为类型。

结　语

网络借贷作为互联网金融大背景下一个新的经济领域，既有能够满足市场融资需求而促进经济发展的积极一面，也有可能引起不合理的金融风险从而破坏社会经济稳定秩序的消极一面。目前在我国的网络借贷领域还未形成完整的法律监管体系的情况下，刑法肩负着既要防范不合理的金融风险又要满足市场合理的融资需求的双重使命，就必须保持必要的克制和谦抑，尤其是在适用非法吸收公众存款罪时，必须以行为符合该罪的构成要件为前提，防止非法吸收公众存款罪在网络借贷领域被肆意地扩张适用。

---

① 参见北京市朝阳区人民法院（2017）京 0105 刑初 2560 号刑事判决书。

参考文献

〔日〕福田平、大塚仁编《日本刑法总论讲义》，李乔等译，辽宁人民出版社，1986。

高铭暄、马克昌：《刑法学》，中国法制出版社，2007。

张明楷：《刑法学》，法律出版社，2007。

陈兴良：《罪名指南》，中国人民大学出版社，2008。

刘宪权：《金融犯罪刑法理论与实践》，北京大学出版社，2008。

孙国祥、魏昌东：《经济刑法研究》，法律出版社，2005。

〔德〕克劳斯·罗克辛：《对批判立法之法益概念的检视》，陈璇译，《法学评论》2015 年第 1 期。

刘艳红：《刑法类型化概念与法治国原则之哲理——兼论开放的构成要件之存在根据》，《比较法研究》2003 年第 3 期。

欧阳本棋：《论网络时代刑法解释的限度》，《中国法学》2017 年第 3 期。

郝艳兵：《互联网金融时代下的金融风险及其刑事规制——以非法吸收公众存款罪为分析重点》，《当代法学》2018 年第 3 期。

B.13

论互联网金融的刑事风险

张　苏*

摘　要： 互联网金融作为一种金融业态极易引发金融风险和法律风险，国家宏观政策已从鼓励互联网金融发展过渡到监管与鼓励并重。常见的刑事风险有非法吸收公众存款罪、集资诈骗罪、非法从事资金支付结算业务构成非法经营罪的情形。防范时需要注意把握政策界限，不触碰非法吸收公众存款罪、集资诈骗罪以及非法经营罪的刑事高压线。

关键词： 互联网金融　非法吸收公众存款罪　集资诈骗罪　非法经营罪

互联网金融是把双刃剑，“建立在社交网络、搜索引擎以及电子商务平台等基础上的互联网金融创新，在蓬勃发展的同时也存在一定的风险和挑战”。[①] 互联网金融包含网络借贷、网络股权众筹、第三方支付、互联网保险、通过互联网开展资产管理以及跨界金融业务等金融领域，行为方式多样化，法律关系复杂，具有隐蔽性、迷惑性的特点，且波及面广、社会影响大。因此，需要牢牢把握刑事风险的实质和危害，准确识别和防范。

---

* 张苏，法学博士，北京社会科学院首都社会治安综合治理研究所副研究员，中国法学会案例法学研究会理事，首都法学法律高级人才库专家，研究方向为刑法学、犯罪学。

① 许荣、刘洋、文武健、徐昭：《互联网金融的潜在风险研究》，《金融监管研究》2014 年第 3 期。

一　互联网金融及其风险本质

金融最基本的功能是资金融通，能够加快资金在投资人和融资人之间的双向流动。与此同时，互联网不受时空限制、交易便捷、沟通成本低、效率高，极大地提升了金融汇集资金功能。尤其是随着移动互联网的发展，我国网民已达8亿之多，“互联网+”的提出，使得各行业各领域都加深了与互联网的融合，促进了互联网金融业态的发展。截至2018年，我国互联网金融用户已达6.00亿人（见图1）。

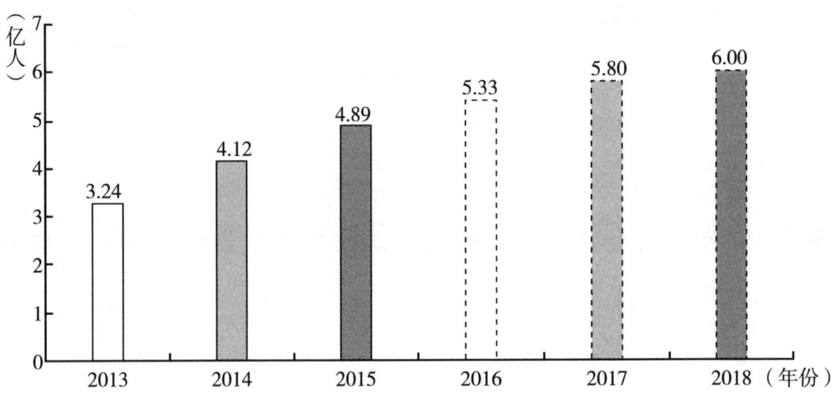

图1　中国互联网金融用户统计

目前我国法律认可的互联网金融只有两类。第一类，商业银行贷款模式，即先把钱存放银行，银行再把资金贷给需求方，从事该种业务必须先获得行政许可，即必须持有金融牌照。第二类，直接融资模式，即通过资本市场融资，在我国表现为股票和债券，但上市的门槛越来越高，很多企业根本无法企及。商业银行仍然习惯把钱贷给大企业，小微企业很难通过正规渠道获得融资，而通过非正规渠道获取融资时又极大提高了刑事风险发生的概率。

考察风险产生的社会背景可知，一方面，国家鼓励大众创业、万众创新；另一方面，小微企业融资难，不得不借助于互联网上存在的各种小额贷款公司，甚至一些高利贷公司，客观存在非法集资的源头性风险。为解决这个难题，打通供需之间的关系，国家提倡普惠金融，指的就是以较少的成本为社会提供便捷的金融需求。互联网金融就是在“普惠金融”这个背景下为适应其需求应运而生的。

从本质上加深对互联网金融的认识，有助于抓住互联网金融风险的实质。互联网金融是什么，相当长时间没有一个明确的定义。2015 年，中国人民银行等十部委联合发布《关于促进互联网金融健康发展的指导意见》，为其下了定义，互联网金融指的是“传统金融机构与互联网企业（以下统称从业机构）利用互联网信息通信技术实现资金融通、支付与投资以及信息中介服务的新型金融业务”。[①] 可见，互联网金融本质还是金融，只是将原来的线下业务搬到了线上，虽然实践中有了网络借贷、互联网支付、互联网基金销售、股权众筹融资、互联网保险、互联网信托和互联网消费金融等多种形式，但本质上无法脱离金融行为的本质，不会改变金融风险隐蔽性、传染性、广泛性和突发性的特点。正如有学者指出的那样，“互联网金融所经营的产品在支付结构上并没有明显的创新，不是支付结构意义上或金融产品意义上的新金融”。[②] 传统线下业务多面临的诸多犯罪风险，不仅在线上依然存在，还有新的形式。有的机构通过所谓“民商事法律关系”包装，使得准确判断其行为性质存在很大障碍，而现有金融法律法规又存在许多模糊空白地带。有论者指出，“我国现行金融法制又存在非常多的法律空白与漏洞，无法应对互联网金融见缝插针式的监管套利。非法集资相关司法解释等规范在 P2P、股权众筹和第三方支付机构的集诈骗方面，几无规定可寻”。[③] 所以，应透过现象看本质，用实质判断的方法，通过对构成要件的实质解释来准确识别和认定涉互联网金融的犯罪。

---

① 参见中国人民银行、工业和信息化部、公安部、财政部、国家工商总局、国务院法制办、中国银行业监督管理委员会、中国证券监督管理委员会、中国保险监督管理委员会、国家互联网信息办公室发布的《关于促进互联网金融健康发展的指导意见》。

② 陈志武：《互联网金融到底有多新》，《新金融》2014 年第 4 期。

③ 杨东：《互联网金融的法律规制——基于信息工具的视角》，《中国社会科学》2015 年第 4 期。

二　政策风向标转变与互联网金融刑事风险的凸显

互联网金融作为一种金融业态极易引发金融法律风险。研究表明，互联网金融风险会增加金融体系的脆弱性，对金融稳定和金融监管形成挑战。在参与互联网金融活动时，一定要注意防控法律风险尤其是刑事风险，因为刑事风险的后果可能会给企业、个人都带来毁灭性的打击。

互联网金融形形色色的风险只是社会问题的外在表现，有必要探索其本源，从近年来国家宏观政策入手进行考察，看一看国家是如何从前些年鼓励互联网金融发展过渡到近年来加强互联网金融业态监管的。2015 年，国家出台了《关于促进互联网金融健康发展的指导意见》（以下简称《意见》），《意见》一是鼓励创新，支持互联网金融稳固发展，二是健全制度，规范互联网金融的市场秩序。从大的政策环境来说，是积极鼓励互联网金融发展的。例如，当时有人想在北京市海淀区设立 P2P 金融企业，手续是比较简单的，只要通过海淀区金融办及其专家委员会的审核，申请人凭海淀区金融办和专家委员会出具的书面意见，就可以去工商局登记注册了，这体现了当时鼓励互联网金融发展的政策导向。当时该行业市场很大，促使民间借贷从地下转到地上，为让民间借贷阳光化，国家鼓励发展普惠金融，让更多人从中受益。然而，《意见》的出台导致政策风向标发生转变，也因此成为一道分水岭。当时在理论界也有一种声音，认为“对互联网金融，不能因为发展不成熟就采取自由放任的监管理念，应该以监管促发展，在一定的底线思维和监管红线下，鼓励互联网金融创新”。[①] 当然，理论界的呼声还不足以对国家政策产生足够的影响。

可是，后来的一系列事件使国家的政策风向标发生转变。《关于促进互联网金融健康发展的指导意见》发布不久就出现了 e 租宝案件。据统

① 谢平、邹传伟、刘海二：《互联网金融监管的必要性与核心原则》，《国际金融研究》2018 年第 8 期。

计，该案件赔付率在30%以上，仅这一个案件就耗费国家有关部门大量精力来做善后工作。e租宝事件之后，国家监管政策导向就明显发生变化，2016年国务院办公厅印发了《互联网金融风险专项整治工作实施方案》《P2P网络借贷风险专项整治工作实施方案》，随后北京市也发布了《北京市互联网金融风险专项整治工作实施方案》，由过去的鼓励转变为“规范与发展并举、创新与防范风险并重”。在这三个文件中，提出了业务禁令“6个不得”，即不得设立资金池，不得发放贷款，不得非法集资，不得自融自保（不得代替客户承诺保本保息、期限错配、期限拆分、虚假宣传、虚构标的），不得通过虚构、夸大融资项目收益前景等方法误导出借人，除信用信息采集和核实、贷后跟踪、抵质押管理等业务外，不得从事线下营销。不但如此，还明确了整治的步骤和时间安排，分为四个阶段：第一阶段要求在2016年7月底之前完成摸底排查工作；第二阶段要求实施清理整顿；第三阶段是开展督查和评估；第四阶段要求在2017年3月之前完成验收和总结。

以北京市为例，当时北京市锁定几百家企业进行整改。从2016年进场调查工作开始，向327家企业发出整改通知，到2017年4月又发整改通知，要求其向金融局主动申报，再行整改。可是，到第二轮结束时，仍然有部分企业未完成整改，直到北京市金融局第三次发出整改通知。

北京市P2P企业数量位居全国第一，其次是上海、广东。无论采用何种排序标准，北京市都位列前四。在这次整改中，国家原本要拿北京市作为试点，并且北京市也在甄选大平台进行验收阶段的调研摸底，但发现各地制定的验收标准各不相同，即使在P2P发达的区域，如对P2P监管更严格的北京、深圳、广州，其验收规则也不太一样。因为有的地方为了在当地大力发展P2P，就自行制定标准，如果某一地区有当地政策，其验收标准会更加宽松。为解决标准不一的问题，必要时可能会由银监会统一制定规则。

正是在国家加强互联网金融监管的大背景下，识别互联网金融刑事风险显得尤为重要。常见的刑事风险有以下几类。

（一）非法吸收公众存款罪

非法吸收公众存款行为最典型的是 P2P 网络借贷，即个体和个体之间通过互联网平台实现的直接借贷。虽然脱离了中介，可节省交易成本，但因此暴露的问题也最多，容易触及刑法。非法吸收公众存款罪成立有四个要件——非法性、公开性、利诱性、社会性，在司法解释中有明确规定。识别时要注意以下特征。

第一，是否设立资金池。设立资金池，归集沉淀资金是互联网金融活动触犯非法吸收公众存款罪的基本特征。吸收资金形成资金池类似揽储，只有银行才有资质，P2P 机构并无资质和牌照，实施这种行为属非法。

第二，吸收存款是否具有法律依据。互联网金融在本质上还是金融，在任何一个国家，金融都要受到法律的规制。在我国，要受到《商业银行法》《非法金融机构和非法金融业务活动取缔办法》等法律法规的规制。如果没有从业牌照就从事该工作，就涉嫌非法吸收公众存款罪了。

还有必要讨论 P2P 网络借贷机构的性质是信用中介还是信息中介，二者在法律评价上是大不一样的。P2P 刚出现的一段时间里，不少人认为它是信用中介，直到银监会等四部门出台《网络借贷信息中介机构业务活动管理暂行办法》将其定义为信息中介，而非信用中介，对其性质的认识才回到正确的轨道上来。实质上，P2P 活动包括信息收集、信息公布、交易撮合，履行的其实就是中介职能，而非信用职能，且其不能提供担保，不能承诺保本付息。这些都与信息有关，而与信用无关。

问题是，既然是中介或平台，严格按照该模式操作，原本是不可能发生 P2P“爆雷”“跑路”事件的，但在于实践中 P2P 发生异化，有人违背其制度设计初衷和操作模式，产生和加剧了风险，表现为两个方面。①从线上转移至线下或线上线下相结合。过去融资是出借方直接打款给借款方，可是一旦把线上资金转移到线下，现金就改为支付到平台而非点对点模式，和原来 P2P 操作模式发生背离，职能部门也难以监管，甚至可能造成资金灭失。②虚构资金用途。名为他人融资实为 P2P 自己融资。最典型的是 e 租宝案件，表面是借给第三人，其实是借给平台了。一旦平台资金链断裂，问题就会爆发，即所谓“庞氏骗局”，这才是P2P“爆雷”带来的真正问题。③以P2P为名转让债权或出售理财产品。其操作模式是“你先受让，我再去卖”。所谓“保本付息”，会让投资者误以为和银行一样，这也违背了信息中介的定位，是不合规的，和其他要件结合起来就会构成非法吸收公众存款罪。

（二）集资诈骗罪

实践中普遍掌握的标准是，集资诈骗罪在客观上和非法吸收公众存款罪类似，通常认为关键区别在于“是否具有非法占有的目的”，非法吸收公众存款罪“不具有非法占有的目的”，而集资诈骗罪却“具有非法占有的目的”。常见的认定思路是从客观推主观，可以根据行为人自身负债情况、对集资款项的决策使用过程、处分态度、资金实际去向等客观事实证据来证明是否具有非法占有的目的。

有必要指出，根据司法解释，实践中认定非法占有目的常见情形：“①大部分资金实际上未投入生产经营活动，或名义上投入但又通过各种方式转移、抽逃资金；②资金使用成本过高，虽有生产经营但其盈利能力不具有支付全部本息的现实可能性的。例如利息非常高，无论如何赚钱也很难还上，这就有问题。按照有关金融机构的说法：超过百分之六就要打问号，8%就很危险，超过10%就高度危险。这些都属于使用成本过高的情形。③资金使用决策上极度不负责任甚至肆意挥霍造成资金较大缺口；④归还本息的途径主要通过‘借新还旧’来实现；⑤其他依照有关司法解释可以认定为非法占有目的的情形。”[①] 实践中往往通过行为人运用资金实施诈骗的整体行为模式、资金使用过程、资金的归还能力以及其他欺诈行为等方面来予以证明。

（三）非法从事资金支付结算业务构成非法经营罪的情形

2009年《刑法修正案（七）》对非法经营罪做了修订，增加了一项非

① 参见最高人民检察院《关于办理涉互联网金融犯罪案件有关问题座谈会纪要》。

法从事资金支付结算业务，情节严重的以非法经营罪定罪处罚，目的是打击地下钱庄。修正案公布时，第三方支付业务还不普遍，但现在已经非常普遍了。对无证从事该业务的行为，能否认定为非法经营罪，在于如何认识“违反国家规定”和“非法从事支付结算”。

应当说，基于罪刑法定的要求，银监会、中国人民银行颁布的《银行支付机构结算办法》等，还不被能称为刑法中的“国家规定”，仅属规章范畴，因此就不能作为客观方面的判断依据。这样一来，产生了另外一种说法，该支付结算行为不仅违反了行政规章，还违反了《非法金融机构和非法金融业务活动取缔办法》，这样违反国家规定的要件就解决了。

值得讨论的是，“无证从事网络结算业务”是否属于“非法从事支付结算业务”的范畴。该业务主要有三种形式。第一种形式，为客户开立支付账户提供网络支付服务。它不同于客户非银存款，这样的支付结算业务必须经过批准，这是符合非法经营罪的条件的。第二种形式，基于银行卡为客户提供网络支付服务。由于银行卡清算系统的封闭性，一般的无证机构想做也做不到。但问题在于，实践中有银行把业务分包给社会上的无证机构，把特约商户的业务分包出去，导致该行为不是完整的结算业务行为，因而在定性上存在争议。第三种形式，预付卡业务。该业务在许多商场服务机构使用，可分为单用途预付卡、多用途预付卡（可跨地区、跨法人使用），由于具有跨行业、跨地区使用且根据客户订单信息转移资金，也具有了支付结算业务的特点，既然如此，未取得行政主管部门许可自然就不属合法范畴。这些都导致了可能受到刑事处罚的风险。

三　法治框架下应对互联网金融刑事风险的对策

（一）熟悉各项政策法规

鉴于政策的重要地位，首先要准确把握国家在互联网金融领域的政策，充分认识国家从鼓励创新到加强行业监管的政策转向。2015 年以来，国家连续出台系列政策来加强对互联网金融行业的监管。2015 年十部委发布《关于促进互联网金融健康发展的指导意见》，不但明确规定了各个互联网金融领域的监管职能部门，还提出了“鼓励创新、规范发展、防范风险、趋利避害、健康发展”的总体要求和“依法监管、适度监管、分类监管、协同监管、创新监管”的原则。[①] 随后，国务院又出台了《关于进一步做好防范和处置非法集资工作的意见》，提出要防范非法集资的风险。

2016 年是监管升级的一年，随着国务院办公厅印发《互联网金融风险专项整治工作实施方案》，国务院 17 部门联合发布了 6 个专项整治方面的方案，包括《开展互联网金融广告及以投资理财名义从事金融活动风险专项整治工作实施方案》《互联网保险风险专项整治工作实施方案》《股权众筹风险专项整治工作实施方案》《P2P 网络借贷风险专项整治工作实施方案》《非银行支付机构风险专项整治工作实施方案》《通过互联网开展资产管理及跨界从事金融业务风险专项整治工作实施方案》。不但如此，2017 年 6 月互联网金融风险专项整治工作领导小组办公室又下发《关于对互联网平台与各类交易场所合作从事违法违规业务开展清理整顿的通知》，2017 年底继续发布《关于进一步加强无证经营支付业务整治工作的通知》，互联网金融风险专项整治工作领导小组、P2P 网贷风险专项整治工作领导小组办公室联合发布《关于规范整顿现金贷业务的通知》，P2P 网贷风险专项整治工作领导小组办公室印发《关于小额贷款公司网络小额贷款业务风险专项整治实施方案的通知》。2018 年中国人民银行会同国务院有关金融监督管理机构联合制定《互联网金融从业机构反洗钱和反恐怖融资管理办法（试行）》，该办法于 2019 年 1 月 1 号实施，开启从严监管的新篇章。

此外，还应熟悉互联网金融领域的行政法规，如近些年连续颁布的规范第三方支付的行政法规（见表 1）。

---

① 参见《关于促进互联网金融健康发展的指导意见》。

表1 近年来我国有关第三方支付的主要行政法规

发布时间	行政法规
2010年9月1日	《非金融机构支付服务管理办法》
2010年12月1日	《非金融机构支付服务管理办法实施细则》
2011年6月16日	《非金融机构支付服务业务系统检测认证管理规定》
2012年3月8日	《支付机构反洗钱和反恐怖融资管理办法》
2013年12月3日	《关于防范比特币风险的通知》
2014年4月3日	《关于加强商业银行与第三方支付机构合作业务管理的通知》
2016年7月1日	《非银行支付机构网络支付业务管理办法》

值得注意的是，有的地方试图建立地方性规范，要求有关互联网机构向地方政府主管部门备案，以此来规避刑事风险。但问题是这一做法缺少法律依据，有学者在研究的基础上指出，“所谓将备案视为证明程度较高的证据，作为判断民间融资合法性的重要依据，以此作为非法吸收公众存款罪的阻却事由，这只是政策制定者的一厢情愿，毕竟，地方性规范并不具有法律效力”。①

（二）不触碰刑事高压线

常见的刑事高压线有非法吸收公众存款罪、集资诈骗罪以及非法经营罪。

1. 非法吸收公众存款罪导致的刑事风险

刑法规定了非法吸收公众存款罪。2017年最高人民检察院《关于办理涉互联网金融犯罪案件有关问题座谈会纪要》（以下简称《纪要》）进一步明确了非法吸收公众存款罪的法律适用标准。《纪要》指出，“涉互联网金融活动在未经有关部门依法批准前提下，公开宣传并向不特定多数人吸收资金，承诺在一定期限内还本付息的，构成犯罪”。② 实践中很多从事所谓理财业务的公司很容易构成该罪。目前，北京市已经严格控制此类行政许可，

① 姜涛：《互联网金融所涉犯罪的刑事政策分析》，《华东政法大学学报》2014年第5期。

② 参见最高人民检察院《关于办理涉互联网金融犯罪案件有关问题座谈会纪要》。

此行业新成立的公司很难再拿到经营牌照，要么不能从事此类理财业务，要么就只能和其他金融机构合作。有的理财公司注册地在贵州省，公司地址却设立在广西北海市，实际经营地却又在北京，虽然以此能暂时逃脱工商部门的监管，但其打着理财的幌子实施的非法吸收公众存款行为却难以逃脱法律的制裁。

通过网络吸收公众资金，本质依然是金融行为，必须经过有关部门审批，要符合《商业银行法》《非法金融机构和非法金融业务活动取缔办法》等现行有效的金融管理法律的要求。例如，B 公司名义上是中介服务公司，实际上却是以拆分融资项目期限、实行债权转让等手段为自己吸收资金，这属于间接归集资金行为，本质上是在变相自融资金，构成非法吸收公众存款罪。

实践中存在一种误区，认为借款人不可能构成非法吸收公众存款罪。例如，借款人 X 为获取利益，故意隐瞒事实，以 Y 的名义通过甲、乙、丙、丁等十多个网络借款平台发布借款信息，将吸收所得的资金一部分用于炒股，另一部分用于购买期货合约，造成资金亏损而无法偿还借款，此时应当追究其非法吸收公众存款罪的刑事责任。这点值得提高警惕，千万不要触碰此类刑事风险。

还要提高警惕的是，在实施有关行为之前，已经咨询有关专家、律师等专业人士，也不能免除犯罪。实践中有的还出具了专家意见书，即使出于对专家的信赖而实施的，依然构成犯罪。对此，最高人民检察院《纪要》明确指出，“对于犯罪嫌疑人提出因信赖专家学者、律师等专业人士、主流新闻媒体宣传或有关行政主管部门工作人员的个人意见而陷入错误认识的辩解，不能作为犯罪嫌疑人判断自身行为合法性的根据和排除主观故意的理由”。[1] 在理论上，该情形并不属于刑法中的违法性阻却事由，依然会被追究刑事责任。

---

① 参见最高人民检察院《关于办理涉互联网金融犯罪案件有关问题座谈会纪要》。

2. 集资诈骗罪导致的刑事风险

浙江本色控股集团有限公司原法定代表人吴英，于2012年被浙江省高级人民法院以集资诈骗罪，判处死刑缓期二年执行，剥夺政治权利终身。2014年7月11日，经浙江省高级人民法院裁定，将吴英的死缓刑减为无期徒刑，剥夺政治权利终身。2018年3月23日，浙江省高级人民法院经重审裁定将其刑罚减为有期徒刑二十五年，剥夺政治权利十年。其触犯的就是集资诈骗罪。

集资诈骗罪在客观方面和非法吸收公众存款罪相似，以非法占有为目的，使用诈骗方法非法集资，是集资诈骗罪的本质特征。根据最高人民法院《关于审理非法集资刑事案件具体应用法律若干问题的解释》等司法解释的规定，非法占有的目的是区分二者的关键。由于该罪是金融诈骗犯罪，与普通的诈骗犯罪相比，具有金融领域的专业性特征，比较不容易为一般人所认识，容易自认为不构成犯罪而实际上构成犯罪。例如，范某某从社会募集资金5亿元，但其本人从事的却只是小商品零售买卖，经核查其夫妻二人开了一家赢利能力不强的餐馆，如果办案机关审查其融资的真实目的就是维持其现有经营项目，会推定其资金的使用成本过高，显然，在其生产经营赢利能力不具有支付全部本息的现实可能性的前提下，原则上具有非法占有目。

另外一个容易触犯的刑事风险是，通过网络吸收大量资金，但在归还本息时，主要通过借新贷还旧贷方式实现。例如，A赢利能力较差，虽吸收了大量资金，但无力通过赚取利润来归还高额利息，而是通过向社会吸收新的资金来偿还旧的集资款，这样的情况在实践中时有发生，有的是通过其他方式以新贷还旧贷，同样会被认为具有非法占有的目的。还有的情况是获取资金后大肆挥霍，造成资金缺口较大，这也容易被办案机关认定为具有非法占有的目的。因此，不但要注意及时归还资金，还要注意归还资金的来源渠道，一定不要触及刑事红线。

3. 非法经营罪导致的刑事风险

刑法规定了非法经营罪。在实践中，将“非法经营资金支付结算业务的行为”定性为犯罪，罪名是非法经营罪。支付业务是商业银行或支付机构在收款人、付款人之间提供的货币资金转移服务，从事该业务依法应当取得中国人民银行的行政许可，获得支付业务许可证，方能合法地开展该项业务，否则，可能构成非法经营罪。对此，按照最高人民检察院《纪要》第18条规定，“未取得支付业务许可从事该业务的行为，违反《非法金融机构和非法金融业务活动取缔办法》第四条第一款第（三）、（四）项的规定，破坏了支付结算业务许可制度，危害支付市场秩序和安全，情节严重的，适用刑法第二百二十五条第（三）项，以非法经营罪追究刑事责任”。[①]

应当注意，对于网络支付业务，如果行为人并未取得支付业务许可证，却为客户开设支付账户，再由该无证机构从支付平台将资金转移到具体收款人的个人银行账户，就有可能构成犯罪。例如，M公司为网络支付机构，曹某某为M公司法定代表人，该公司并未取得支付业务的经营许可证，却为客户开设账户用于支付，此时客户魏某、钱某某、曾某、邓某某、于某某、赵某某等30余人先后将资金3000余万元转移到该账户，然后，M公司根据订单所记载信息，从支付账户平台将相应的资金结算并转移到收款人的相应银行账户。此时就可能因为触犯非法经营罪而被追究刑事责任。

因认识错误导致刑事风险的还有在未取得支付业务许可证的前提下，“非法发行可跨区域、跨行业、跨法人使用的多用途预付卡，汇集大量资金之后，再根据客户订单信息划拨有关结算资金的”，[②] 也存在非法经营罪的刑事风险。例如，蓝海公司向有关部门申请支付业务许可证未获批准，此时其原本无权发放多用途预付卡，但蓝海公司却向广西、湖南、贵州、广东、福建、江西等多个省份发行可跨省使用的多用途预付卡，该卡可以在石油、建材、消费等多个行业或领域使用，该公司也因此聚集了数额巨大的预付卡销售专用资金，最后根据客户信息向相应的商户划转该笔结算资金。对此要

① 参见最高人民检察院《关于办理涉互联网金融犯罪案件有关问题座谈会纪要》。

② 参见最高人民检察院《关于办理涉互联网金融犯罪案件有关问题座谈会纪要》。

识别和防范，因为根据刑法和司法解释，该行为具有刑事风险，可追究其非法经营罪的刑事责任。

参考文献

刘华春：《互联网金融监管法律规制研究》，法律出版社，2018。

互联网金融研究院主编《互联网金融年鉴》，中国经济出版社，2017。

〔英〕苏珊娜·奇斯蒂、亚诺什·巴伯斯主编《全球金融科技权威指南》，邹敏、李敏艳译，中国人民大学出版社，2017。

王达：《美国互联网金融与大数据监管研究》，中国金融出版社，2016。

万志尧：《互联网金融犯罪问题研究》，黑龙江人民出版社，2016。

陈志武：《互联网金融到底有多新》，《新金融》2014 年第 4 期。

杨东：《互联网金融的法律规制——基于信息工具的视角》，《中国社会科学》2015 年第 4 期。

谢平、邹传伟、刘海二：《互联网金融监管的必要性与核心原则》，《国际金融研究》2018 年第 8 期。

矛盾纠纷治理篇

Governance of Social Contradictions

B.14

新时期北京社会矛盾纠纷调解工作的实践与完善

王秋玲*

摘　要： 调解是重要的社会矛盾纠纷解决机制，北京市通过构建大调解体系，发挥调解在化解社会矛盾纠纷中的“第一道防线”作用，取得了良好成效。新时期的调解工作也面临一些新的挑战和问题。调解具有其他纠纷解决机制不可替代的优势，应主动适应首都社会矛盾纠纷新形势和人民群众新需求，从观念认识、机制制度、基础保障等方面不断深化调解工作。

关键词： 北京　社会矛盾　调解实践　解决机制

* 王秋玲，国家“2011 计划”司法文明协同创新中心、中国政法大学证据科学研究院博士研究生，中共北京市委政法委副调研员，研究方向为司法文明。

调解是一种重要的社会矛盾纠纷解决机制，是完善社会治理的重要内容。调解制度根植于我国传统文化，随着革命、建设和改革的历史阶段逐步发展完善。近年来，北京市通过构建大调解体系，积极发挥调解在化解社会矛盾纠纷中的重要作用，最大限度地将矛盾纠纷吸附化解在基层，努力打造具有首都特色的新时代“枫桥经验”，取得了很好的成效。但随着经济社会的不断发展，随着司法改革的全面深化，调解工作也不可避免地面临一些新的挑战和问题。立足新时代，面临社会主要矛盾的发展变化，调解机制并不能被诉讼等纠纷解决机制完全替代，仍然有发挥作用的巨大空间。

一　近年来北京市社会矛盾纠纷的主要特点

近年来，北京市社会总体保持稳定，但影响社会和谐的因素仍大量存在，社会矛盾纠纷总量仍在高位运行，化解社会矛盾纠纷的压力仍然很大。从诉讼案件数量上可以直接反映社会矛盾纠纷的总体情况。北京市法院系统收案量逐年增多，2016 年全市法院收案量为 60 余万件，2017 年全市法院收案量为 70 余万件，2018 年全市法院收案量更是突破了 80 万件。总体来看，全市社会矛盾纠纷主要有以下几个方面特点。

一是矛盾纠纷主体多元化。随着城乡建设和各方面改革的不断深入、经济社会的快速发展、民主政治建设进程的加快，社会矛盾纠纷的涉及主体范围不断扩大。矛盾纠纷不仅发生在个人之间、群体之间、个人或群体与企业、基层组织、政府部门之间，还发生在企业与企业、基层组织和政府部门之间，涉及社会各个阶层、各个群体，但主要属于人民群众内部矛盾。其中，既有因干群关系紧张或征地失地的基层群众，又有因企业改革改制下岗失业的企业职工；既有在职人员，又有离退休人员；既有老战士、伤残军人，又有要求落实政策的被辞退民办教师；既有不服法院判决的案件当事人，又有非法宗教组织的信徒、受过惩罚的刑事犯罪分子；等等。

二是矛盾纠纷类型复杂化。新形势下，社会矛盾纠纷的类型既有传统的婚姻家庭、继承、赡养等民间纠纷，也有与新的经济社会形态相伴的矛盾纠纷，呈现专业性、行业性等特点，主要包括涉法涉诉类、城乡建设类、拆迁补偿类、住房保障类、劳动和社会保障类以及国土资源类。国土资源类往往具体表现为征地确权、拆迁安置、物业管理纠纷等以利益诉求为主要特征的矛盾纠纷。此外，北京也是全国矛盾的会聚地，每年都有大量人员进京上访，一些外地人员长期在北京滞留以访为“业”。当前各类群体性聚集维权、大规模集访活动在北京高位运行。2018 年外地群众进京到重点地区非正常访达几万人次，总量仍处高位。

三是矛盾纠纷复杂性增强。社会矛盾的成因复杂化，有的矛盾纠纷涉及的群体极为广泛，如不少涉众型经济案件辐射面广，矛盾化解难度大，应对不当容易引发系统性风险，甚至影响社会稳定、政治安全。还有的矛盾纠纷涉及多方面原因，出现“多因一果”现象，多种利益诉求相互交织，多个主体牵涉其中，复杂性很强，化解矛盾的难度增大，成本极大地提高。2018 年上半年，北京市非法集资案件受理、立案量同比分别增长 57.6% 和 47.3%，投资受损人员进京集访高发多发。失独家庭、代课教师等利益诉求群体频繁进京上访，数量规模都呈上升趋势。

四是部分矛盾纠纷出现极端化现象。在由矛盾纠纷引发的信访中，部分群众联合上访、集体维权，堵路、围堵政府等极端事件频繁发生。不仅信访老户有缠访闹访等行为，有些初访群众也开始采取比较极端的诉求表达手段，向党委、政府施加压力。而且，当前收入分配不均、贫富差距拉大等现实问题引发社会心态焦虑浮躁，社会心理失衡导致人际关系冷漠。同时，伴随经济社会发展而来的征地拆迁、劳资纠纷、医患纠纷、家庭纠纷等领域的问题，自身利益受损或得不到满足，一些对社会严重不满人员，屡屡制造个人极端事件。

总体而言，当前社会矛盾纠纷主要是在经济发展、改革深化、社会转型阶段利益格局调整过程中产生的矛盾纠纷。维护社会的安全稳定，并非在绝对数量上压制或减少社会矛盾，关键是形成一套成熟的利益诉求表达、宣泄特别是社会矛盾纠纷化解机制，以适当的方式管理应对社会矛盾和冲突。诉讼、仲裁、行政复议等都是重要的纠纷解决机制，与诉讼等正式纠纷解决机制相比，调解具有贴近群众、方便快捷、成本低、效率高、非对抗性、便于修复社会关系等优势，也是其他纠纷解决机制难以替代的。为此，应当充分重视发挥调解在化解社会矛盾纠纷、促进社会和谐稳定中的重要价值，不断深化调解工作。

二　北京市加强社会矛盾纠纷调解工作的实践与成效

目前，“北京市已建立各类人民调解组织近8200个，共有人民调解员7.9万名，行政调解、司法调解也继续深化。全市通过调解方式解决的各类矛盾纠纷数量每年在40多万件以上，通过调解机制化解了大量的社会矛盾纠纷”。[①] 在有关部门共同努力下，多元化纠纷解决机制建设不断深化，取得了明显的成效。

一是调解向行业化、专业化纵深发展。北京地区行业协会资源丰富，众多“国”字头行业协会汇集，成为化解会员之间纠纷的重要社会力量。北京市在金融、房地产、物业、知识产权等行业领域已建立532个行业性、专业性调委会。这些行业性、专业性的调解组织在相关行业和专业领域得到了较高程度的认可，有利于相关领域的矛盾纠纷及时化解。这些专业性行业性调解组织在法院立案前调解、诉中委托调解、执行和解等阶段都发挥了积极作用，并推动了矛盾纠纷业内先行调解共识的形成。为加强对行业专业调解工作的规范引导，成立了全国首家省一级行业专业性调解组织行业协会——北京多元调解发展促进会，广泛吸纳调解组织参加，制定行业规范、推动社会化调解组织有序发展。目前，北京多元调解发展促进会已发展扩大会员单位75家，涵盖了房地产、建筑、银行、证券、互联网、软件和信息业、投融资业、物业、医疗、食品安全、军民融合、职

① 王梦遥：《人民调解组织实现社区街道全覆盖》，《新京报》2017年7月24日。

业病防治、农业产业化、流通商务等矛盾纠纷多发领域。北京多元调解发展促进会发挥“枢纽型社会组织”作用，主动排查化解行业内源头性矛盾纠纷年均近10万件。

二是调解向品牌化方向发展。近年来，北京人民调解工作明确提出要打造一批人民调解品牌的创新发展思路，率先推出了北京市新型矛盾调解平台——“第三调解室”。在市司法局的牵头指导下，全市按照这一思路又打造了一批品牌调解室，如城市副中心建设人民调解工作室、首都新机场建设人民调解工作室、新发地批发市场人民调解委员会等。城市副中心建设人民调解工作室，在开展日常调解的同时，还走进副中心建设现场一线调解。并在“疏解整治促提升”、棚户区改造等活动期间开展宣传和答疑，解决群众的咨询和矛盾纠纷问题。为及时快速地将纠纷处理化解掉，新发地批发市场人民调解委员会的调解员们坚持24小时值班，总结并研究出成套解决矛盾的方法，保证夜间交易的鲜活农产品纠纷能够得到及时快速的处理。首都新机场建设人民调解工作室，创造出“普法＋调解”的新工作方式，把普法工作做在调解之前，把调解和普法结合起来，为矛盾纠纷的调解创造了良好的法治氛围，调解成功率达到100%。这些具有鲜明首都特色的新型人民调解组织，社会知名度高，调解工作能力强，调解工作业绩突出，得到了广大人民群众的认可。截至2018年，“北京全市已经建有基层品牌调解组织55家，在服务重点工作、服务重点区域、服务矛盾多发领域以及服务民众需要等方面发挥了重要示范作用”，[①] 是化解社会矛盾纠纷的一支重要“生力军”，大大提升了人民调解工作的群众参与度，进一步强化了人民调解队伍工作能力、提升了人民调解工作社会知名度，实现了“矛盾不上交、平安不出事”，成为新时代创新发展“枫桥经验”的新路径。

三是调解向互联网新兴领域延伸发展。进入互联网时代，网络领域的矛盾纠纷相对集中，互联网领域矛盾纠纷与传统纠纷相比，具有一些新的

① 参见《这里的调解员都有精英范儿》，《法制日报》2018年8月27日。

特点，不少案件涉及互联网专业知识，化解相关矛盾纠纷的要求较高。为此，北京市积极探索在互联网领域对知识产权等各类纠纷进行化解。如中国互联网协会人民调解委员会在化解互联网企业之间、互联网企业与权利人之间、互联网企业与消费者之间的矛盾过程中扮演了重要角色。同时，积极发挥互联网企业自身作用，如新浪公司设立新浪人民调解委员会，该调解委员会的前身是微博社区委员会，专门调解发生在微博平台的矛盾纠纷。调解委员会通过在线沟通的方式对处于全国各地的网民当事人进行调解，对于用户通过正规系统方式进行维权获得权益保障、减少损失，促进网络行业健康发展具有积极意义。不仅如此，一些法院也充分运用信息化和“互联网+”，积极探索通过网络途径开展矛盾化解工作。如昌平区法院在诉讼服务大厅设立的网络调解室，是北京市首家将网络调解引入纠纷化解的法院。在网络调解室，法官可以开展远程视频调解，法院与调解组织还借此实现网络互联，案件可以在线完成司法确认工作，从而大大提高了化解矛盾纠纷的效率。

四是行政调解向规范化、法治化发展。行政调解是构建社会矛盾多元调解体系的重要组成部分，目前，行政调解工作已被列为北京市社会治安综合治理（平安北京建设）考核和依法行政绩效考核的一项指标，全市大多数委办局和各区政府都按要求设立了专门的行政调解机构。行政调解受理案件涉及公安、工商、食药卫生、国土等20多个部门，围绕复杂矛盾，各级行政机关充分发挥行政调解权威性强的化解作用，通过协商说服的方式化解矛盾纠纷，强化了服务意识，得到群众的信任和好评。已制定出台的《北京市行政调解办法》是规范行政调解工作的全国首部省级政府规章，将涉及行政赔偿、补偿和行政自由裁量权这三类行政争议的案件纳入可调解范畴，强化了行政部门的主体责任，提升了行政调解的规范化、法治化水平。自该规章实施后，全市各级行政机关受理的行政调解案件年均超过30万件。

五是诉前调解不断深化。诉讼立案阶段，矛盾纠纷尚未进入以对抗性为主要特征的诉讼程序，这是纠纷解决机制分流特别是调解机制发挥作用的有利时机。而且，推进诉前调解，对于缓解法院的案件审理压力也具有积极作用。“自2010年以来北京法院系统创新诉调对接工作机制，建立了以人民调解、行业调解、行政调解与协调方面为核心的立案前调解网络，大大推动了纠纷的诉前分流化解。”[①] 以物业供暖纠纷为例，在立案登记制改革前这类案件属于限制立案范围，改革后这类案件按规定受理使法院面临较大压力。为此，各级人民法院和调解组织开展了积极协作。如昌平区人民法院开展的物业供暖纠纷特色化解机制，在昌平区委政法委的积极协调下，加强与区住建委、司法局等单位协调，创新“三步走”化解模式，首先由法院出具诉前调解建议书，物业公司带着建议书找业主和解，业主自动履行概率显著提升，经测算，40%左右的纠纷在这一阶段可以解决。如果和解不成，再由法官或人民调解员进一步调解，仍然调解不成再进入审判程序。

六是纠纷调处机制衔接联动不断强化。2018年，北京市研究制定《北京市矛盾纠纷多元化解工作三年规划（2018—2020年）》，构建形成以矛盾排查、信访化解、人民调解、行政调解和司法调解为基础，以专业性行业性社会化调解为补充的矛盾纠纷多元化解体系。北京市司法局牵头分别与公安部门、住建委、总工会和人保局、工商局等部门建立了人民调解与治安行政调解、物业纠纷、劳动争议、消费纠纷等领域行政调解的衔接机制。北京市高级人民法院推行“人民调解进立案庭”工作，全市法院立案庭全部建立了诉前人民调解室。北京市高级人民法院层面分别与卫生局、总工会和保监局建立了医疗纠纷、劳动争议、保险业纠纷等领域争议调解联动机制，一些基层人民法院也结合本地区纠纷解决需求搭建了各具特色的诉调对接平台。法院系统还研究统一全市类型化调解案件司法确认标准，采用“多元调解+速裁”机制。2018年1月至10月，“全市法院‘多元调解+速裁’机制共结案17万余件，用约16%的民事员额法官速裁审结了46%的一审民事案件，平均审理期限32天，大大提高了调解效率”。[②] 针对涉法涉诉信访矛盾，北京市还积极探索建立法学专家、律师、心理咨询师等第三方力量参与

① 张蕾：《8万调解员年均化解40余万起纠纷，攻坚各类社会矛盾》，《北京晚报》2017年7月24日。

② 参见周蔚《多元调解+速裁　足不出户解决纠纷》，《法制晚报》2018年11月6日。

涉法涉诉信访机制，引导信访群众息诉服判，努力减少信访存量、控制信访增量，推动矛盾纠纷妥善化解。截至2018年底，第三方力量已累计接待信访群众2.6万余人次，其中“超过三分之一没有再次信访记录，政法机关移交的重点涉法涉诉信访案件已有40%息诉化解”。[①]

尽管北京市的社会矛盾调解工作取得了积极的进展，但客观地说，人民调解员和调解组织的作用尚未充分发挥。全市虽然建立了各级各类人民调解组织，但各行业之间、各区之间、调解组织之间存在发展不平衡的问题，有的调解组织作用发挥较好，如“北京市医疗纠纷调解委员会年调解矛盾纠纷2000余件，调解成功率达到80%以上”，但有的调解组织全年调解矛盾纠纷数量不到两位数，与相关矛盾纠纷数量完全不成比例，甚至有些调解组织（部分区的物业纠纷调解委员会）“名存实亡”。从全市整体情况来看，调解工作本身还存在认识、制度、保障等方面的问题。

一是对全面依法治国背景下调解地位的认识有待进一步提升。在法治建设不断推进、法治观念不断增强的大环境下，社会上对调解地位和作用的认识存在一些误区。有的认为调解方式太传统，不适应法治建设要求。有的认为调解不够正式，调解工作可有可无，一些纠纷当事人对于通过调解解决纠纷的意愿不强。特别是随着法院立案登记制的落实，当事人通过诉讼渠道解决纠纷的意愿在明显增强，不少法院反映改革后当事人及其代理人均要求立即立案，而拒绝选择非诉调解，通过诉前分流化解的纠纷明显减少。

二是不同纠纷解决机制的衔接有待进一步顺畅。人民调解、行政调解、司法调解与司法诉讼机制等不同纠纷解决程序的衔接总体上还不够顺畅，影响了纠纷解决的效能。比如，调解效力的确认制度还不够完善。人民法院对各级人民调解组织的合法调解协议及时给予确认，这是诉讼与调解程序衔接的重要组成部分，对于维护调解制度权威具有重要意义。但目前，调解协议效力确认程序还不够顺畅。如网络纠纷的当事人通常居于全国各地，实践中多采用在线沟通的方式对双方进行调解，这种方式与人民调解法规定的调解

① 参见汤瑜《第三方力量化解纠纷》，《民主与法制时报》2017年1月20日。

程序不一致，也影响了调解协议的效力。如果依然要求当面签订调解协议办理手续，则当事人负担的成本过高，这影响了网络领域调解的深入开展。又如，人民调解与行政调解存在界限不清，边界模糊的问题。由于人民调解组织能调解矛盾纠纷类型缺乏整体界定，范围无限泛化，实践中又存在行政工作人员与调解人员身份混同、定位不清的问题，加之部门考核因素影响，街道乡镇人民调解委员会、派出所的民间与治安联合调解室和道路交通事故纠纷人民调解委员会不同程度地存在人民调解与行政调解界限不清、概念模糊、调解工作成果重复统计的问题。

三是调解组织规范化程度有待进一步提高。一些行业性、专业性调解组织，大多在调解方式、流程规则、收费标准、文书格式等方面没有统一的模式和制度，调解组织目前也没有统一的监管机制，影响了整个行业调解工作的公信力。就诉前调解而言，全市 16 个区人民法院建立的诉前调解室隶属于哪一个调解组织并不明确，大部分诉前调解室没有人民调解委员会印章，这对开展诉前调解工作，以及当事人选择调解方式造成了一定影响。

四是调解人员、经费、场地保障有待进一步充实。目前，一些基层人民调解组织调解员队伍相对年轻，调解资历和调解能力不高，社会威信相对不足。诉前调解室以及大部分行业性专业性人民调解组织调解人员的工资待遇、案件补贴标准相对较低，导致调解人员工作积极性不高，有的调解组织调解员队伍流动性较大。实践中，对于各类调解人员又没有统一的培训、培养和考核机制，长此以往，不利于招录和保留高素质的调解人才。此外，一些基层调解组织以及法院诉前调解室，办公场所面积狭小，影响调解工作的开展。有的调解组织目前主要借用或依托企业等单位办公场地开展工作，在调处矛盾纠纷过程中难免影响有关单位正常的工作秩序。

三　关于进一步加强新时期调解工作的对策建议

党的十九大报告明确指出：“中国特色社会主义进入新时代，我国社会主要矛盾已经转化为人民日益增长的美好生活需要和不平衡不充分的发展之间的矛盾。"[①] 调解工作要深入开展，必须主动适应社会矛盾的新形势新特点与人民群众的新需求新期待，以中办、国办《关于完善矛盾纠纷多元化解机制的意见》[②] 为指引，结合实际，不断强化调解观念，完善制度、强化保障、提升能力，探索完善调解工作机制，更好发挥调解维护社会稳定的基础性作用，切实提升化解矛盾的能力和水平。

（一）从国家治理现代化的高度进一步深化对调解工作重要性的认识

在全面依法治国的背景下，调解机制并不能被诉讼等纠纷机制完全替代，仍然有发挥作用的巨大空间。调解是现代社会治理体系的重要组成部分，也是完善社会治理的重要内容。在西方一些国家，调解作为非诉讼纠纷解决机制发挥了重要作用。例如，美国、挪威的《纠纷解决法》[③] 都规定了调解制度。日本专门制定《民事调停法》[④]，将除家事案件和劳动案件外所有的民事纠纷纳入了民事调停的范围。英国《1998 年犯罪及扰乱治安法》（*Crime and Disorder Act 1998*）在刑事司法领域也引入了调解。澳大利亚成立国家替代性纠纷解决机制咨询委员会，专门促进非诉讼纠纷解决机制发展。从各级党委、政府的角度，应当进一步增强对调解工作重要性的认识，贯彻落实《中华人民共和国人民调解法》,[⑤] 加大对调解工作的支持力度。党委、政府有关职能部门应加强对调解工作的统筹组织，加大对调解工作的研究总

① 《决胜全面建成小康社会　夺取新时代中国特色社会主义伟大胜利》，人民出版社，2017，第 10～11 页。

② 2015 年 12 月，中央办公厅、国务院办公厅出台了《关于完善矛盾纠纷多元化解机制的意见》（中办发〔2015〕60 号），北京市为贯彻实施此意见，出台了《关于完善矛盾纠纷多元化解机制的实施意见》（京办发〔2016〕33 号）。

③ 美国《替代性纠纷解决法》（*Alternative Dispute Resolution Act of 1998*）于 1998 年 10 月颁布，是世界上第一部专门的 ADR 立法。挪威于 2005 年 6 月 1 日颁布《纠纷解决法》（*Dispute Act*），并于 2008 年 1 月 1 日生效。

④ 1951 年，日本国会通过《民事调停法》，该法沿用至今。

⑤ 《中华人民共和国人民调解法》，自 2011 年 1 月 1 日起施行。

结与推广，深入推进各行业、各领域调解工作。加强对包括人民调解、行政调解、司法调解在内的各项调解机制成效和意义的宣传和引导，鼓励当事人选择通过调解方式解决纠纷。

（二）大力发展互联网等新兴领域调解工作

进入信息化社会，互联网领域矛盾纠纷更加突出，数量巨大，表现方式与传统纠纷有很大区别，互联网应当成为完善社会治理的新领域，纠纷解决方式也应当与时俱进。应充分发挥互联网企业的积极性，以互联网平台为基础，推动以企业为主体培育和建设调解委员会等组织，发挥过滤社会矛盾的作用。政府部门应当加大对互联网企业的支持指导力度，完善政策，加大对相关工作的支持保障力度。应积极推进互联网领域制度创新，探索完善网络环境下调解协议的司法确认程序，大力推广纠纷在线调解等机制，增强调解工作与互联网领域适应性。应建立互联网企业与政府部门衔接机制，明确情况反馈、对口指导等工作机制，共同促进互联网领域调解工作深入开展。

（三）有针对性加强行业性、专业性调解组织建设

应有针对性地加强医疗、交通、物业等行业性专业性人民调解组织建设，进一步推动具备条件的各类商会、商事仲裁机构、行业协会、民办非企业单位等设立商事调解组织，在投资、金融、保险、房地产等矛盾多发领域提供高水平的商事调解服务。要积极整合行政机关、司法机关以及人民调解组织、行业调解组织等资源，在道路交通事故、劳动争议、医疗卫生、物业管理、消费者权益保护、土地承包以及其他矛盾纠纷多发领域探索建立“一站式”纠纷解决服务平台。应大力推进调解组织专业化建设，完善调解方式，规范调解流程，明确文书格式等。对于已经设立的调解组织、调解室，通过加强人员配备、保障支持、评比表彰等多种途径培育品牌，发挥典型带动作用。应注重吸纳律师、具有相关领域专业知识的专家学者以及其他社会力量参与调解工作，促进相关

领域矛盾纠纷及时化解，不断提升调解工作处理社会矛盾纠纷的能力和水平。

（四）进一步发挥调解对司法改革的保障作用

应进一步深化调解机制改革，增强调解对社会矛盾纠纷的吸附能力，保障改革顺利推进。继续深入推进诉前调解，进一步解决诉前调解室身份定位与规范管理问题，通过诉前程序加大矛盾纠纷分流力度。进一步畅通诉调对接程序，完善调解协议司法确认的流程，对各级人民调解组织的合法调解协议，人民法院及时给予法律效力确认。继续深化调解机制衔接联动，厘清人民调解与行政调解界限，通过党政统筹、多部门协同，加快构建分工合理、权责明确、优势互补、协调联动的纠纷解决体系。

（五）加大对调解工作的支持保障力度

调解工作开展离不开政府部门的支持和扶持，要从完善社会治理、维护社会稳定的高度，加大对调解工作人员、经费、政策等方面保障力度，促进调解职能有效发挥。强化人员配备，提高专职调解员比例，建议以调解案件数量为准，按照一定比例核定诉前调解室专职人民调解员人数，由财政保障经费。对人民调解员应提高相应待遇，完善补贴标准，健全荣誉表彰等制度，以增强工作积极性。充分发挥企业等社会主体积极性，主动贴近、完善政策支持，做好服务保障。对于一些在办公场所等方面存在困难的调解组织，可以由政府部门牵头组建较为集中的调解中心或者调解办公室，以改善工作条件，增强调解中立性和权威性。

参考文献

范愉：《非诉讼程序（ADR）教程》，中国人民大学出版社，2016。

殷星辰主编《北京社会治理发展报告（2016～2017）》，社会科学文献出版社，2017。

范愉、李泽:《人民调解的中国道路——范愉教授学术访谈》,《上海政法学院学报(法治论丛)》2018 年第 4 期。

江西省“金牌调解”人民调解委员会:《创新人民调解模式,提升人民调解实效》,《人民调解》2018 年第 6 期。

北京市司法局:《在服务保障“疏解整治促提升”专项行动中推动人民调解工作焕发新生机》,《人民调解》2018 年第 6 期。

B.15
北京社会矛盾产生的可能领域及防范化解的思路对策

袁振龙[*]

摘　要： 社会矛盾的排查化解是平安建设的重要内容。在分析梳理国内外关于矛盾纠纷解决研究的基础上，利用2018年两个项目的问卷调查数据，从北京市民关注的突出社会问题、社会保障满意度及生活压力的主要表现、社会公平感、社会安全感、居住小区存在的矛盾隐患等几个角度分析北京社会矛盾可能产生的主要领域，据此从源头预防、分析预警、织密网络、专业介入四个方面提出了防范化解社会矛盾的思路对策。

关键词： 社会矛盾　分析预测　防范化解

社会矛盾的排查化解是平安建设工作的重要内容。随着我国社会转型的不断深入，“社会矛盾数量不断增多，类型日益多样，规模不断扩大”，[①] 成为全社会和学术界日益关注的重要问题，也是基层平安建设工作中面临的一个普遍性难题。北京作为国家首都，面临外源输入型矛盾的压力，同时自身在发展过程中也积累了一些社会矛盾。那么，如何看待并认识北京的社会矛

* 袁振龙，社会学博士，北京市社会科学院研究员，首都社会治安综合治理研究所所长，主要从事社会治理、社会治安、城市安全等领域的研究工作。

① 朱力、袁迎春：《当前我国居民对社会矛盾的感知与解决方式》，《国家行政学院学报》2018年第2期，第115页。

盾，当前北京的社会矛盾又具有哪些表现形式与特点，应该如何看待这些社会矛盾并寻找化解之策，是平安北京建设面临的一个突出问题。我们带着这些问题，通过网络问卷调查、实地考察、座谈研讨等形式进行了一定的调查分析，旨在分析北京社会矛盾的可能产生领域，并探索社会矛盾的化解之策。

一　关于社会矛盾及化解的研究综述

矛盾是事物发展的动力所在，任何社会都不可避免地存在各种矛盾，矛盾的适当存在，可以有效地推动社会的进步与发展，但社会矛盾如果过多或者趋于激化，又可能危及社会的正常运行，因此，社会矛盾及其化解一直是国内外学术界关注研究的一个重点问题。国内外学术界对矛盾问题及矛盾化解展开了极为丰富的研究，形成许多富有启示性的研究成果，丰富了我们对社会矛盾与化解的认识和了解。概括起来，国内外学术界关于矛盾纠纷有代表性的研究成果主要表现在以下几个方面。

（1）纠纷解决和社会矛盾的理论研究。如美国的斯蒂芬·B. 戈尔德堡等人介绍了“纠纷解决的各种方法，包括审判、仲裁、调解、谈判，还有一些‘混合’的纠纷解决办法，并认为协商谈判是解决纠纷的好方法”。[①]国内的范愉较系统地介绍了非诉讼纠纷解决机制，并进一步构建了“纠纷解决研究的基本理论框架，从比较法的角度和方法阐述了多元化纠纷解决机制发展的时代背景，并对习惯等民间社会规范作为事实的法秩序的一部分进行了分析”。[②] 吴忠民则从社会矛盾的概念出发，“对社会矛盾的成因、影响因素、功能、不同社会矛盾的特征、应对社会矛盾之策等角度对社会矛盾进行了系统的宏观研究”。[③]

① 斯蒂芬·B. 戈尔德堡等：《纠纷解决》，蔡彦敏等译，中国政法大学出版社，2004，第3～5页、第19页。

② 范愉：《纠纷解决的理论与实践》，清华大学出版社，2007。

③ 吴忠民：《社会矛盾新论》，山东人民出版社，2015。

（2）社会矛盾化解机制的研究。如李海荣指出，“新时代背景下日渐推进的世俗化进程、法治理念的不断上扬、社会合作意识的增强、服务型政府的建设以及民生事业的发展为社会矛盾的制度内化解创造了条件”。[①] 他提出要“更新矛盾化解理念、加强现代制度建设、构建利益协调机制、创新矛盾吸纳机制、扩大公众有序参与渠道以及适度普惠型民生保障体系建设是新时代社会矛盾制度内化解的可能路径”。[②] 程昆指出，“我国社会处在急剧变化的转型期，改革的深化和社会的发展使中国社会出现了利益格局‘失衡’、社会治理‘失范’、社会心理‘失约’等问题，大量的基层社会矛盾不断涌现，当前中国的基层社会矛盾主要集中在农村土地承包纠纷、城市建设征地和拆迁纠纷、消费者权益保护等方面”，[③] 因此有必要构建高效、多元的基层社会矛盾化解机制。程昆主张，“基层社会矛盾的有效化解，一要依靠基层民主，二要完善法律机制，三要健全信访机制，四要创新调解制度”。[④]

（3）关于社会转型对社会矛盾化解的影响。如夏周青分析了“社会转型的风险与基层社会矛盾，探讨了当前我国基层社会矛盾的成因和主要类型，指出现在基层社会矛盾主要涉及土地征用、房屋拆迁、企业改制、劳动就业、社会保障、涉法涉诉、退役、教育、生态环境、金融证券、卫生、生产安全、食品安全等方面的问题，主张科学看待并有效化解基层社会矛盾”。[⑤] 如田毅鹏等经过研究发现，“单位时期尤其是单位起源形成的早期，稳定的社会秩序并非由单一的强制性‘控制力’所塑造，而是在很大程度上得益于单位矛盾分解功能的发挥，而单位组织矛盾消解功能的展开一般是

---

① 李海荣：《新时代我国社会矛盾及其制度内化解》，《科学社会主义》2018 年第 4 期，第 106～110 页。

② 李海荣：《新时代我国社会矛盾及其制度内化解》，《科学社会主义》2018 年第 4 期，第 106～110 页。

③ 程昆：《新时代中国基层社会矛盾化解机制探究》，《河南社会科学》2018 年第 6 期，第 24～28 页。

④ 程昆：《新时代中国基层社会矛盾化解机制探究》，《河南社会科学》2018 年第 6 期，第 24～28 页。

⑤ 夏周青：《治道变革与基层社会治理化解》，国家行政学院出版社，2014，第 14～58 页。

以单位的封闭性和资源垄断性占有为前提的，单位组织中全面展开的依赖结构、制度结构、关系结构共同构建起单位社会矛盾化解功能的基本框架”。[①] 故“转型期单位所承载的矛盾分解功能必须伴随着单位制的式微而极大减弱，主张重建一种新型的社会矛盾化解机制，由于单位矛盾消解功能的退场直接导致‘利益的通达性阻塞’，难以通过组织通道解决自己的问题，大量的社会问题向政府集中，给社会治理和社会秩序带来严峻的挑战”。[②]

（4）关于我国社会矛盾的问卷调查结果分析。如朱力等基于全国九市的问卷调查结果分析指出，“居民对社会矛盾发生、发展状况的基本看法较为理性；居民所遭遇的社会矛盾以经济利益类矛盾为主，呈现出多元化、城乡分化的特征；居民解决社会矛盾的制度化手段与非制度化的正向手段是主流，非制度化的负向手段是支流；居民所遭遇的社会矛盾类型不同，其化解方式的选择有差异；依法维权是多数居民的共同意愿，且对在自己遭遇矛盾时获得帮助持乐观态度”。[③] 经过分析，朱力等主张“发挥社会调节机制，以低成本解决社会矛盾，这种社会调节机制主要包括以社区资源为基础的‘微治理’机制、社会专业力量参与化解社会矛盾和社会组织参与化解社会矛盾”。[④]

（5）各类矛盾纠纷化解的理论与经验研究。如左卫民等人从法学和社会学结合的角度对“矛盾纠纷开展了实证研究、系统研究、过程研究、综合研究、对策研究等”。[⑤] 陈信勇等从“多元化解解决机制、诉讼仲裁、司法调解和司法和解、人民调解、行政处理、信访工作与 ADR，民间组织、

① 田毅鹏、张帆：《“单位”对社会矛盾的结构性分解》，《学海》2018 年第 3 期，第117～124 页。

② 田毅鹏、张帆：《“单位”对社会矛盾的结构性分解》，《学海》2018 年第 3 期，第0117～124 页。

③ 朱力、袁迎春：《当前我国居民对社会矛盾的感知与解决方式》，《国家行政学院学报》2018 年第 2 期，第 115～121 页。

④ 朱力、袁迎春：《当前我国居民对社会矛盾的感知与解决方式》，《国家行政学院学报》2018 年第 2 期，第 115～121 页。

⑤ 左卫民等：《变革时代的纠纷解决：法学与社会学的初步考察》，北京大学出版社，2007，第 1～11 页。

社区与 ADR，农村社会矛盾的多元化解机制、群体性矛盾的多元化解机制、特殊矛盾的多元化解机制等多个角度对矛盾化解的各种机制进行了分析”。[①] 赵力军等从：“社会矛盾化解机制、涉法涉诉信访问题研究、司法实践问题研究、其他相关问题研究等进行了多角度的探讨”。[②] 中央社会管理综合治理委员会办公室于 2012 年组织全国各地“从矛盾纠纷排查调处的经验、方法、案例、探索等四个方面进行了较全面的总结”，[③] 对推动社会矛盾的排查化解具有较好的参考借鉴作用。

综观上述研究，既有社会矛盾及纠纷解决的理论分析，也有对社会矛盾产生原因和表现形式的宏观研究；既有对社会矛盾的定量分析，也有大量的社会矛盾化解经验。特别是北京市电视台“第三调解室”法律服务品牌、北京市致诚农民工法律援助与研究中心、平谷“疑难纠纷评理团”、新发地农产品批发市场人民调解委员会、北京市医疗纠纷调解委员会、北京物流行业调解中心等大量的矛盾化解典型案例，[④] 为我们展示了北京社会矛盾化解取得的进展与成就，这些研究和化解经验为我们进一步推进北京社会矛盾的研究提供了重要的借鉴与参考。相对而言，当前关于北京社会矛盾的发展趋势预测还不太多。本报告主要通过 2018 年两次网络问卷调查，并结合基层实地调研，对北京容易形成社会矛盾的社会问题、市民关心的主要矛盾纠纷等进行描述分析，并分析社会矛盾的影响，提出防范化解的思路对策，以助力北京社会矛盾的防范排查化解工作。

二　北京社会矛盾产生的可能领域及其影响

本报告使用的调查数据主要来自 2018 年笔者主持的两个项目的网络问

---

① 参见陈信勇等：《社会矛盾多元化解理论与实践》，知识产权出版社，2008。

② 赵力军主编《化解社会矛盾之略》，中国人民公安大学出版社，2010。

③ 中央社会管理综合治理委员会办公室编《矛盾纠纷排查调处经验选集》，中国长安出版社，2013。

④ 参见中央社会管理综合治理委员会办公室编《矛盾纠纷排查调处经验选集》，中国长安出版社，2013，第 3 ~ 18 页、第 381 ~ 390 页。

卷调查。其中，一个网络问卷调查来自对北京市的一项全市性调查，涵盖北京市首都功能核心区、城市功能拓展区、城市发展新区及生态涵养发展区，共回收有效问卷2875份，主要了解和分析北京市民关注的主要社会问题及满意度，分析社会矛盾产生的可能领域。另一个调查来自对北京市中心城区某区的网络问卷调查，共收到有效问卷5328份，主要分析市民对居住小区矛盾隐患的感知及关注热点，进而为提出社会矛盾的化解之策奠定基础。

1. 当前北京市民社会保障满意度及生活压力感受度

与北京市民关注的社会问题相对应，北京市民对基本社会保障的满意度①还有待提高，在生活诸方面还存在较大的压力。为了解北京市民对基本社会保障的满意度及生活压力状况，我们分别设计了两个问题，分别是“北京市民对基本社会保障的满意度”及“主要生活方面的问题及压力状况”。问卷结果显示，在市民最为关注的住房、医疗和义务教育三个方面中，义务教育保障满意度最高，达85.18%；基本医疗保障满意度排名第二位，为83.37%；基本住房保障满意度排名第三位，为75.90%；总体社会保障满意度为85.79%（见表1）。从社会协调发展的角度看，“满意度”代表了市民对社会保障的评价与期望，北京市民对一些社会保障的满意度偏低在一定程度上预示着未来北京社会矛盾可能发生的领域。总体而言，满意度偏低的领域是市民期待改革变化的重点领域，需引起决策者和主管部门的重视。

表1　北京市民各项社会保障满意度

单位：%

题目或选项	非常不满意	不太满意	满意	比较满意	非常满意	满意度指数
基本住房保障满意度	8.38	15.72	45.36	24.66	5.88	75.90
基本医疗保障满意度	5.53	11.2	45.56	30.92	6.89	83.37
义务教育保障满意度	4.59	10.23	45.81	32.00	7.37	85.18
总体社会保障满意度	3.86	10.3	48.23	30.85	6.71	85.79

① 本报告的“满意度指数”是调查对象选择“满意”“比较满意”“非常满意”的人数占接受调查总人数的百分比。

当问到“您面临的主要生活问题及压力状况时”，“住房条件差，买不起房”（53.08%）“医疗支出大，难以承受”（42.26%）“子女教育费用高，难以承受”（38.64%）等三个生活问题位居前列，压力指数[①]也位居前三，其他生活问题主要与工作就业、家庭负担、子女教育、人情往来等相关（见表2），社会治安问题排在最后，也从一个侧面反映了平安北京建设工作的实际成效。不过，从社会矛盾产生的角度看，住房、医疗、教育等是当前社会舆论关注较多、社会矛盾相对多发的几个领域，因此，有必要进一步梳理并对当前的相关政策及效果进行科学评估并开展进一步的改革。

表2　北京市民面临的主要生活问题及其压力状况

单位：%

选项	占比	很少压力	有些压力	很大压力	压力指数
住房条件差,买不起房	53.08	17.11	37.98	44.9	82.88
医疗支出大,难以承受	42.26	17.08	48.94	33.98	82.92
子女教育费用高,难以承受	38.64	21.67	49.77	28.56	83.75
赡养老人负担重	25.35	22.89	48.97	28.14	77.11
家庭收入低,日常生活困难	22.78	24.73	51.76	23.51	75.27
工作负担过重,吃不消	12.59	26.82	53.81	19.37	73.18
社会风气不好,担心被欺骗和家人学坏	17.74	27.44	53.84	18.71	72.55
子女管教困难,十分累心	10.05	31.55	50.12	18.33	68.45
人情支出大,难以承受	7.41	30.37	53.39	16.24	69.63
晋升职称、职务升迁	5.25	33.88	49.39	16.73	66.12
家人无业失业或工作不稳定	6.16	42.82	42.96	14.23	57.19
社会治安不好,常常担惊受怕	4.70	41.57	47.76	10.68	58.44

2. 当前北京市民关注的突出社会问题

当前北京平安建设和社会治理工作进入了新的发展阶段，“大城市病”治理虽然初见成效，但未来的社会治理任务依然十分繁重，因为北京城市的建设发展管理依然存在一系列需要面临并解决的社会问题。为了解北京市民对社会问题的关注情况，我们设计了一个问题，“当前北京社会治理存在的

① 本报告的“压力指数”是调查对象选择“有些压力”和“很大压力”人数占接受调查总人数的比例。

最突出的社会问题是什么”（可多选），列举了交通、住房、医疗、收入、治安、教育等方面的问题。问卷结果显示，北京市民关注的突出社会问题前五位分别是“交通拥堵”（82.8%）、“住房价格过高”（76.0%）、“看病难看病贵”（70.2%）、“收入差距过大贫富分化”（45.9%）、环境污染（43.7%），“教育收费”问题位列第六，之后分别是养老保障、社会风气、社会治安、就业失业、城乡差距、司法不公、干群关系等问题（见图1）。调查结果表明，前三个社会问题的社会关注度均超过了70%，第四至第八的社会问题社会关注度为10%～50%，应该引起党委、政府的高度重视并加以分析研判。同时，在市民关注的社会问题中，北京的社会治安、司法不公、干群关系、农民工进城受到不公正待遇等问题排名相对靠后，意味着北京市民对平安北京建设、社会治安、司法等工作的总体肯定，但市民关注的社会问题提示着相关服务供给的不足和治理的难度，还潜藏着社会矛盾产生的源头和可能，应该引起党委、政府的高度重视。

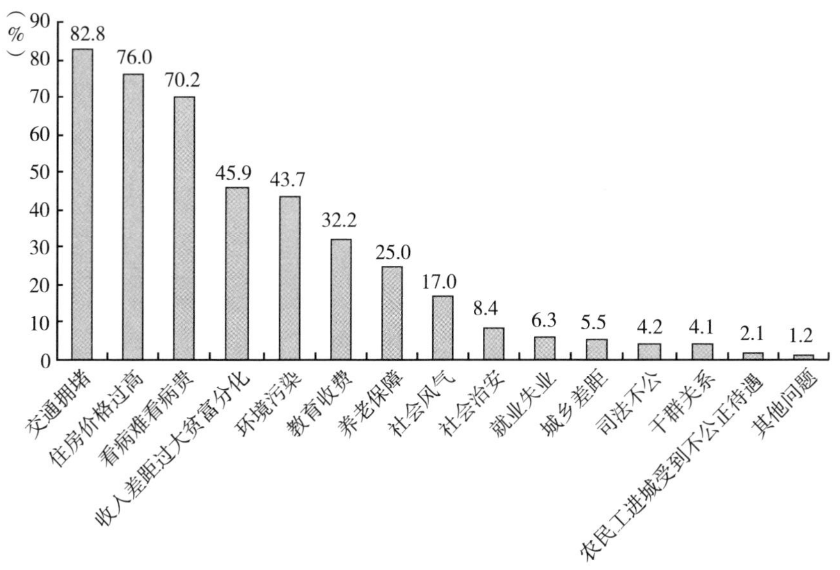

图1　北京市民关注的突出社会问题

3. 当前北京市民的社会公平感受度

社会公平是社会发展不懈追求的目标之一，很显然，社会公平可以减少很多社会矛盾，但社会不公平可以产生和激化社会矛盾。因此，市民对社会公平的评价也可以作为分析预测社会矛盾的一个重要参考。当问到北京市民对社会公平的看法时，“收入差距”和“不同行业之间的待遇差距”这两个选项的公平感指数[①]均低于60%，然后依次是“工作与就业机会”“城乡居民之间享有的权利待遇差距”“公共医疗”“养老等社会保障待遇”“司法与执法”“义务教育”“高考制度”“公民实际享有的政治权利”等。其中，公平感指数排名前三位的分别是“公民实际享有的政治权利”（87.59%）、“高考制度”（86.53%）和“义务教育”（86.15%），总体社会公平感指数为79.72%（见表3）。从表3可以看出，当前影响北京市民对社会公平看法的主要还是工作就业机会及行业待遇差距和收入差距，这是推动未来北京经济社会健康发展的一个重要空间，有待进一步探索与完善。

表3　北京市民的社会公平感受

单位：%

选项	很不公平	不太公平	公平	比较公平	非常公平	公平感指数
收入差距	27.62	26.64	31.44	10.92	3.37	45.73
不同行业之间的待遇差距	19.17	20.87	37.5	17.39	5.08	59.97
工作与就业机会	14.12	20.49	44.63	16.87	3.9	65.40
城乡居民之间享有的权利待遇差距	9.39	15.44	45.01	23.69	6.47	75.17
公共医疗	10.12	13.91	43.83	26.57	5.57	75.97
养老等社会保障待遇	9.6	14.43	43.37	25.16	7.44	75.97
司法与执法	5.95	8.73	43.34	31.9	10.09	85.33
义务教育	5.57	8.28	38.77	34.96	12.42	86.15
高考制度	5.5	7.97	43.16	32.87	10.5	86.53
公民实际享有的政治权利	5.7	6.71	41.88	33.36	12.35	87.59
总体社会公平感	7.06	13.22	47.89	26.37	5.46	79.72

4. 当前北京市民各个领域的安全感受

安全感既是评价平安北京建设的一个重要指标，又是北京市民对社会管

① 本报告的“公平感指数”是调查对象选择“公平”“比较公平”“非常公平”的人数占接受调查总人数的百分比。

理工作的一种客观评价，安全感不高的行业或领域往往意味着北京市民对这一行业领域的不放心或不满意，也往往意味着社会矛盾风险正在“潜滋暗长”并积聚，所以也是值得重点关注的一个领域。调查结果显示，北京市民各个领域的安全感指数[①]均在60%以上，安全感指数排名前三位的分别是“劳动安全”、“人身安全”和“个人和家庭财产安全”，排名相对靠后的分别是“医疗安全”“交通安全”“药品安全”“食品安全”，排名最后的是“个人信息隐私安全”，北京市民总体安全感为89.95%（见表4），高于总体社会公平感（79.72%）和总体社会保障满意度（85.79%）。

表4　北京市民各个领域安全感状况

单位：%

选项	很不安全	不太安全	安全	比较安全	非常安全	安全感指数
劳动安全	2.09	3.90	31.20	44.77	18.04	94.01
人身安全	2.82	3.23	19.72	48.17	26.05	93.94
个人和家庭财产安全	3.03	4.38	22.99	45.53	24.07	92.59
医疗安全	3.41	5.36	28.03	44.77	18.43	91.23
交通安全	3.86	7.79	28.87	41.11	18.37	88.35
药品安全	4.31	9.25	32.07	38.23	16.14	86.44
食品安全	7.58	14.71	34.43	30.19	13.09	77.71
个人信息隐私安全	14.26	16.45	29.91	26.89	12.49	69.29
总体社会安全感	2.82	7.23	35.62	40.42	13.91	89.95

5. 当前北京居民小区存在的主要矛盾隐患

社会矛盾既潜藏于当前的社会运行及各种社会表象之中，在未来的某个时候可能暴露出来，又可能已经存在于日常生活的社会现实及居民的主观感受中。我们在另一个网络问卷调查中设计了“您所居住小区是否存在矛盾隐患”的问题，结果有48.63%的调查对象回答“不存在矛盾隐患”，有51.37%的市民认为居住小区存在“矛盾隐患”（见图2）。

① 本报告的“安全感指数”是指调查对象选择“安全”、“比较安全”和“非常安全”的人数之和占接受调查总人数的百分比。

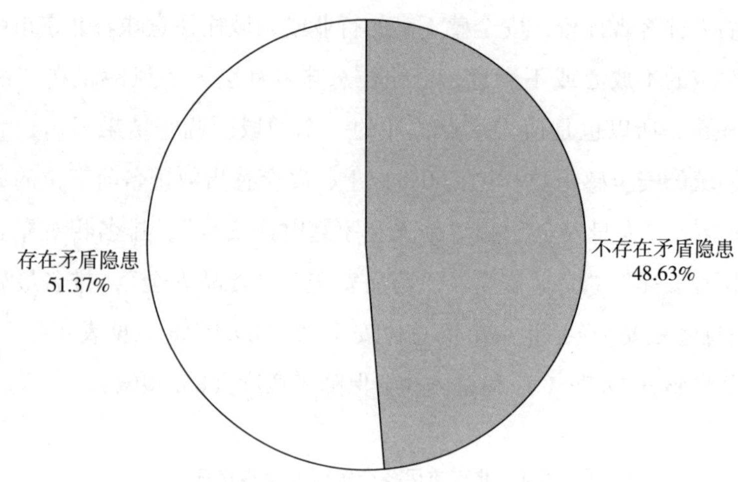

图2　北京市民对居住小区是否存在矛盾隐患的调查占比

当进一步问到“您所居住小区存在哪些矛盾隐患”（可多选）时，调查对象选择最多的是“在社区内经过的陌生人过多”，其次分别是“整治开墙打洞产生的矛盾”“邻里关系不和谐”“与物业有矛盾纠纷”“害怕遭受陌生邻居的侵害”，认为存在“拆迁补偿安置方面的矛盾”的最少（见图3）。

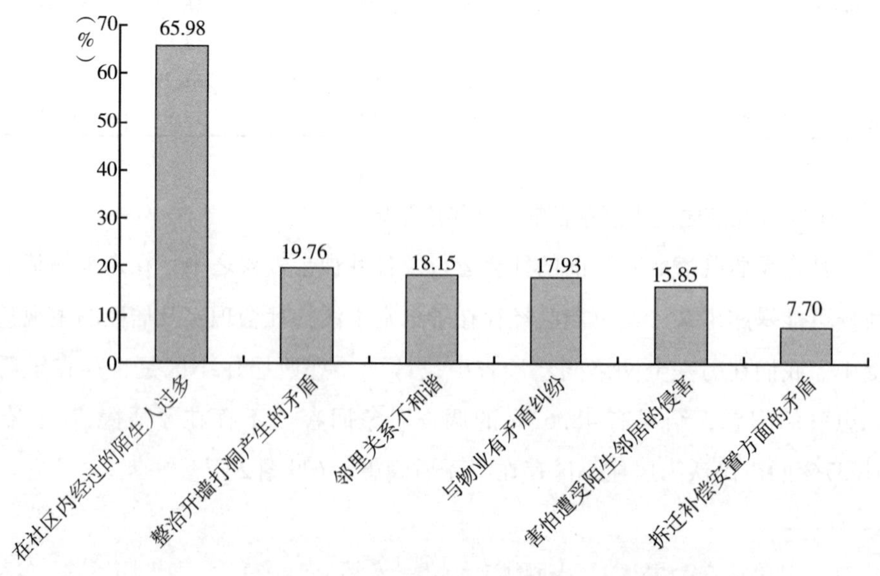

图3　北京市民认为所居住小区存在的矛盾隐患

由此可见，当前北京居住小区中既存在“在社区内经过的陌生人过多”等居民害怕的小区管理问题，也存在“害怕遭受陌生邻居的侵害”“邻里关系不和谐”等不安全不和谐因素；既存在“整治开墙打洞产生的矛盾”“与物业有矛盾纠纷”，也存在少量的“拆迁补偿安置方面的矛盾”，需要引起重视。

三　推动社会矛盾化解现代化，进一步防范社会矛盾风险，推进社会矛盾多元化解的思路对策

客观而论，与全国其他地区相比，近些年来北京市在推进重大决策重大项目社会稳定风险评估、预防社会矛盾发生方面做了大量的工作，社会矛盾从源头上得到较有效的预防，社会矛盾总量得到有效的控制，特别是北京的社会治安、司法执法等方面的工作得到了广大市民的认可和肯定，群众安全感逐年提升。同时，通过大力推进社会矛盾多元化解机制建设，进一步推行人民调解、行政调解、司法调解的有机结合和有效衔接，大力培育发展非紧急救助服务热线，推进网格化社会服务管理创新，推进行业调解和专业调解机制建设，推行仲裁、谈判等社会矛盾化解机制建设，大量社会矛盾通过基层党委、政府及街道乡镇、社区（村）、社会单位、社会组织等得到有效化解，实现了北京社会矛盾总量稳中有降的目标。

但北京作为国家首都，下一步要做好《北京城市总体规划（2016 年—2035 年）》的贯彻实施工作，进一步推进非首都功能的疏解。同时作为一个人口高度集中的超大型城市，北京已经积累了较严重的“大城市病”，交通拥堵、环境污染、停车困难等城市问题和医疗纠纷、物业纠纷、城市管理引发的纠纷等社会矛盾，影响群众安全感的各种问题隐患还比较多。因此，必须以正在推进党和政府机构改革、街道管理体制改革、社区治理体制改革等为契机，进一步贯彻落实好平安北京建设的总体部署，进一步加强对北京社会矛盾风险的预测预警分析，从源头上预防和减少社会矛盾的发生。同时，进一步推进社会矛盾多元化解机制建设，引入专家、律师和社会组织其他专业力量资源，进一步加大对疑难社会矛盾问题的分析研判，努力推动北京社

会矛盾化解的现代化，逐步实现对存量社会矛盾的化解目标，推动首都社会的和谐共融。

1. 源头预防，实现北京社会矛盾的减量降能

当前，中国进入城市化的深化阶段和逆向城市化的新阶段，城市规模的扩张与城市内涵的更新同时进行，城市功能的疏解与城市功能的优化并重，城市建设发展改革管理的任务十分繁重。尤其应该看到，北京处于京津冀世界级城市群的核心地位，势必在京津冀协同发展的国家战略中承担更重要的牵引责任。在北京未来的建设发展中，通过各种体制化渠道将社会矛盾纳入发展轨道并成为发展的动力就显得特别重要，从而实现社会矛盾的源头预防，降低社会矛盾激化造成的破坏能量，实现社会矛盾的减量降能。具体说来，一是进一步规范重大决策重大项目社会稳定风险评估的程序与标准，严格将社会稳定风险的评估工作作为北京各项决策每一个项目立项前的必经程序，进一步培育扶持社会稳定风险评估专业机构的发展，打造重大决策重大项目社会稳定风险评估的北京模式，从而在源头上预防和减少社会矛盾。二是推广完善基层协商民主机制，指导基层通过协商民主等方式将社会矛盾的利益相关方组织起来，让矛盾的各方能够坐在一起、谈到一起，让更多的矛盾主体在依法合理的前提下学会通过沟通交流、协商妥协的方式解决涉及自身利益的矛盾问题，形成社会矛盾化解的北京风格，从而避免社会矛盾的激化甚至恶化，保障社会的正常运行。

2. 分析预警，实现北京社会矛盾的提前化解

按照党的十九大提出的推动社会治理重心下移的要求，进一步明确社会矛盾分析预警的责任部门，做好社会矛盾的分析预警工作，指导各基层单位做好相关社会矛盾纠纷的排查化解工作，努力实现北京社会矛盾的提前化解。一是相关责任部门广泛利用现代信息技术等各种手段对市民高度关注的住房保障、医疗、义务教育、养老、收入差距、就业与工作机会、交通拥堵、环境污染、行业差距、个人信息隐私保护、交通安全、人口管理、物业管理、房屋管理、食品安全、药品安全等领域加强监测与调研，及时了解掌握这些领域的变化动态和舆情动态，尽快组织力量加强对相关政策及其绩效

与社会效果的评估研究，查找可能影响安全的相关因素，及时修改调整相关政策，实现及时的干预和纠偏，以防范这些领域的矛盾风险不断积聚酿成社会安全稳定风险。二是通过对相关领域信息情报的分析研判，依据相关的理论、规程与标准，组织专家对各领域的社会矛盾风险进行分析判断，提出专家意见，指导基层党委、政府和相关单位提前研究制定调整措施，提前做好利益方的沟通协调工作，将社会矛盾的风险控制在萌芽状态，将社会矛盾化解在初始阶段。

3. 织密网络，推进矛盾的专业化解与人民调解

随着经济社会的向前发展，社会节奏越来越快，行业分工越来越细，各行业各领域发生矛盾纠纷的可能性越来越大，社会矛盾识别和化解的难度也越来越大，这就对当前社会矛盾的收集、排查、识别、化解提出了更高的要求，客观上要求推进社会矛盾化解的现代化，将社会矛盾的人民调解、行政调解、司法调解与专业调解紧密结合起来，形成衔接机制，将矛盾纠纷化解的网络织得更密实一些。一是进一步加强各级人民调解组织的建设，把人民调解组织建设作为健全中国特色社会主义法治体系的重要内容，加大对人民调解组织建设的投入力度，强化人民调解队伍建设的标准与规范，加强对人民调解人员的培训交流，适当提高对人民调解员的补贴标准，通过传统的报刊、电视、广播和现代自媒体，进一步加大对人民调解员的宣传力度，增强人民调解员的荣誉感，改善人民调解员的形象。二是在继续推广交通纠纷、医患纠纷、物业管理纠纷、物流行业纠纷、消费纠纷、互联网服务纠纷、商事纠纷等专业调解组织建设的基础上，进一步将矛盾纠纷的专业调解工作延伸到经济社会的各个领域、各个方面，引入具有良好公益精神和较好调解技巧的专业法律人士、相关专家学者和相关领域专业人士组成相关行业相关领域的专业调解组织，定期对专业矛盾纠纷进行分析研判并形成专业意见，指导基层化解专业性矛盾纠纷，对各领域、各行业矛盾纠纷的化解形成全覆盖格局。三是在人民调解、行政调解与司法调解衔接的基础上，进一步加强调研，总结经验，完善机制，推动人民调解、专业调解、行政调解、司法调解与司法判决的紧密结合，进一步完善社会矛盾多元化解的格局。

4. 专业介入，实现疑难社会矛盾的逐步化解

随着我国改革开放40年的高速发展，在社会生产力极大解放、社会财富极大增加、人民生活日益提高的同时，各种社会矛盾纠纷也日益增多。近年来，各级党委、政府越来越重视矛盾纠纷的预防排查化解等工作，大量矛盾纠纷已经通过各种途径得到有效化解，为社会的健康发展创造了良好的社会环境，但不可否认，目前我国各层级依然积累了一些成因复杂、盘根错节、不断延伸的疑难社会矛盾纠纷，这些疑难矛盾纠纷经常通过越级访、集体访、进京访、反复访等方式出现，浪费了大量的人力、物业、财力资源。面对这些疑难社会矛盾，一是需要站在全国，至少是省（自治区、直辖市、特别行政区）一级的高度，加强与专业研究力量的合作，与政府研究机构共享信息资源，组织精干研究力量共同加强对这些疑难社会矛盾的分析研判，分别按照总体调整政策、统一政策口径、个案处理等不同方式，在全国或省（自治区、直辖市、特别行政区）级层面形成疑难社会矛盾处理的总体方案，提供法律法规、政策、组织和经费等保障，为疑难社会矛盾的化解创造良好条件，切实纠正目前简单地将社会矛盾纠纷下派基层办理的方式。二是调整优化现有的信访处理程序，不再简单地把疑难社会矛盾转交转办，切实改变现有的政府机构和公安机关工作人员简单粗暴的处理方式，严密防范矛盾纠纷处理过程中由于工作方式不妥而扩大或激化矛盾，进一步加大购买专业社会组织化解疑难社会矛盾和纠纷服务的力度，积极倡导政府购买专业社会组织的专业服务，通过专业社会组织的专业社会工作和柔性的矛盾化解方式，舒缓矛盾当事人的情绪，逐步对现存疑难社会矛盾予以化解。

参考文献

斯蒂芬·B. 戈尔德堡等：《纠纷解决》，蔡彦敏等译，中国政法大学出版社，2004。
范愉：《非诉讼纠纷解决机制研究》，中国人民大学出版社，2000。
范愉：《纠纷解决的理论与实践》，清华大学出版社，2007。
左卫民等：《变革时代的纠纷解决：法学与社会学的初步考察》，北京大学出版社，

2007。

陈信勇等:《社会矛盾多元化解理论与实践》,知识产权出版社,2008。

赵力军主编《化解社会矛盾之略》,中国人民公安大学出版社,2010。

中央社会管理综合治理委员会办公室编《矛盾纠纷排查调处经验选集》,中国长安出版社,2013。

夏周青:《治道变革与基层社会治理化解》,国家行政学院出版社,2014。

吴忠民:《社会矛盾新论》,山东人民出版社,2015。

朱力、袁迎春:《当前我国居民对社会矛盾的感知与解决方式》,《国家行政学院学报》2018 年第 2 期。

田毅鹏、张帆:《"单位"对社会矛盾的结构性分解》,《学海》2018 年第 3 期。

李海荣:《新时代我国社会矛盾及其制度内化解》,《科学社会主义》2018 年第 4 期。

程昆:《新时代中国基层社会矛盾化解机制探究》,《河南社会科学》2018 年第 6 期。

B.16
司法社会工作介入基层矛盾化解研究

——以北京朝阳区方舟社会工作发展中心实践为例

范晨　徐胤*

摘　要： 司法社会工作是社会工作专业精细化发展趋向，矛盾化解是社会治理的重要内容。基层社会矛盾化解呼唤多元主体，司法社会工作介入地区矛盾化解有着天然优势，两者的衔接并非偶然，而是有其内在必然要求。社会工作机构发挥专业优势，抓住“推进国家治理体系和治理能力现代化”的重要政策契机和关键的制度支持，在社会领域方面围绕“创新社会治理体制”，通过提供社会服务、链接社会资源、协调关系互动、恢复和加强社区功能、政策倡导等有效路径，介入矛盾化解与社区治理，预防与化解并重，做出了积极的探索。司法社会工作提供法律综合服务，开展服务型治理，扩展了社会工作行动框架，提升了矛盾化解效率。吸收“枫桥经验”精髓，在基层因地制宜的再创造，对司法社会工作的本土化建构与发展也有重要意义。现阶段，司法社会工作在介入地区矛盾化解时，应立足专业本位，探索与司法部门的良性互动，并继续扎根社区发力。

关键词： 司法社会工作　矛盾化解　社会治理

---

* 范晨，第二批北京市专业社会工作领军人才，就职于北京市朝阳区司法局，主要研究方向为司法社会工作、社区矫正；徐胤，中国政法大学博士，北京市方舟社会工作发展中心发起人，主要研究方向为犯罪心理、社会工作、越轨社会学。

一　司法社会工作的概念界定

作为一个新兴的学术概念和实务领域，司法社会工作最早起步于2002年上海的社区矫正工作，上海新航社区服务总站以政府购买服务的形式承担了指定的社区矫正服务项目。2003年北京社区矫正开始试点，并陆续在各区县成立了阳光矫正服务中心，把社会工作的理念、方法引入具体社区矫正工作。2009年，范燕宁、席小华认为司法社会工作的基本内容为“社会工作者运用社会工作的专业理念和方法，配合司法行政人员和其他志愿人员，对监狱服刑人员、社区服刑人员、严重违反社会治安管理条例人员、刑满释放人员、社会矛盾激化者等各种特殊工作对象，开展心理疏导、行为矫治、社会救助、专业服务工作”。[①] 这是仅从当时国内社区矫正实践出发定义的狭义司法社会工作概念，一定程度上是对司法矫治社会工作或者社区矫正社会工作的模糊等同称呼，也是国内较早开始的关于司法社会工作的系统化研究。

伴随司法体制改革和社会工作专业化、职业化进程的推进，在国内司法社会工作的理论研究和实践探索道路上，学者们在对“司法社会工作”概念的界定时，也不断扩大其内涵和外延。

2010年，马姝在本土化背景下讨论司法社会工作的概念，认为其是“在国家司法机关和司法组织参与的与执法有关的活动中，为有需要的人员有组织地提供专业助人服务的工作，其目的在于借助社会工作的专业优势，在司法机关、社会工作者及志愿者的共同努力下，解决社会纠纷、消除社会对立面，促进社会和谐”。[②]

2011年，罗大文认为司法社会工作“本质是在司法机构或社区进行的

---

① 范燕宁、席小华：《矫正社会工作研究2008》，中国人民公安大学出版社，2009，第1页。

② 马姝：《本土化背景下司法社会工作的基础性问题探讨》，《2010中国社会学年会“法律社会学与社会治理论坛”论文集》，2010。

社会工作实务，协助为有需要的人员及其家属解决问题是司法社会工作的功能”。①

2011 年，张善根讨论司法社会工作的功能与范畴时，认为司法社会工作的兴起“体现司法为民的人本主义精神，是在司法中注入新的社会力量和社会化的司法方式”。②

2014 年，何明升将司法社会工作界定为“司法工作”与“社会工作”相结合的交叉领域，并指出“司法社会工作将扩展为面向审判工作、准司法工作和涉司法工作的八个基本领域，包括犯罪预防社会工作、被害人社会工作、犯罪矫正社会工作、调解与仲裁社会工作、禁毒社会工作、信访社会工作、监护探视收养的司法社会工作服务和精神障碍司法社会工作服务等”。③

2017 年，任文启认为“社会工作具有非常强的实践品性，司法社会工作应当从本土实践出发进行总结归纳和逻辑演绎”，而面对中国的政治实践，尤其是具有中国特色的“政法工作”应该在更大的范围内，即社会治安综合治理和维护社会稳定的政法领域来理解“司法社会工作”的本土内涵。“司法社会工作所围绕的公共服务供给和社会福利传递应该面向政法工作。”④

综上，中国司法社会工作的研究方兴未艾，其内涵和外延也都随着实践轨迹不断被探索和建构。《社会工作专业人才队伍建设中长期规划（2011—2020 年）》指出，社会工作人才是指“在社会福利、社会救助、扶贫济困、慈善事业、社区建设、婚姻家庭、精神卫生、残障康复、教育辅导、就业援助、职工帮扶、犯罪预防、禁毒戒毒、矫治帮扶、人口计生、应急处置、群众文化等领域直接提供社会服务的专门人员”，并且目前“他们在提供专业

---

① 罗大文：《司法社会工作推进综述》，《社会工作》（学术版）2011 年 8 月，第 32 页。

② 张善根：《司法社会工作的功能定位及其范畴——以未成年人的司法保护为中心》，《青少年犯罪问题》2011 年第 5 期。

③ 何明升：《司法社会工作概论》，北京大学出版社，2014，第 15 ~ 25 页。

④ 任文启：《司法为本，还是政法为本？中国司法社会工作的本土追问》，《甘肃政法学院学报》2017 年第 5 期。

服务、解决群众困难、化解社会矛盾、推进公平正义、促进社会和谐方面的作用逐步显现”。[①] 综合专家学者意见与当前各地的实践探索，规划中提及的“纠纷调解、犯罪预防、禁毒戒毒、矫治帮扶、应急处置”[②] 比较明确地属于司法社会工作的范畴。基于此，本报告谈到的司法社会工作就是用社会工作的工作理念和工作方法服务于涉及政治和法律领域需要帮助的对象，旨在通过为特定对象提供专业的社会服务，以促进社会和谐并增进社会的整体福祉。

二 司法社会工作介入基层矛盾化解的必要性

（一）基层矛盾化解呼唤多元主体

我国正处于经济转轨、社会转型、深化改革的重要战略机遇期，经济社会生活中一些深层次的问题逐渐凸显。随着利益格局调整的加快，诸多矛盾纠纷叠加、风险隐患增多，错综复杂的矛盾纠纷在逐步积累，成为影响社会安定的突出问题。这些矛盾纠纷如果不能得到及时有效的化解，一旦激化或聚合，容易转化为治安刑事案件，甚至诱发信访问题和群体性事件，直接或间接地影响国家安全和社会稳定。

目前，解决社会矛盾主要有民间化解、行政化解、诉讼化解三种方式。民间化解依托基层群众自治组织开展，主要是社区（村、居民委员会）内设的人民调解委员会对民间纠纷的人民调解；行政化解是指国家行政机关或基层政府的行政复议、行政仲裁、行政调解；诉讼化解即司法调解，是人民法院通过诉讼裁决方式的司法审判。随着矛盾纠纷数量的增多和特点的不断变化，基层矛盾解决的难度越来越大，仅靠一个部门、一种方式、一种手段

---

① 参见《社会工作专业人才队伍建设中长期规划（2011—2020 年）》，http：//www. mca. gov. cn/article/zwgk/jhgh/201204/20120400302325. sht。

② 参见《社会工作专业人才队伍建设中长期规划（2011—2020 年）》，http：//www. mca. gov. cn/article/zwgk/jhgh/201204/20120400302325. sht。

很难得到有效的化解，需要继续探索体制、机制和制度的创新、互动来应对各种因新旧体制的摩擦碰撞而引发的社会矛盾。

随着社会治理创新的推进，社会力量参与矛盾纠纷的多元调解日益活跃。在人民调解、行政调解、司法调解等传统调解方式外，一些社会组织和互联网技术平台借助现代技术涌现出一批在线调解、商事调解、民办非企业调解等新兴调解力量，改变了“一调独大”“三调鼎立”的调解格局。首都综治委社会矛盾多元调解专项组副主任、专项组办公室主任、北京市司法局局长苗林在首都综治委社会矛盾多元调解专项组办公室扩大会议上指出，“要尊重群众首创、关注社会调解力量。对于群众自治自发和社会力量发展起来的调解组织，多元调解专项组办公室要密切关注，切实增强工作前瞻性，准确判断哪些是要支持的、哪些是要关注的、哪些是要制止的”。①

由此可见，目前各级政府已经主动适应新形势，把多元调解摆到深化改革、经济发展大局中来谋划，不断增强矛盾纠纷排查化解工作的前瞻性，广泛动员指导社会组织、企事业单位等搭建多元矛盾纠纷的调解平台，不断提高矛盾纠纷多元调解的专业化、社会化、智能化水平，不断增强矛盾纠纷的预测预警预防能力，力求从源头上防范化解各类风险。回应多元主体的利益诉求是现代政府的重要使命。各级政府通过有序引导社会组织广泛参与社会治理，鼓励引导社会组织利用自身优势提供各种专业性服务，这样既能有效满足不同利益群体的差异化需求，减少群众的诉累，弥补政府和市场功能存在的不足，节约司法成本，也能不断促进社会组织在实践中得到有序发展和提升，从而进一步完善矛盾纠纷的多元调解格局。

（二）司法社会工作的天然优势

司法社会工作作为一种专业社会力量，在介入基层矛盾化解中具有天然

---

① 《在首都综治委社会矛盾多元调解专项组办公室扩大会议上的讲话》，北京市司法局网站，http：//10.204.48.24/tabid/264/Default.aspx。

的优势，概括起来主要有三个方面。

第一，价值观与目标追求相融。习近平总书记在党的十九大报告中提出贯彻“以人民为中心”的发展思想，在日益完善的社会治理体系中，矛盾化解作为基层治理的第一道防线发挥着重要作用，其理念便是“以人民为中心”，即“以人为本”，这也是社会矛盾化解的出发点和落脚点。司法社会工作作为“以人为本”的专业，是以专业化手段秉持平等、尊重、接纳的价值观，帮助社会弱势群体、边缘群体参与社会竞争，实现社会公平，共享社会财富，以利他主义为取向的“助人自助”活动。在此理念的引领下，司法社会工作介入能很好地回应矛盾化解的内在需求和最终目标。

第二，科学的理论基础与深入的视角。矛盾纠纷日渐增多且日益复杂，对化解能力的要求也越来越高，需要兼具法、理、情的综合手段与方式，而这不能仅取决于工作者的热情和经验，还要依靠科学的理论体系为支撑。专业的司法社会工作以社会学、心理学、法学等学科知识为理论基础，可以对矛盾纠纷中的个体因素、群体因素、社会因素进行科学的分析和评估。司法社会工作可以通过分析评估矛盾纠纷背后当事人在生理、心理和社会关系等方面所存在的困境和问题，既注重社区居民的法律需求，又关注服务对象的心理、社会诉求，以准确客观地界定分析矛盾，并科学施策。这使得司法社会工作的介入更加科学、更加规范，也更加理性可复制。

第三，系统的介入方法与技术。社会工作已经发展出个案、小组、社区、社会行政等专业方法，“一整套微观、中观和宏观层面的科学方法和技术，能从不同层面对社会问题和社会矛盾进行预防性与治疗性处理，也能影响并改变制度设置和政策导向，防止或减少社会矛盾与社会冲突”。[①] 每种专业方法都具备系统的工作步骤并可以整合使用，保障了司法社会工作者有能力针对不同矛盾有的放矢地提供矛盾化解的具体服务，实现效率的最大化。社会工作专业的建立关系技巧、会谈技巧、支持性技术、评估技术运用到矛盾化解中，可以有效推动矛盾纠纷的解决。

---

① 李淑芳：《发展社会工作　创新社会管理》，《现代营销》（学苑版）2013 年 3 月 15 日。

三　专业社会工作方法的介入——以方舟社会工作发展中心的实践为例

方舟社会工作发展中心自2015年起承接了北京市、区级社会建设专项资金支持的多个司法社会工作服务项目，如“北京市朝阳区特殊人群公共服务提升与社区融入综合服务项目”“专业社工介入社会基层矛盾消解服务项目”“‘阳光同路行’——特殊人群社区融入服务项目”等。机构具体实践立足项目落地街道的基层社会矛盾的特点，以需求为导向，面向民间纠纷人群、涉罪青少年人群以及社区矫正对象等高危人群，从法制宣传、犯罪预防、矛盾调解、危机干预以及权益保障等角度协助司法所以及社区介入基层社会矛盾预防以及化解工作，为目标人群以及居民提供矛盾调处、心理疏导、行为矫治、关系调适以及人文关怀等服务，从微观层面改善目标人群生活环境，赋权于服务对象，实现“助人自助”。探索针对目标人群个性化服务、普法宣传创新性服务、地区性人民调解队伍系统培育以及地区基层矛盾调解机制平台搭建和运维等多模块的工作方法和流程。

（一）建立畅通有序的居民利益诉求表达机制

建立线上沟通平台和线下互动平台，通过走访、面谈、线下线上调研、焦点座谈会等形式了解居民对司法服务和矛盾化解的需求，搭建起信息沟通和情感支撑平台，建立社区居民需求沟通的桥梁，疏通政府在调节社会矛盾中的信息渠道，在此基础上实现对矛盾形成的初始条件的介入化解，做到防微杜渐、未雨绸缪。

采取焦点小组座谈会的方式，针对社区管理或者社区居民关注的重点问题，选择重点人群在专业人员的组织和引导下进行深入沟通。开展社区建设活动，包括建立居民自治组织、兴趣小组等，通过建立形式多样的非官方组织，可以实现充分交流及沟通。

开展网络舆情分析，从网络舆情分析的视角，分析主流网络媒体针对朝阳区重点街道及社区的新闻、事件、讨论等，并提供系统分析报告。

建立社区走访制度。由专职社工走访社区，尤其是重点防范片区及家庭等，做到第一时间掌握居民动向。

开展直接的重点个案服务。结合社区走访及居委会推荐的渠道，对长期以来利益诉求得不到有效回应的个案进行专门服务，包括搭建沟通桥梁，为矛盾双方提供解决平台和必要的社会援助，开展社会心理咨询和帮扶服务。

以 2018 年数据为例，“机构共计开展了 12 次焦点座谈会，收集并处理部门对接类问题 5 件，社区活动意向类问题 11 件，个别化诉求类问题 20 件。通过对 12 个社区 300 余人次的走访，协助社区以及街道司法所开展了 8 例家庭矛盾纠纷调处工作，并转介两例复杂纠纷于专业律师，持续介入，深入化解”。①

（二）营造社区法治氛围，培养居民法律意识

通过多种形式提高居民正确认识和应用法律维护和表达诉求的能力，使其形成良好的法律意识。开展系列法律宣传活动，在重要的法律宣传节点和重要时期开展形式多样的普法活动；开展法律咨询和援助，引进法官、律师等专业法律从业人士，向拆迁社区居民，尤其是弱势人群进行法律咨询和援助，提升其法律维权意识，并拓展维权渠道；开展法律小剧场活动，借助戏剧表演的形式，以社区居民、普法志愿者及社工为主体，选择社区居民生活中有代表性的法律主题，编排法律情景剧，在不同社区开展巡回表演，通过这种具有较强参与性和互动性的普法形式，使他们更好地意识到自己的权利并运用法律保护自己，提高居民学法、守法、用法的积极性。

2018 年，“机构根据司法所日常应对的矛盾纠纷，分析整理出集中化的矛盾类型体现，确定了预防诈骗、婚姻家庭财产继承题材的两类法律小剧场的编排，利用身边人身边事整理编写剧目《长路》与《挽婚》，举办排练 5

① 北京市朝阳区方舟社会工作发展中心内部资料，2018。

场、演出2场，共计有千余人次居民观看了小剧场的演出，其中有5位居民切身参与到了现场演出工作。这种生动形象演绎出来的普法形式广受居民的喜爱，充分带动了居民的学法热情，且复制性、推广性较强，实现知法、用法的目标，增加法律宣传力度”。[①]

（三）完善地区性人民调解队伍系统培育机制

通过多种资源整合，提升现有社区人民调解员的工作技能、工作投入和归属感，以更好地服务社区。开展人民调解员培训，为其提供法律知识、调解技巧以及团队拓展等主题培训，提升人民调解员的综合素质，增强社会调处力量。招募挖掘、培训培养一批调解员，发展具有较强社区公共事务参与意识、颇有威望、拥有比较丰富的法律知识的人，扩充人民调解队伍，为其常态发展提供人员储备。连接人民调解员与政府法律部门，以个案转介和资源链接的形式，建立基层调解支撑平台，包括人民调解员与专业律师的技术支撑、社区民警的关系梳理，与仲裁机制的衔接等，为人民调解员发挥其职能提供坚实基础。建立人民调解员互助交流平台，通过成立人民调解员俱乐部、网络交流平台、定期的沟通分享等活动，促进人民调解员工作中的交流，在专业人员的督导下，及时解决遇到的问题，增强调解工作的效果。

2018年，“机构在项目落地的两个街道4个社区共招募了20名人民调解员，新挖掘10名，开展5次人民调解员培训，培训主要以调解技巧、心理知识为主，参与者累计超100人次，经培训5名人民调解员可以顺利在社区开展相关纠纷调解工作”。[②]

（四）建立特殊人群的风险评估和动态跟进计划

基于特殊人群的独特性，风险评估与动态跟进计划旨在配合政府部门及时了解特殊人群的心理和行为状态，建立特殊人群利益诉求和风险防控机

---

① 《“阳光同路行”双井街道法律综合服务项目报告》，北京市朝阳区方舟社会工作发展中心内部资料，2018。

② 北京市朝阳区方舟社会工作发展中心内部资料，2018。

制。目前主要覆盖的特殊人群包括以下几种。

（1）流动人口的社会帮扶。作为大型城市，大量流动人口的涌入必然带来经营利益纠纷、劳动关系转移、社会心理调整、社会关系重建等问题。针对流动人群开展失衡期心理调适、劳动关系及社会保险的转移咨询、法律咨询、社会人文环境营造等活动，帮助流动人口实现顺利融入。

（2）社区服刑人员分类矫正。在对具体个人的风险程度、致罪因素、适应矫正方法进行全面了解的基础上，进行再犯可能性风险评估，有针对性地制定每人一策略的具体矫正流程，对社区服刑人员进行科学的分类干预，以获得最大限度的矫正效果。

（3）戒毒人员的社区照管。由专业社工人员对戒毒人员的生命质量及相关的社会、心理特征进行动态跟进，并根据实际需求，对其开展心理咨询、帮扶救助、治疗转接等方面的服务，提高戒毒人员回归社会的适应能力。

（4）信访人群的关爱服务。以专业社会工作手法，为信访对象的不同类别群体提供信访代理、心理疏导和社会帮扶等专业社工服务。完善信访对象基础信息库建设，为服务区域重点信访对象构建社会支持网络，帮助有困难的个人或群体恢复社会功能，有效防止缠访、闹访现象，增强个人的社会适应能力和社区归属感、认同感。

2016 年以来，“机构陆续通过开展‘疏解非首都功能背景下高关怀青少年支持服务项目’‘社区戒毒——药物美沙酮维持治疗多元联动服务模式建构项目’‘阳光同路行’‘社区矫正人员关爱支持服务项目’‘朝阳区困境未成年人保护服务项目’‘朝阳区社会矛盾化解项目（信访人员关爱服务项目）’等，累计对 71 名涉罪未成年人、50 名边缘青少年开展了社会工作服务；接触帮扶 68 名社区矫正人员并针对性开展过 22 人次社区矫正重点个案服务；对接 5 名社区戒毒人员开展支持服务；专职社工每周两次进驻信访办累计开展 158 次信访接待日服务工作，台账信息录入千余条，开展信访代理服务 10 例，开展个案服务百余人次”。[①]

---

① 北京市朝阳区方舟社会工作发展中心内部资料，2016～2018 年。

经过几年的深耕，方舟的具体实践重点围绕框架建立、格局排布，初步建立起司法社工介入社区矛盾消解的稳定的制度和组织基础，在项目结束之后，由项目搭建的社区组织和社交媒体可以正常运转，为落地街乡的社区矛盾消解提供持续性服务。同时，针对不同的矛盾类型，总结并提炼了有效的干预经验和成熟的个案服务模式。

司法社会工作介入地区矛盾化解，以广泛性和针对性结合，预防和干预相结合的原则，一方面从社会工作的视角介入社区服务管理的重点人群能够起到预防功效，把问题和矛盾消化在萌芽状态；另一方面通过开展直接的专业社会工作服务，减少目标人群的不良行为和心理，减少社会管理的压力，推动地区社区服务管理由粗放向精细转型，基本实现政府、社区、百姓三方满意，使创新社会服务管理在地区矛盾消解上找到了突破口和落脚点，初步探索了司法社会工作介入的地区矛盾化解及社会治理工作新模式。

四　司法社会工作介入基层矛盾化解的意义

（一）通过多条介入路径提供法律综合服务，扩展了社会工作行动框架

司法社会工作介入矛盾化解和社会治理工作既能弥补现有司法工作缺口，也能促进和推动我国司法改革和社会治理的创新和改革。以地区矛盾化解为立足点，社会工作通过直接提供相关法律社会服务、参与基层社区生活过程、链接匹配社会资源、协调利益关系互动、问题解决、政策倡导等介入路径，满足社会成员相应的司法需求，减少社会的不公平，稳定社会基础，预防和减少矛盾发生，促进制度建设与社会进步，实现社会治理功能。

司法社会工作社会组织围绕矛盾化解这一核心目标，以项目运作形式具体且深入地设计犯罪预防、禁毒戒毒、矫治帮教、纠纷调解、应急处置方面的服务措施与实施路径，在具体场景中实现了由学术框架搭建到实际落地服务的积极转化，并在关注重点人群、弱势群体的基础上辐射普通社区居民，

在司法与社会工作的交叉领域不断拓展，由点及面，实际上是提供了更广泛的法律类综合服务，大大助力当下社会工作专业的精细化发展，也极大普及了司法社会工作、司法社会工作者的公众认知，扩展了社会工作的行动框架，以一种主动性的姿态丰富着司法社会工作的本土内涵。

（二）通过扮演多重角色开展社会工作服务型治理，提升了矛盾化解效率

首先，司法社会工作是类型化整理者。通过线上线下的互动，司法社会工作者对社区中不同类型的矛盾分布、真实的民众需求分布进行画像扫描，有利于确定轻重缓急的化解顺序与公共资源的投放比例。实践中对矛盾类型化的整理主要分为两大层次：对苗头性、萌芽性的问题做到抓早抓小，主动疏导民意，防患于未然，防止上升到公权力介入，可节约司法资源；对涉及面广、影响较大的相对典型性、聚焦性的矛盾，引导民众以集中、理性、和平的方式表达诉求，提高政府决策的科学性和民主性，可提升司法效率。

其次，司法社会工作是资源链接者。司法社会工作专业视角一方面迅速识别“案主问题”，能迅速在问题与资源之间架起桥梁，让需求者了解并找到现有的可利用的法律资源，获得相关帮助。另一方面是主动发现“问题案主”，即能以社区探访的专业工作手法，主动在社区内发现重点服务对象，并通过主动接触逐步建立信任关系，再通过系统的服务计划和专业工作方法注入法律资源，帮助案主走出困境，使得政府法律资源得以集约利用。

再次，司法社会工作是服务型支持者。司法社会工作介入矛盾化解的过程，除主动提供相关法律服务外，还要更加关注解决由法律衍生的社会问题，给予矛盾当事人后续的跟踪式、系统化、服务性支持，以人文关怀协助解决其生理、心理和社会关系方面所存在的困境和问题，以真正达到“案结—事了—人和”的最优效果。事实证明，越多的支持性服务与服务型支持越有利于消解矛盾滋生的土壤。

最后，司法社会工作是法律赋能者。法律赋能的意义在于赋予每个公民

平等使用法律的能力，消除人们尤其是弱势群体不懂法、不会用法等不平等情况，保证法治公平。司法社会工作创新法制宣传的形式和载体，将法治理念与精神进一步带入社区，融入生活，充分调动起居民的学习热情和积极性，突出互动参与性，突出公众参与权能的培养和倡导，有利于提升社会公众的法治素养，促进社会矛盾纠纷的自我调节，也有利于从根本上减少矛盾。

五　司法社会工作介入基层矛盾化解的几点考量

（一）应立足社会工作本位，探索与司法部门的良性互动

“司法职能的分离需要专业的司法社会工作承担，国家司法的社会化是通过社会性力量辅助司法，实现司法功能的一种方式。”① 司法社会工作介入基层矛盾化解的理念内核是社会工作，立足专业本位积极探索与司法部门的良性互动，有利于清晰划定体制内外的边界，提升协作效率和共赢效果。当前，一方面司法机关对于司法社会工作的认知才刚刚起步，另一方面以司法社会工作为机构宗旨和发展方向的专业社会组织极少。本土司法社会工作的理论构建和实践经验总结都不成熟，积极加强与本土实务部门和具体业务的互动，才能形成有效的理论与实务的对接和知识生产与转化。实现两者的良性互动，一方面依赖司法机关进一步推进司法体制改革，继续让渡服务空间；另一方面需要司法社会工作细化专业发展方向，提升专业能力，以深厚的传统社会工作的理念和专业方法为基础，积极拓展法律知识，了解掌握基本法律实践，以扎实的理论素养和实践能力承接好社会服务。

（二）应扎根在社区，探索与社区建设的协同发展

防范和化解社会不稳定因素的关键是基层能够在第一时间正确有效地处

① 张善根：《司法社会工作的功能定位及其范畴——以未成年人的司法保护为中心》，《青少年犯罪问题》2011 年第 5 期。

理冲突、矛盾。司法社会工作扎根在社区，能与民众形成较紧密的联系与互动，“社会组织的优势是容易构建一个较为稳定的人脉资源关系网，有利于迅速反应，为民众提供就地、直接、及时的矛盾化解服务”。[①] 同时，司法社会工作还应当善于积极依托社会组织的综合服务平台，与社区建设、居民自治类等项目协同发展，联合发力，由此感知民意，为公众提供多样化、个性化的矛盾调解服务，通过培育良好的社区氛围和自治能力，把矛盾消弭在起始阶段、彻底化解在基层。

（三）应内化“枫桥经验”精髓，探索因地制宜新升级

“枫桥经验”能做到“小事不出村、大事不出镇、矛盾不上交”，其基本内涵和精神实质是“发挥政治优势，相信并依靠群众，加强基层基础，就地解决问题，最大限度减少消极因素，实现地区和谐与平安”。[②] 当前在全国各地学习借鉴“枫桥经验”的浪潮下，司法社会工作介入矛盾化解过程也应内化其精髓，尤其是“三治融合”，即自治、法治、德治相结合的新时代创新发展成果。未来可以自治为基础，依托居民议事厅等载体，秉持社会工作“案主自决”原则，完善协商机制，推动民事民议和居民自治；以法治为保障，充分培育社区居民法治思维和法治方式解决问题的实际能力；以德治为先导，引导民众重建风俗习惯、人伦纲常基础上的现代社会乡规民约，以“软法”构秩序、促和谐，用最优方式解决问题。

参考文献

罗大文：《司法社会工作推进综述》，《社会工作》（学术版）2011 年 8 月。

席小华：《社会工作介入少年司法制度之探究》，《青少年犯罪问题》2009 年第 4 期。

---

① 杨晔：《充分发挥社会组织在矛盾调解中的作用》，《社团管理研究》2012 年 6 月。

② 参见吴会琴《推广“枫桥经验” 创新基层群众工作》，共产党员网，http://tougao.12371.cn/gaojian.php?tid=1253250。

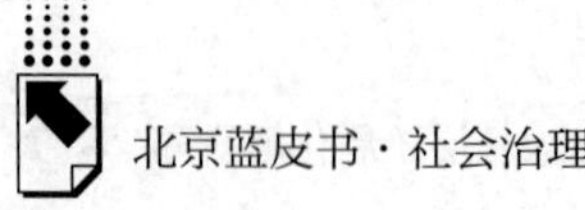

井世洁：《司法社会工作的方法学检视》，《华东理工大学学报》2011 年第 3 期。

张善根：《司法社会工作的功能定位及其范畴》，《青少年犯罪问题》2011 年第 5 期。

何明升：《司法社会工作的理论来源和主要议题》，《井冈山大学学报》（社会科学版）2015 年第 2 期。

何明升：《司法模式与社会工作的关系及其渐进式亲和》，《学术交流》2012 年第 11 期。

任文启：《司法为本，还是政法为本？中国司法社会工作的本土追问》，《甘肃政法学院学报》2017 年第 5 期。

任文启：《司法社会工作：新时代人民调解的回归与发展》《社会工作与管理》2018 年第 3 期。

李馨宇：《社会工作视野下人民调解工作方法的更新》，硕士学位论文，甘肃政法学院，2017。

刘璐：《社会工作视域下的社区法律服务个案研究》，硕士学位论文，甘肃政法学院，2018。

杨旭：《司法社工服务对我国调解制度的嵌入性研究》，《华东理工大学学报》2012 年第 6 期。

李淑芳：《发展社会工作　创新社会管理》，《现代营销》（学苑版）2013 年 3 月 15 日。

杨明伟：《社会工作在创新社会管理中的作用》，《社会工作》（学术版）2011 年 11 月。

郭星华、任建通：《基层纠纷社会治理的探索——从“枫桥经验”引发的思考》，《山东社会科学》2015 年第 1 期。

卢芳霞：《从“社会管理”走向“社会治理”——浙江“枫桥经验”十年回顾与展望》，《中共浙江省委党校学报》2015 年第 6 期。

周锟：《构建化解基层社会矛盾的民间组织机制》，《安庆师范学院学报》（社会科学版）2013 年第 1 期。

刘中起、风笑天：《走向多元治理化解：新形势下社会矛盾化解机制的新探索》，《福建论坛》（人文社会科学版）2010 年 1 月。

刘中起：《快速转型时期我国社会矛盾化解新机制探索》，《华东理工大学学报》（社会科学版）2010 年第 2 期。

刘中起、童星：《社会矛盾化解的第三方参与机制：上海个案》，《重庆社会科学》2014 年第 8 期。

基层社会治理篇

Governance of Grass-roots Society

B.17
社会治理创新视角下的“平安北京”建设研究

殷星辰*

摘　要： 创新社会治理为深化“平安北京”建设提供了新契机、新思路、新空间，北京市应乘势而上，克服在理念思路、体制机制、基层基础建设上存在的偏差、困难和问题，大力推进依法治理、综合治理、系统治理和源头治理，通过确保“平安北京”建设在法治的轨道上运行，进一步完善“平安北京”建设的体制机制，做实做强“平安北京”建设的六大体系，夯实“平安北京”建设的基层基础，打造“平安北京”建设的升级版。

* 殷星辰，北京市社会科学院首都综治研究所研究员，研究方向为社会治理、社会稳定、社会治安。

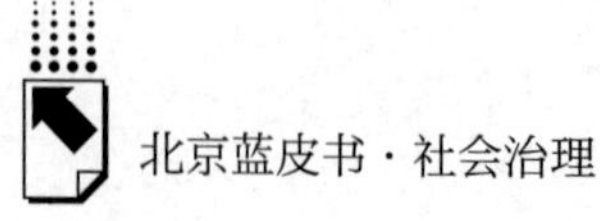

关键词： 社会治理　平安建设　平安北京

全面贯彻落实党的十八大、十九大精神，创新社会治理，推动平安建设向纵深发展，打造人民群众追求的“平安北京”，是北京市面临的重要课题。为了更有针对性地分析研究深入推进“平安北京”建设所面临的新机遇、新挑战，进一步明确深入推进“平安北京”工作的思路和重点，笔者通过查阅资料、座谈研讨、抽样调查等方式，对“平安北京”建设进行了梳理，形成了本报告。

一　“平安北京”建设取得的主要成效

自2009年北京市两办印发《关于深入开展“平安北京”建设的意见》以来，北京市把平安建设纳入全市经济社会发展总体规划，紧紧围绕影响全市安全稳定的源头性、根本性问题，积极创新理念思路、体制机制和方法手段，狠抓工作落实，有力维护了首都社会大局安全稳定，“平安北京”建设取得了显著成效，主要体现在以下八个方面。

一是形成了齐抓共管工作格局，平安创建合力更加凝聚。北京市委、市政府高度重视平安创建工作，先后出台了《平安创建工作意见》《平安创建折子工程》等一系列文件。北京市委常委会、市政府工作会定期研究创建工作，全市各个系统、各个领域、各级政府基本形成了齐抓共创平安的工作格局。

二是健全了科学严谨防控体系，社会安全局面更加稳定。基层联合执法模式更加稳固，专项打击更加有针对性和实效性，群众安全感逐年提升。物防设施推广应用更加普及，技防设施覆盖率更广、清晰度更高，“天网”体系更加严密。群防群治力量更加充实，“三道防线、点位防控”模式更加有效。网络舆情监控水平更高，信息网络服务管理更加规范。

三是固化了挂账整治工作模式，重点地区治安秩序更加有序。以民意为导向，建立了重点地区动态排查整治工作机制，确定了分级认定、挂账督办、集中整治、举报奖励等工作制度，形成了部门联动、齐抓共管、集中整治的格局，成效明显。

四是开展了流动人口规模调控，流动人口增长速度趋缓。建立了“管人、管地、管出租房屋、管低端产业、管集体经济合同”五管机制。制定了外埠机动车限行等制度，采取了严控工商登记审批、严管文化娱乐场所等措施，流动人口增速明显遏制。加大出租房屋清理整治力度，重点对七类违法出租房屋开展了整治，及时消除了各类隐患。

五是构建了矛盾纠纷化解体系，基层群众社会关系更加和谐。全面实施社会稳定风险评估，做到了重大决策项目“应评尽评”。完善多元调解体系，建立党委、政府统一领导、部门共同参与的调解格局。探索创新信访“一单式”工作法、“5+2”工作模式，深入开展“四访一包”制度，有力促进了矛盾纠纷在基层就地化解。

六是提升了特殊人群工作水平，重点人员帮教管控更加规范。发挥各级综治委特殊人群专项组平台作用，做到统一部署、统一指挥、统一协调。特殊人群调查摸排、动态监管、跟踪服务、帮扶救助、回归引导等各项基础工作扎实有序。加大青少年犯罪预防，注重法制教育，全面提升青少年服务管理水平。建立重点人排查管控机制，坚持分层、分级、属地控制原则，严格落实排查会商、零报告等制度，重点人员全部落实管控措施。

七是夯实了综治工作基层基础，安全管理硬件设施更加健全。截至2018年上半年，全市331个街道（镇、乡）100%建立了综治中心，90%以上的社区建立了综治中心，实现了基层管理资源的有效整合，提升了复杂社会条件下基层综治组织的实战能力。公安机关大力推进警力下沉工作，为全市“基层补充警力13118人，基层派出所打破原有警区制，实行了‘两队一室’警务改革，设立了社区警务队、打击办案队和综合指挥室”。[①]“不断深化完善‘一村一警、一格一警’机制模式，自2017年7月1日起，率先推出706个社区警务室实行‘7×24小时’开门办公，极大提高了见警率、

① 参见杨学聪《百项改革激发首都公安新活力》，《经济日报》2018年5月28日。

管事率和群众满意度。全市社区入室盗窃发案同比下降41.3%，破案同比上升37.7%”,[①] 取得良好的社会效果。

八是完善了综治领导责任体系，平安建设措施落实更加到位。全市村（社区）全部设立了综治委（办），落实了党支部书记任综治委主任、副书记任综治办主任的制度，基层综治组织更加强大。制定抓好综治领导责任制落实等工作意见，进一步健全综治责任体系。完善考核评价体系，将基层平安创建工作列入考核内容。重视对基层平安创建投入，并做到逐年提升。

二 “平安北京”建设面临的主要困难和问题

北京市作为首都，各项工作必须走在全国前列，对照党的十八大、十九大以及推进国家治理体系和治理能力现代化的新要求，“平安北京”建设还有较大差距，实际工作中还存在诸多问题和困难。

一是在平安创建的理念思路上存在差距。深入推进平安建设，必须首先确立与新形势新任务相适应的理念思路。目前看，主要存在三个方面的差距，首先是在坚持法治引领上存在差距。在推进平安北京建设的过程中，坚持依法治理，加强法治保障，运用法治思维和法治方式化解社会矛盾、维护社会稳定的意识还不够强，运用法治方式把公共安全难题转化为执法司法问题加以解决的能力有待进一步提高。特别是还存在公共权力运行机制不健全、全民法治素养不高、平安建设的政策体系不完善等突出问题。其次是在坚持问题导向上存在差距。近年来，通过深入开展基层共商共治以及群众安全感调查等工作，在了解民意、集中民智、解决民需方面取得了很大成绩。但是在人民群众对美好生活的期待越来越高、对平安建设的要求越来越迫切的新情况下，群众反映诉求的渠道还不够多样化，对群众的实际需求把握还不够全面和准确，特别是对群众反映问题的解决力度还不大，缺乏固定的工作制度和长效机制，人民群众的安全感和满意度还有待进一步提升。最后是

① 参见杨学聪《百项改革激发首都公安新活力》，《经济日报》2018年5月28日。

在坚持信息支撑上还存在差距。信息技术革命为我们更清楚地理解事物本质、把握未来取向，从而发现新规律提供了新的手段，也为我们提升平安建设水平提供了重要技术支撑。目前，我们学习新知识，加强信息化建设，创造性地运用现代科技最新成果破解平安建设难题的能力和水平还有待进一步提高。

二是平安创建的体制机制不够完善。平安建设的体制机制具有全局性、根本性作用。根据新的形势和任务需要，目前主要是三个机制不够完善。首先是多方参与的体制机制还不够完善。近年来，社会主体参与平安建设的意愿不断提高，但相应的机制不健全，影响了社会主体的参与质量和作用发挥。虽然大量的宣传动员、组织工作，使很多社会单位和群众都能够在重大活动期间积极地参与平安建设工作，但是始终没有形成固定的工作模式和良好的工作机制。扶持和培育社会组织力度不够，“治安志愿者协会”等平安自治项目仍在试点之中，“朝阳群众”“西城大妈”等群众组织的品牌效应有待进一步发挥。其次，风险预警机制不够完善。在各类风险高度聚集的今天，预警是维护社会平安的首要环节。虽然建立了重大线索奖励等工作机制，在一定程度上调动了群众举报各类违法犯罪线索的积极性，并取得了良好效果。但是，在依托“传统 + 现代”的风险预警模式、探索“人力 + 科技”、智能安防系统、物联网技术，以及在快递员、网约汽车司机等群体中发展信息员等方面还缺少有益探索，还没有形成研判、预警、防范风险苗头、隐患先兆的工作机制。最后，协调联动机制不够完善。平安建设涉及各个环节，各个部门，只有紧密配合、有效互动，才能形成合力，有效解决各类突出问题。近年来，通过大事牵引，探索建立了全市统筹、整体联动、全面覆盖、反应快速的重大活动安保工作机制，取得了良好成效。但在平时工作中，仍然存在部门各自为战、各管一摊的问题，区域协作、部门联动机制没有真正做实，特别是与社会力量合作联动不够，运用现代信息技术加强力量、资源、手段统筹的能力有待进一步加强。

三是平安创建的基层基础仍较薄弱。基层基础是平安建设的永恒课题。

平安建设提质增效，必须以提高基层基础建设水平为保障。基层基础薄弱主要表现在以下三个方面。首先，科技创安有待深化。北京市在科技创安工作上投入了大量的人力、物力和财力，尤其是通过近年来的改造升级，不断提高了城市综合管理指挥中心的智能化水平。但是，监控探头的使用率、完好率还不够高，运行维护的方式还有待进一步改进，应用功能还需要不断拓展。整合社会单位监控资源的力度不够，还没有探索出一条行之有效的办法。其次，基础工作有待加强。近年来，通过深入推进社区民警驻区制、村庄社区化管理、基层综合服务管理平台和基层平安创建活动“四个全覆盖”体系建设，不断夯实了平安建设基层基础。但是，日常维护和规范运行存在薄弱环节，整体效能还不够高，特别是一些制度规定没有得到很好的落实，一些基础设施没有完全发挥作用。基层治安防范、流动人口管理、矛盾排查化解等经常性、基础性工作还存在短板，总结推广典型不够，示范引领作用有待发挥。物防、技防设施有待进一步完善，协管力量有待进一步整合，群防群治工作有待进一步加强。最后，队伍素质有待提高。总体上看，全市政法综治队伍整体素质是好的，但是按照新形势新任务，特别是提升平安建设的新要求，还存在综合素质偏低的问题。有的依法办事的意识不强，调查研究的基本功不足；有的组织协调的能力不高，解决复杂问题的能力较弱；还有的创新精神不足，总结提炼的能力不强。这些问题都需要进一步采取措施，认真加以研究解决。特别是要按照“三严三实”的要求，努力建设一支高素质队伍，为深入推进平安建设提供人才支撑。

三　大力推进社会治理创新，进一步深化“平安北京”建设

创新社会治理为深化“平安北京”建设提供了新契机、新思路、新空间，要认真贯彻落实《中共中央关于全面深化改革若干重大问题的决定》提出的“依法治理、综合治理、系统治理和源头治理”新要求，努力打造“平安北京”建设的升级版。

（一）坚持依法治理，确保“平安北京”建设在法治的轨道上运行

法治是平安建设的核心要义和重要保障。要进一步加强“平安北京”的法治建设，确保“平安北京”建设在法治的轨道上运行。

一是进一步提高各级干部依法行政的意识。开展平安建设工作，各级干部“要进一步提升认识，带头弘扬社会主义法治精神，把严格执法、公正司法作为基本要求，依法履行职责、行使职权，切实维护宪法和法律尊严，以法治规范各种行为、促进矛盾化解、维护公平正义、保障社会和谐。各级干部要坚持依法办事，坚持依法化解社会矛盾，教育引导广大群众增强法治意识，引导群众以合法形式表达利益诉求，依法维护自身权益，促进群众学法尊法守法用法，推动形成办事依法、遇事找法、解决问题用法、化解矛盾靠法的良好法治环境”。①

二是进一步完善“平安北京”建设的规章制度。《北京市社会治安综合治理条例》（以下简称《条例》）颁布实施已经20多年，社会现实已经发生了巨大变化，特别是关于平安建设的内容在《条例》中并没有体现。应结合社会治安综合治理工作实际，以进一步明确各级政法委、平安办的地位和作用，明确各级各部门各单位的职责和权限，明确综治及平安建设工作的开展与实施、投入与保障、奖励与惩罚等内容为重点，修订《条例》，对政治、经济、行政、文化和教育等各种手段进行细化、深化、具体化，确保以制度化的形式推动和促进平安建设工作走上法治化轨道。同时，根据国家和北京市的有关法律和规定，积极推动反恐防暴、公共安全、危爆物品、人口调控、矛盾化解、重点整治、顽症治理、联合执法以及特殊人群服务管理等事关“平安北京”建设的基础性、全局性的地方法规的立法进程，为“平安北京”建设提供有力的法治保障。

三是着力提升基层社会治理法治化水平。要充分发挥基层党组织的战斗堡垒作用，不断增强基层干部的法治观念和法治为民意识。着力提高基层党

① 郭庚茂：《发展“枫桥经验”深化平安建设》，《法制日报》2013年10月28日。

员“干部运用法治思维和法治方式深化改革、推动发展、化解矛盾、维护稳定的能力”,[①] 切实发挥好模范带头作用。“加强基层法治机构建设，强化基层法治队伍，建立重心下移、力量下沉的法治工作机制，改善基层基础设施和装备条件，推动法治干部下基层活动。”[②] 加强和改进法治宣传教育，健全普法宣传教育机制，引导群众以理性合法方式表达诉求、维护权益，确保崇法向善、循法而行成为全民的自觉行动，最大限度地促进群众充分理解、支持、参与平安建设。

四是坚持在法治轨道上破解重点难点问题。对于影响安全稳定的源头性、根本性问题，既要加大组织推动力度，又要加大依法治理力度，确保取得实效。对于经济发展新常态下产生的各种新情况新问题，要按照依法治理的思路，善于从法律层面思考问题，在法律框架内研究解决办法，确保不形成新的焦点和难点。当前，要紧紧围绕提升群众安全感、提高执法透明度、预防涉众型经济案件、化解社会突出矛盾、加强公共安全管理、有效预防重特大安全事故等重点难点问题，秉持法律准绳，用好法治方式，积极加以解决，不断提高平安建设法治化水平。

（二）坚持综合治理，进一步完善“平安北京”建设的体制机制

我国保持社会治安良好的一条重要经验就是对治安问题进行综合治理，这也是搞好平安建设的重要保证。要深入总结以往社会治安综合治理的成功经验，不断完善“平安北京”建设的体制机制，切实把平安建设提升到一个新水平。

一是完善平安建设统筹推进机制。按照“党委领导、政府负责、社会协同、公众参与、法治保障”[③] 的社会治理总体格局，进一步调整充实“平安北京”建设领导小组及办公室，切实加强对“平安北京”建设工作的组

---

① 《在中国共产党第十八次全国代表大会上的报告》，2012 年 11 月 8 日。

② 《中共中央关于全面推进依法治国若干重大问题的决定》，2014 年 10 月 23 日。

③ 参见《决胜全面建成小康社会　夺取新时代中国特色社会主义伟大胜利》，人民出版社，2017，第 49 页。

织领导和统筹推进力度。建立平安建设年度任务预立项制度，并纳入政府为民办实事项目，加大投入保障，严格项目监管，全力实施推进，确保按期完成任务。将维护政治稳定、社会治安防控、矛盾预防化解、人口服务管理、社会治理创新等“六项工程”作为平安建设的重点，建立捆绑推进机制，确保取得实效。

二是完善平安建设领导责任机制。严格各项制度，坚持每年签订平安建设工作责任书和任务书，推行党政主要领导和平安建设主管领导年度述职并在组织部门备案，抓好平安建设工作履职评价，健全平安建设实绩档案，深化平安建设联系点制度，全面推进平安建设领导责任制落实。加大督查力度，健全和完善领导重点查、委办局帮扶查、相关部门重点查、街乡自我查的“四级督查”机制，推动平安建设各项工作的有效落实，及时发现和解决工作中的突出问题。强化挂牌督办，对治安重点地区、群众安全感薄弱地区继续实施挂牌督办，不改变面貌不撒手，不见到成效不罢休。严格责任追究，对因工作不到位而发生影响全市安全稳定重大问题的单位，要深入开展责任倒查，严格追究领导责任，直至实行一票否决。

三是完善平安建设的参与机制。进一步完善驻区单位共建共享机制。充分发挥社区建设协调委员会、双拥领导小组等联络协调作用，形成街道、社区为驻区单位排忧解难，驻区单位参与基层平安创建的互利共赢机制。激发企业参与平安建设的活力。引导鼓励驻区企业依法有序参与平安建设，兼顾不同企业的特色，深入开展“平安企业”“平安流动人口之家”“平安写字楼”等创建活动，进一步拓宽创建领域，细化平安建设达标标准，打造一批企业积极参与平安建设的品牌，进一步提高企业参与平安建设的能力水平。通过细化、规范商会、协会等行业组织参与平安建设的责任、义务，发挥其在平安建设中的协同、自治、自律作用。大力培育治安志愿者等社会组织，拓宽公众参与平安建设的渠道。通过政府购买服务资助、社会组织孵化器培育等多种方式扶持社会组织的发展，构建人人参与、人人共享的“全民创安”格局。

四是完善平安建设考核评价机制。在总结归纳现有平安建设指标参数的基础上，抓紧研究和确立适应形势发展、适合任务需要的平安建设指标体系。修订平安街乡、平安社区（村）以及平安医院、平安学校等行业系统“六创建”工作标准，进一步完善基层平安创建活动实施办法，不断推动新一轮基层平安创建活动深入开展。充分发挥平安建设考核指挥棒的作用，进一步细化和完善考核评价体系，科学设置考核项目，合理分配考核分值，不断创新考核方式，探索日常考核和年度考核相结合的有效途径，做到结果考核与过程考核并重，最大限度地体现考核的公开、公平、公正。将平安建设工作继续纳入党委班子和政府成绩考核内容，适当加大考核权重。

（三）坚持系统治理，进一步做实做强“平安北京”建设的六大体系

坚持系统治理，就是要通过做实做强构成平安建设的各个体系，整合资源，补齐短板，优化结构，使各体系发挥出“1 +1 >2”的效果，提升平安建设的整体效果。

一是以织严织密“七张网络”为切入点，推动首都立体化社会治安防控体系实现新升级。要在现有基础上，深入推进社会面治安防控网、单位内部和重点行业治安防控网、城乡社区治安防控网、重点人群治安防控网、互联网治安防控网、科技信息化防控网、首都外围治安防控网“七张网”建设，进一步提升社会治安防控体系建设的法治化、社会化、信息化水平，努力使各类防控机制运行更加顺畅，治安管理地方性法规规章更加完备，形成全面设防、高度协同的立体化社会治安防控体系，“使影响公共安全的暴力恐怖犯罪、个人极端暴力犯罪等得到有效遏制，使影响群众安全感的多发性案件和公共安全事故得到有效防范”,[①] 为首都社会安定有序提供更加坚实有力的保障。

---

① 中共中央办公厅、国务院办公厅印发《关于加强社会治安防控体系建设的意见》，2015 年 4 月 13 日。

二是以完善司法调解为重点，推动社会矛盾纠纷多元化解体系建设实现新突破。根据近年来推进社会矛盾纠纷多元化解体系建设的经验教训，适应我国传统文化背景下争议解决趋向于权威解决的特点，要真正树立起调解的权威，提高调解的使用率，扭转纠纷当事人通过诉讼解纠的偏好，就必须建立以法院引导为主的紧密型的司法附设非诉讼程序（ADR）模式，设置调解前置程序和拒绝调解惩戒机制，规定一定范围的民事诉讼案件必须经过调解程序，否则不能进入诉讼程序。为了督促当事人理性、慎重对待多元调解程序，推进调解进程、提高调解成效，还应同步建立拒绝调解的惩治机制，作为强制调解制度的配套措施。为确保这一改革取得实效，应充分发挥法院的引领、推动和保障作用，在法院设置专职调解法官，建立特邀调解组织和特邀调解员名册，深度参与多元调解过程，确保多元调解与诉讼对接程序顺畅，真正建立起简繁分流的多元化纠纷解决机制。

三是以京津冀协同发展为抓手，推动流动人口服务管理体系实现新跨越。京津冀协同发展战略的实施为创新首都流动人口服务管理工作提供了新的契机和更宽广的舞台，“要根据北京、天津、河北的基本城市功能定位，建立充分尊重市场规律与人口分布和迁移规律的实有人口政策体系，通过调整京津冀三地城市发展规划、功能定位以及产业布局，在全国范围、京津冀区域和北京市三个层面疏解非首都核心功能，通过市场规律影响人口迁移意愿，进而实现间接调节人口迁移与分布。加快推进以居住证为基础的实有人口服务管理登记制度，逐步取消户籍管理制度以及建立在户籍制度和原有管控思维下的限制性和歧视性政策和制度，特别是注意取消与户籍相联系的歧视性的住房、社保、医疗和教育等社会福利政策”,[①] 逐步有序实现所有常住人口的公共服务均等化。

四是推进重点整治常态化，构建制度化的重点问题治理体系。围绕“平安北京”建设，深入推进城乡接合部地区综合治理。通过拆、建、管、

① 王瑜、武继磊：《京津冀协同发展视角下北京流动人口管理政策综述分析》，《人口与发展》2015 年第 5 期。

控、整“五步走”，深入推进城乡接合部重点村挂账整治。“拆”就是拆迁、拆违、拆除；“建”就是建队伍、建平台、建设施；“管”就是推进分级管理、差异管理、网格管理；“控”就是控人口、节资源、治环境；“整”就是整秩序、整隐患、整乱点，深入推进社会治安重点地区排查整治。按照中央政法委和北京市委政法委的工作部署，深入推进社会治安问题突出地区挂牌督办整治工作。固化完善治安乱点滚动排查、高发案地区定期约谈、三类可防性案件通报等工作机制，组织公安、工商、城管等各方面力量，深入社会治安重点地区，集中优势力量，下大力气开展专项整治行动，确保八类重点刑事案件、三类可防性案件、治安案件发案逐年下降，深入推进违法出租房屋专项整治。通过抓源头、强治理、促规范、建机制“四步法”，强力推进房屋违法出租治理工作。积极探索实施社区、中介互助式服务管理和房屋分类服务管理等源头控制机制，有效防止群租房问题反复滋生。

五是根据农村、城市、工业园区的不同特点，构建精细化的基层社会治理体系。在农村地区，积极探索实施村庄社区化管理新模式，按照“村内向村外延伸、软件向硬件延伸、管理向服务延伸”的工作思路，在全市完成村庄社区化管理“全覆盖”，提升农村地区社会服务管理水平。实施村庄事务标准化管理，将村庄各类服务管理事项整合为安全管理、综合治理、环境秩序、社会服务、信息管理等五大类161个具体事项，初步实现村庄事务精细化管理，在城市实行社区管理规范化。对老旧小区，实施老旧小区综合整治，铺设管线、铺装道路，使老旧小区环境更优美、居民生活更舒适，通过政府搭台引导、社会组织协调、社区居民参与“三步走”，实施老旧小区自我服务管理。加强老旧小区物业管理，引入国有企业、社会单位接管老旧小区管理，探索实施无物业小区菜单式服务模式。对回迁社区，要从社区综治组织建设、队伍建设、设施建设、制度建设等方面入手，推行回迁社区管理社会化、信息化、规范化建设。对于工业园区，实行管理属地化。将工业园区社会管理工作纳入属地管理，完善社会管理职能，减轻工业园区社会管理压力，提升工业园区治安管理、公共服务水平。

六是以队伍建设为重点，进一步健全完善应急处突体系。北京市的应急队伍，企业编制的占到了总数的一半以上，近年来受政策和经济转型升级的影响，许多隶属于企业的应急队伍的经费保障出现了较大缺口，甚至出现了生存危机，长此以往，将对北京市的应急处突能力产生极为不利影响。应组织推动制定《政府购买应急服务实施细则》，通过依法行政的方式，将北京市需要的、由企业编制应急队伍提供的应急服务纳入政府购买服务的范围，给企业以资金支持，化解部分企业编制应急队伍的生存危机。将企业编制应急队伍的培训演练活动纳入城乡劳动者的职业培训制度，使企业编制应急队伍的培训演练活动得到财政资金的支持。通过财政资金的导向作用，将企业编制应急队伍的主要精力引导到培训演练上来，达到既提高应急队伍素质能力，又为企业减负解困的目的。对于个别北京市急需而企业又无力购买的大型应急装备，应采用“企办政管”的思路，由政府购买，交给企业使用，以保障全市突发事件应对需要。

（四）坚持源头治理，进一步夯实“平安北京”建设的基层基础

坚持源头治理，就是要标本兼治、重在治本，从根本上解决制约平安建设的深层次问题。

一是建立市场经济条件下的利益均衡制度。“为此需要建立以下 5 个配套机制。①信息获取机制——保证公众知情权，即阅览卷宗、参与听证等的权利，让公众及时了解事关自身利益的公共事务与公共决策，在第一时间就能保护自身权益；②利益凝聚机制——以一定组织形式为载体，把公众中分散的、散射的要求凝聚和提炼起来，上升到提供政府决策的层次；③诉求表达机制——让公众有利益表达的渠道和环节，如以听证、表意、监督、举报等方式向公众提供表达机会，还要设置相关制度使利益各方通过大众媒体等方式表达各自的利益诉求；④施加压力机制——当今利益分化，有了强势与弱势之分，强势群体拥有资源多，为自己争利益的手段也多。而弱势群体必须有特殊的施加压力机制才能保护自己的利益，当然对这种施加压力机制需要用法律法治加以规范；⑤利益协商机制——

在利益诉求明确基础上，矛盾各方按法律渠道和程序进行对话与谈判，协商公平有效地自行解决利益纠纷，政府无须事事介入，既减少行政成本，又节约社会成本。”①

二是深入推进重大决策社会稳定风险评估制度。立足加强和创新社会治理，创新确立“双三不、双三有”（不评估不决策、不评估不施行、不评估不备案协调，有评估就要有调研、有评估就要有跟踪、有评估就要有应对预案）的工作原则和“试点先行、典型推广、逐级逐面、适时铺开”的工作思路，扎实推进社会稳定风险评估“纳入决策程序、嵌入规范性文件、报备督办、备案审查”四大机制，将社会稳定风险评估作为必经程序、制度条款，纳入政府决策程序，全面建立专项联席会议和部门对接机制，并将第三方社会组织引入风险评估工作体系，确保风险评估工作客观、公正，有效消除风险隐患，提前拟定防范措施，最大限度地从源头上预防和减少不稳定因素。

三是健全基层政府、基层自治组织对辖区群众的责任机制。“在法理上基层政府、基层自治组织应对辖区内的老百姓负责，为他们提供服务。但在现实生活中基层政府、基层自治组织的政绩评定、基层官员个人的升迁、生活待遇等事项都是由上一级政府和官员决定的，这一状况就导致基层干部为了追求本单位、本部门和本人个人利益的最大化，必然会只唯上、不唯下，事事、处处讨好、献媚上级，为了完成上级交办的种种任务，不惜损害、牺牲群众的利益。要改变这种现状，就需要改变基层政府、基层自治组织只对上一级政府负责而不对辖区内民众负责的局面，在责、权、利基础上建立起基层政府和基层自治组织对上负责与对下负责有机统一的机制。这就需要扩大群众选择基层官员的权利，进一步完善基层自治和民主选举。就需要扩大群众参与决策的权利，进一步拓宽公民政治参与的途径、方式和形式，领域、范围和空间，大力发展社会组织，引导人民群众依法管理辖区内的社会事务。就需要进一步落实群众依法监督基层政府和基层自治组织的权利，大

① 周瑞金：《辛亥百年：从世界演变看中国改革路线图》，《炎黄春秋》2011 年第 9 期。

力推进政府信息公开制度，完善群众举报投诉制度，健全舆论监督等制度等等。”①

参考文献

《在中国共产党第十八次全国代表大会上的报告》，2012 年 11 月 8 日。

《在中国共产党第十九次全国代表大会上的报告》，2017 年 10 月 18 日。

杨学聪：《百项改革激发首都公安新活力》，《经济日报》2018 年 05 月 28 日。

郭庚茂：《发展“枫桥经验”深化平安建设》，《法制日报》2013 年 10 月 28 日。

王瑜、武继磊：《京津冀协同发展视角下北京流动人口管理政策综述分析》，《人口与发展》2015 年第 5 期。

周瑞金：《辛亥百年：从世界演变看中国改革路线图》，《炎黄春秋》2011 年第 9 期。

殷星辰：《社会治理创新：关于“第五个现代化”的深义与断想》，《甘肃理论学刊》2014 年第 3 期。

① 殷星辰：《社会治理创新：关于“第五个现代化”的深义与断想》，《甘肃理论学刊》2014 年第 3 期。

B.18

北京市基层平安创建工作的回顾与思考

张 博　刘晓磊*

摘　要： 推进基层平安创建工作是维护首都社会治安长期和谐稳定的治本之策，是满足人民群众基本民生需求提升安全感的基础保障，是实现矛盾风险隐患源头化解推进市域社会治理现代化的破题之举。为贯彻落实习近平总书记关于平安建设的一系列重要批示精神和中央、北京市委的部署要求，全市政法综治系统突出重在建设、基层先行，主动应对新形势的考验和挑战，以深入推进基层平安创建牵引带动平安北京建设工作纵深发展，不断将基层平安创建的内涵向社会治理领域延伸。

关键词： 平安建设　基层工作　社会治理

党的十八大以来，习近平总书记在一系列重要讲话中提出了创新社会治理的新理念、新思想、新战略，对平安建设工作也提出了新的更高要求。党的十九大报告提出，要健全公共安全、社会治安防控、社会心理服务和社区治理等四个体系，打造共治共享的社会治理格局。基层平安创建是以解决基层社会治安问题为目的的群众性的创建工作，开展基层平安创建是形势发展的需要，是人民群众的迫切需求。在新的时期，基层平安创建已经成为加强和创新社会治理的重要内容和实现路径，它的意义和内涵进一步升华。

---

* 张博，北京市委政法委重点整治工作处处长；刘晓磊，北京市委政法委重点整治工作处主任科员。

一　北京市基层平安创建工作的主要做法和成效

（一）基本情况

1992 年 9 月，《北京市社会治安综合治理条例》颁布，全市各级各部门社会治安综合治理委员会或领导小组建立，成为落实开展基层平安创建工作的主体。在中央综治委及北京市委、市政府领导下，全市各级政法综治部门坚持打击和防范并举、治标与治本兼顾、重在治本的方针，实行专门机关工作与群众路线相结合的原则，不断总结推广基层打击违法犯罪、治安防范、群防群治等工作经验，探索实践适应首都特点的平安创建工作模式和机制办法。2004 ~2005 年集中出台了关于在全市开展“平安社区”“平安单位”“平安校园”“平安商（市）场”“平安旅游景区”“平安街道（乡镇）”“平安家庭”等创建活动工作意见和认定管理办法。2005 年 5 月，首都综治委印发了《关于全面推进首都基层平安建设工作的意见》，部署全市按照“六创建一整合”要求，全面开展各类各层级基层平安创建工作。党的十八大以来，北京市委、市政府从统筹推进“五位一体”总体布局和协调推进“四个全面”战略布局出发，先后印发了《关于全面深化平安北京建设的意见》《关于加强首都立体化社会治安防控体系建设的实施意见》等纲领性文件，全面强化全市社会治理创新、维护社会安全稳定工作的顶层设计，对基层平安创建工作有了更高的指导意义。经过多年努力，全市形成了党委、政府同责，政法综治统筹，专业部门配合，社会力量参与，层层压实责任的共创共建工作格局。全市各级基层综治中心和网格化服务管理覆盖率达到 100%，实名注册治安志愿者超过 86 万人，平安社区（村）、单位、校园、商（市）场、旅游景区、家庭等创建达标率为 80% 以上，实现了发案减少、防范有效、秩序良好、安全感增强的工作效果，圆满完成了历次重大会议、活动的安保工作，为广大群众安居乐业创造了良好的社会治安环境。2017 年，全市群众安全感达到 97%，为近十年最好水平。

（二）主要做法

一是切实做强基层。坚持重心下移，整合各方面资源、力量、手段，搭建共创平安的平台，创新推进了城市网格化和村庄社区化，服务管理模式产生了重大影响并在全国推广，有力促进了社会治理方式向精细、动态、社会多元的深刻转变，平安建设的基础保障得到进一步强化。不断完善基层社会服务管理体系，充分发挥网格化体系在平安建设中的作用，探索城市管理网、社会服务管理网、社会治安网“三网”融合，实现网格化体系区、街道（乡镇）、社区（村）三级覆盖，全市共划分基础网格 3.65 万个，配备各类网格员 7 万余人，形成了“横到边、纵到底、全覆盖、无缝隙”网格化体系。加强基层组织、队伍建设，制定出台《关于进一步加强社区（村）社会治安综合治理委员会建设的意见》，严格落实综治委例会、平安协商共建等工作机制，配齐配强专兼职力量，确保综治工作在基层有人抓、有人管、有人落实。截至 2018 年，全市共设有社区居委会 3131 个，村委会 3693 个，社区村综治工作人员 49279 人。加强基层综治中心建设，整合各类维护社会治安和社会稳定的资源力量，建成各级综治工作平台 7089 个，实现了基层综治中心在全市所有街乡镇、社区村的全覆盖。自 2006 年 9 月开始至 2018 年底结束，按照试点先行、以点带面原则，分三个阶段开展基层综治中心规范化建设工作，推动全市基层综治中心实体化运行。充分发挥基层综治中心平台作用，强化资源整合、职能衔接、工作互动、人员融合，促进共享共建、联勤联动、协同作战、合作共赢，最大限度地服务基层平安建设。创新新时期的群防群治工作，治安志愿者队伍不断发展壮大，率先在全国综治系统成立了第一家平安志愿服务社会组织，逐步扩大行业志愿者队伍和组织规模。根据形势任务发展需要，切实加强治安巡防队、流管员、楼门院长、中心户长和十户联防队等群防群治队伍建设，首都群防群治力量总规模已超过 140 万人，为维护首都安全稳定做出了突出贡献，“朝阳群众”“西城大妈”“海淀网友”“丰台劝导队”“东城守望岗”等一批首都群防群治时代品牌名扬全国。

二是突出维护稳定。坚持把防控风险摆在突出位置，紧密围绕影响社会面安全稳定的突出问题和重点行业领域存在的风险隐患，加强基层基础防范，注重从社会面从源头落实防控措施，实现以面保点，持续保持首都治安局势整体平稳可控。健全完善重大活动安全服务保障模式，实施并固化了群防群治等级防控机制、进京道路治安查控机制、民兵看桥护路机制、“环京护城河”防控机制、特殊人群服务管理机制、联合督导检查机制等一大批工作机制，圆满完成了党的十九大、纪念抗战胜利 70 周年、“一带一路”国际合作高峰论坛、历年全国“两会”等重大活动安保工作。深入开展物流寄递行业安全管理清理整顿，强力推进“三个 100%”制度落实。加强无人驾驶航空器管控，建立协调联动机制，完善安全管理措施。加强公共交通安全管理，截至 2017 年已配备公交乘务管理员 2.4 万人，覆盖全市主要线路全部运营车辆，有效处置各类突发事件近万起。推进首都社会矛盾多元化解体系建设，充分调动各方面积极性，有效提升社会矛盾多元调解的效能，成立了全国首家省级的多元化解“枢纽型”社会组织——北京多元调解发展促进会，大力推动行业性、专业性调解的创新发展，截至 2017 年，全市行业性、专业性调解组织已达 500 余家，切实把矛盾纠纷化解在基层、消除在萌芽状态，使对抗性矛盾得到控制，非对抗性矛盾得到疏导和调处。进一步筑牢基层人民防线，在全市广泛开展国家安全宣传教育活动，树立市民国家安全意识，把力量延伸到社区和基层单位，把视野拓展到各行各业，切实防范和打击敌对势力在基层以各种名义方式进行渗透破坏。

三是坚持重在建设。2005 年以来，北京市逐步打造了具有首都特色的社会治安防控体系，形成了比较完善的平安建设工作格局，建立了一系列有效的体制机制，成为基层平安创建工作的重要基础保障。提高社会治安防控体系智能化水平，加快推进“雪亮工程”建设，制定出台《北京市公共安全视频监控建设联网应用实施方案》，建立健全全市视频图像资源共享应用、安全使用审核等工作机制。目前，全市共建视频监控探头 73.4 万余个，全市 329 个街乡镇级综治中心视频平台与 319 个派出所视频平台实现了联网对接。着力加强基层流管站和流管员队伍规范化建设，制定出台了工作意

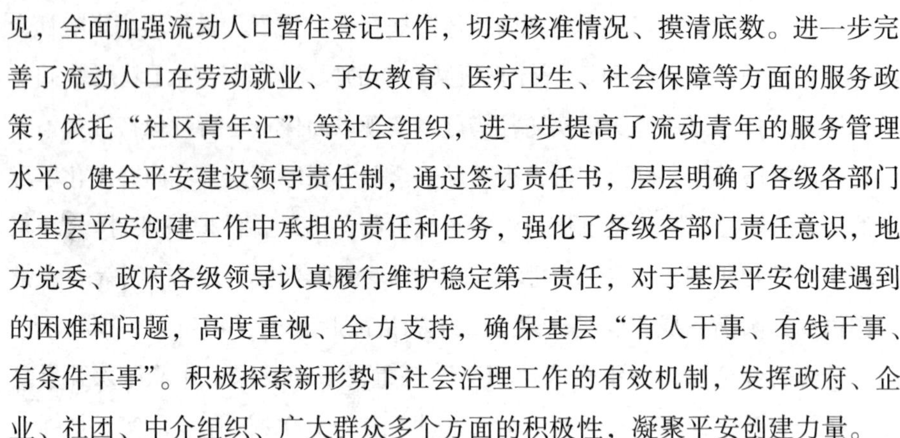

见，全面加强流动人口暂住登记工作，切实核准情况、摸清底数。进一步完善了流动人口在劳动就业、子女教育、医疗卫生、社会保障等方面的服务政策，依托“社区青年汇”等社会组织，进一步提高了流动青年的服务管理水平。健全平安建设领导责任制，通过签订责任书，层层明确了各级各部门在基层平安创建工作中承担的责任和任务，强化了各级各部门责任意识，地方党委、政府各级领导认真履行维护稳定第一责任，对于基层平安创建遇到的困难和问题，高度重视、全力支持，确保基层“有人干事、有钱干事、有条件干事”。积极探索新形势下社会治理工作的有效机制，发挥政府、企业、社团、中介组织、广大群众多个方面的积极性，凝聚平安创建力量。

二　北京市基层平安创建工作面临的困难和问题

（一）当前面临的形势任务

一是在社会治安和社会稳定方面，北京既有自身发展过程中遇到的“内生型”问题，又有作为首都的特殊定位所吸附聚集过来的“外生型”问题。北京已成为各种矛盾纠纷的汇集地，一些矛盾问题容易被放大扩散，引发群体性事件，一旦被别有用心之人利用，极易被煽动并扩大成为重大群体性社会矛盾。如何有效化解这些社会矛盾已成为摆在我们面前迫切需要解决的问题。

二是随着我国社会主要矛盾的变化，地区、行业之间以及社会成员之间收入差距的不平衡，土地征用、房屋拆迁以及劳动关系、食品药品安全等问题引发了大量社会矛盾，加之各种社会思潮相互碰撞，引起社会心态的多种变化，出现了个别社会失范、无序现象甚至个人极端行为，如何在基层协调利益关系、从源头化解社会矛盾、维护社会和谐稳定是对我们的重大考验。

三是当前的平安建设和社会治理工作水平与广大群众的需求与期待之间还存在一定差距，群众反映强烈的“大城市病”、大气污染、交通拥堵等问题，还没有得到根除，如何在治理过程中更好地实现精细化治理，需要我们进一步研究。同时，随着法治社会不断完善，群众的民主、权利、权益保障等主体意识不断增强，如何改进新时期群众工作、健全群众组织动员机制也是新的课题。

（二）创建工作存在的难点问题

一是需要平衡运动式和常态化的关系。运动式创建是通过政府动员自上而下地调动社会各方面积极性和创造性，集中优势人力、物力采取的有组织、有目的、群众参与规模较大的创建活动。一方面，在一些基层平安创建工作中，通过百日攻坚、争先创优等运动式手段，行动速度快，执行标准严，可以起到立竿见影的效果，但往往形式轰轰烈烈，考核结束就停，很难常态化。另一方面，一些创建工作标准修订不及时，制度陈旧固化，工作循规蹈矩、按部就班，对一些突发情况和顽疾沉疴，不能采取及时有力的措施，影响了创建效果。

二是需要平衡政治号召和群众参与的关系。一方面，由于长期以来政府力量对社会领域的过度介入，大多数社会成员对政府存在根深蒂固的依赖心理，街道不来布置就不用干，或是只看居委会的人忙不见其他人上手。干部忙于执行上级部署、完成指标，忽略了对群众的宣传动员，导致了社会公众参与的被动。另一方面，首都公众的社会参与意识居于全国前列，随着我国经济社会蓬勃发展，北京作为首都举办的大事多、喜事多，全市范围发动群防群治力量参与安保工作的周期增加。为完成任务，各部门工作的重点放在政治号召和引导动员上，而忽略了精细化、人性化、常态化的服务管理，不能最大限度地科学有效发挥群众参与作用。

三是需要平衡高处着眼和实处着手的关系。当前，全市政法综治战线对深入平安建设、创新社会治理工作已经达成了共识，正在开展更高水平平安建设工作的实践，但也存在一些误区。一方面，只是重视顶层设计，对基层好的做法加以提炼升华，推广成为探索创新社会治理工作的新方式，却忽视对一些“短板”研究，有先进的理念和意识，缺乏解决问题的实际能力，啃不动“硬骨头”，打不稳“攻坚战”。另一方面，跳不出当地的圈子，跳不出就事论事的思维模式，对于平安建设业务，与老战友“公检法司”配合得心应手、相得益彰，可对于社会服务、民生保障、信息科技等社会治理工作新搭档，却出现“不愿”“不敢”“不会”的情况，完成工作的成效也仅限于原有的安保的业务范畴。

三 进一步加强北京市基层平安创建工作的思考和建议

首都经济社会发展进入新的时期。随着我国社会主要矛盾发生新变化，基层社会面临诸多风险矛盾，基层社会治理面临诸多难题挑战。基层平安创建工作开展在基层、落实在基层，最主要的依靠力量是基层组织和群众，必须根据新形势的需要，积极探索新的方式途径，努力打造共建共治共享的基层社会治理新格局。

（一）发挥政治统领作用，激发社会参与活力

“基层”的一般解释是各种组织中最低的一层，它跟群众的联系最直接。在所有基层的工厂、商店、学校、机关、街道、合作社、农场、乡镇、社区村开展的基层平安创建工作必须要坚持党的领导。政法委作为统筹开展基层平安创建工作的党委部门，必须把党的领导贯穿工作的全过程和各方面，“引导基层广大党员干部牢固树立‘四个意识’、坚定‘四个自信’、坚决维护习近平总书记核心地位，坚决维护党中央权威和集中统一领导”。[①] 树立目标导向。紧紧围绕加强和创新社会治理的总体目标，不断谋划平安创建的新思路，设定平安创建的新任务，规划平安创建的新路径，在更高起点全面推进基层平安创建活动。坚持现代化理念，系统性思维，在党委全面领导下，统筹整合政府部门、市场领域、社会各界等各种力量，进一步增强平安创建工作的整体性、系统性和协调性。坚持全面统筹。进一步推动创建主体由单一向多元转变，要善于总结提炼工作运行规律，处理好上下协调、左右协调、内外协调关系，注重多维视角、多种手段、多管齐下。更加注重运

① 参见王忠梅《以政治建设提升机关党建质量》，《学习时报》2018 年 9 月 25 日。

用协商、契约、道德、习俗等社会内生机制，更加注重调动企业、社团、中介组织、广大群众等社会力量的积极性。强化组织领导。平安建设是党执政的重要内容，甚至是核心内容，是党领导的、政府主导的各地区各部门“一把手工程”，进一步强化各级领导责任和领导意识，把平安建设纳入经济社会发展整体规划。按照“统一领导，分工负责，齐抓共管，形成合力”的总体要求，严格落实各级党委、政府的领导责任，各级政法部门的统筹协调责任、各有关部门的主力军责任，形成推动工作的整体合力。坚持群众路线。基层平安创建是群众性的创建活动，只有坚持做群众工作，走群众路线，才能更好地发挥群众作用，不断提高协调关系、化解矛盾等能力，牢牢掌握工作的主动权。坚持以党建带创建，建设以基层党组织为核心、群团组织为纽带、社会组织为依托的工作体系，最大限度把群众组织起来，实现从社会人向组织人的转变，真正把基层党建的政治优势转化为基层平安创建的工作优势。

（二）健全考核评价体系，切实发挥创建实效

考核评价是推动决策落实、明确目标责任、整合发展资源、提高工作效率的有效机制，在基层平安创建工作中，科学、客观、明确、完善的指标体系是考核评价机制发挥最大效率的基础。基层平安创建工作的统筹组织是党委、政府，开展落实是基层单位，参与者和受益者是人民群众，评价考核的主体和客体都是多元化的，需要综合利用传统方式和现代理念，将评价考核贯穿工作全过程、覆盖各方面。充分发挥平安建设考核作用。基层平安创建是对一个地区和部门维护安全稳定的工作职责和力量资源的体制性安排和配置，创建工作推动情况和效果体现了地区和部门的工作成效。由政法委牵头成立平安建设考核领导小组，将基层平安创建工作列为考核重点，组织各成员单位针对不同特点和职能有针对性地制定并细化考核指标，以考核促进创建工作落实。统筹开展平安建设考核与基层平安创建先进单位认定工作。教育、卫生等行业主管部门要本着更加科学合理、体现工作差距原则，对本领域基层平安创建认定管理办法进行修订，每年度“平安校园”“平安医院”

等命名和授牌的比例要与平安建设考核优秀比例保持一致，切实起到鼓励先进、鞭策后进的作用。坚持群众评判。要将群众满意作为平安建设的出发点、落脚点和评判标准，充分尊重和保障群众的参与权、表达权、知情权和监督权，做到基层平安创建的过程一定让群众全面参与，平安建设的成效让群众进行评判，平安创建的成果让群众共享。组织开展基层平安创建群众满意度调查工作，搭建党委、政府“倾听民声、了解民意”直通车和大平台。注重群众反映问题的收集和反馈，牢牢把工作着眼点放在人民群众最迫切要求解决的实际问题上。在平安建设考核中，科学引入群众满意度考核指标，突出民意导向，推动各地区各部门紧盯满意度这个风向标、指挥棒，切实将创建的成果转化为惠民实效。发挥市场功能。商业、旅游、餐饮等服务场所是基层平安创建的重点，也是难点和薄弱环节，安全管理工作中，政府部门需要投入较大行政成本。要运用市场化手段，创新开展“平安商场”“平安旅游景区”“平安酒店”“平安餐厅”等命名表彰工作，加强宣传引导，向社会公示先进“红名单”和落后“黑名单”，扩大在消费者中的知晓度，直接将平安创建成效与企业经济效益挂钩，进一步激发社会个体参与平安建设的积极性、主动性，强化企业自我约束。

（三）增强短板忧患意识，延伸创建工作领域

一个木桶能装多少水，取决于最短的那块板子。平安建设中的短板，就是工作中的薄弱环节和不擅长的地方。所以在基层平安创建工作中既要抓好化解历史遗留积累的存量问题，又要高度重视平安建设新形势下出现的增量问题。重点防范最严峻的各类安全风险，特别围绕暴恐袭击、社会稳定等突出风险，针对人、组织、物、网等社会治理的要素，把平安创建工作进一步落小落实落细，有效防范风险的蔓延、叠加、升级。把平安创建延伸到管制刀具、散装汽油、低慢小航空器等涉恐涉暴人员有可能采用的物品上，延伸到地下空间、出租房屋、空置库房、中小旅店等涉恐涉暴人员有可能落脚的处所，延伸到二手交易、旧货市场、快递公司等涉恐涉暴人员最有可能购置、运输犯罪工具的场所。充分运用各种形式广泛开展反恐怖宣传教育，加

大群众举报奖励力度，有效激发人民群众参与反恐怖工作的积极性、主动性，将反恐防暴情报信息工作的触角延伸到基层社区的每一个角落和每一个行业经营场所，形成反恐防暴人人有责、人人参与的工作态势。从影响安全稳定新的重点突出问题做起，积极推进基层平安建设工作向矛盾多发、管理缺失、职能交叉、影响社会安全稳定的新领域、新群体、新类型延伸。以最大限度地消除风险隐患维护安全稳定为第一目标，落实行业部门主管责任，统筹开展“平安寄递物流”“平安轨道交通”“平安幼儿园”“平安金融机构”等创建活动，以创建工作会聚各方面资源力量，堵塞风险漏洞。随着互联网迅速发展，针对“闪送”、共享经济、网约车等新技术新业态，注重从政策、技术、管理和法律等多方面采取综合性治理措施，同时需要引入专业第三方机构和社会公众多方参与，通过不断健全社会评议和信用公示等机制，促使企业自律规范，通过平安创建推动对新业态的治理水平。

（四）提升科技信息化水平，抓牢平安创建“硬措施”

随着经济社会发展，安全防控从最初的巡逻员、治保积极分子的人防，到安装防盗门、防护栏的被动物防，再到现在楼宇对讲、电视监控等主动出击的技术防范，技术的进步为群众带来更多更放心的平安。当前，我国的互联网建设应用水平已经走到世界前列，通过信息化手段提升平安创建工作已经成为公众共识。现代信息技术具有数字化、可视化、全程留痕等特点，可以对人流、物流、资金流、信息流进行全程监控，是治安防控的有力手段。近年来，大力推广实施的“雪亮工程”，是“互联网+”环境下加强基层平安建设的重要途径。楼门院口、街头巷尾的探头多了，群众的安全感逐渐增强。同时，大规模建设“雪亮工程”，带来了海量数据接入与管理的压力，要降低系统维护开销与人力负担，就需要利用人工智能、大数据等技术成果。要加强推广人脸检测、车辆检测、人群密度分析等人工智能技术应用，自动解析监控图像，以数据化的分析判断减少人工识别误差。加大数据资源整合力度，通过大数据、云计算，进行自动排查、案事件预警、警情联动，实现事前预警，降低突发事件的风险。把科技防范措施延伸到群众身边，打造“雪亮社区”“雪亮网格”工作平台，通过手机 App 等网络技术，将社区安防视频入门入户，让居民在家中就能参与社区防范工作，鼓励群众利用随手拍等移动采集方式，及时上传有价值的视频或图片信息，让雪亮的眼睛分布得更多更广。推动多元化智能深度应用，把“雪亮工程”与“智慧城市”、多网融合等工作紧密结合，充分发挥现代信息技术和智能技术在预防打击违法犯罪、加强环境保护、强化安全监管、努力服务民生等方面的重要作用，进一步提升社会治理的精细化水平。加强各类社区物防、技防设施建设，大力推动智能门禁、入侵自动报警、红外探测器等小技防设施入户。推广以数字化社区安全服务中心为代表的基层社区智能化建设，通过布建和整合门禁系统、移动上网、视频监控、电子围栏、物联网等智能化信息采集渠道，全面掌握辖区内的人、地、物、事、组织等基本信息及吃、住、行、消费等动态信息。在此基础上，充分利用云技术、提升数据分析和决策能力，从源头上发现并消除风险隐患。

（五）探索共治共享新路径，营造平安文化“软环境”

在“四个自信”中，文化自信是更基础、更广泛、更深厚的自信。它是一种文化的自觉和自豪，是反对“西方文化中心论”的有力武器，还是吹响推动中华民族复兴的精神号角，覆盖影响新时代中国特色社会主义建设的各个方面。在平安北京建设中，有很多优良传统和经验做法，要从文化的维度来将它们打造成为平安文化，进一步凝聚首都平安建设的强大精神力量。习近平总书记在中央政治局审议北京城市总体规划会议上提出，北京有自己的好传统，如“朝阳群众”“西城大妈”，哪里多一些“红袖章”，哪里就多一分安全。这是总书记对北京的群防群治工作的肯定，也是期望和要求。与强调宗教价值的西方志愿服务理念不同，“红袖章”形成于政府自上而下的引导和群众自发的政治自觉，体现了“集中力量办大事”的社会主义制度优越性。虽然北京发动群众做法受到一些西方人士诟病，但这正是一种“吃不到葡萄说葡萄酸”的心理，我们必须要坚定这种自信，以人性化的方式改进组织发动方式，拓展服务保障措施，加大政策经费支持，注重表彰奖励和宣传引导，进一步做强做大“红袖标”文化，让它不断在首都社会和群众心里沉积沉淀，成为维护一方平安、实现社会共治的常态力量。当前我国正处于经济社会变革期，群众身边矛盾纠纷多发，这是符合发展规律的，有矛盾就要找政府解决也是很正常。为使矛盾纠纷得到及时消除，就需要发动和依靠基层力量就地化解，探索形成基层调解文化，构建“枫桥经验”北京升级版。挖掘北京的“片儿警”文化。与其他机构相比，派出所更贴近群众生活，而且是公安执法机构，更容易赢得群众信任，能够从速、从快、从根本上化解矛盾纠纷。推广民事调解进派出所工作机制，充分利用派出所这一矛盾纠纷“会聚地”的“资源”，从源头上有效化解和分流人民内部矛盾，避免矛盾升级、激化。深入推进民警驻社区等工作机制，增加见警率，让人民群众在“有困难找民警”基础上，形成“有矛盾纠纷找民警”的共识。派出所虽然多了一份调解工作，但是纠纷少了，案子数量也随之下降，实现风险隐患在源头的化解，推动了由事后处置向事前防范的现代治理模式的发展。积极扶持“法老会”“家和万事兴”等民间调解组织发展，创新群众工作方法，让人民群众参与到社会治理中来，才能真正把“枫桥经验”坚持好、发展好，把党的群众路线坚持好、贯彻好。

参考文献

陈一新：《人民要论：推进新时代市域社会治理现代化》，人民网，http：//theory.people.com.cn/n1/2018/0717/c40531－30150959.html。

龚上华：《创新社会治理加强平安建设》，《中国社会科学报》2018 年 5 月 31 日。

尹立凯：《在平安建设中加强群众工作的思考》，《新西部》2015 年第 8 期。

贾宇：《如何建设立体化、信息化社会治安防控体系》，中国长安网，http：//www.chinapeace.gov.cn/2016－10/19/content_11373656.htm。

黄杰：《文化自信的三重功能》，《北京日报》2017 年 12 月 25 日。

B.19

顺义区城乡接合部地区重点村整治工作的实践与探索

姜 蒙 刘军辉*

摘 要： 随着城市化进程的加快，大量流动人口、各种不稳定因素逐渐向城乡接合部地区转移。由于其地处农村与城市的过渡区域，又是农村文明与城市文明碰撞交融的汇合处，往往是矛盾纠纷、治安问题、刑事案件、违法犯罪高发区域，成为社会管理的难点和重点。如何抓好城乡接合部地区综合治理，促进社会和谐稳定，是值得我们认真思考和亟待解决的问题。本报告以顺义区开展城乡接合部地区重点村整治工作为研究案例，通过对整治工作采取的措施、取得的成效进行总结，剖析工作中存在的问题，并进一步提出了提升城乡接合部重点村整治工作实效的对策措施，积极探索创新城乡接合部地区社会管理的有效途径。

关键词： 城乡接合部 村庄整治 综合治理

党的十九大报告提出，要“完善党委领导、政府负责、社会协同、公众参与、法治保障的社会治理体制，提高社会治理社会化、法治化、智能

* 姜蒙，北京市顺义区委政法委常务副书记；刘军辉，北京市顺义区委政法委宣传调研室主任。

化、专业化水平”。[①] 城乡接合部是兼具城市和乡村土地利用性质的城市与乡村地区的过渡地带。长期以来，由于城乡管理体制差异等方面原因，城乡接合部农村地区往往成为城市建设管理最薄弱的地区。由于人口的聚集和管理的滞后，城乡接合部存在较多的违法建设，违规经营行为较为普遍，高度依赖“瓦片经济”，人口无序地聚集，环境秩序恶化，给城市的可持续发展和地区的安全稳定带来极大的隐患。

一　开展城乡接合部地区重点村整治工作的重要意义

城乡接合部地区一直是城市建设管理中最突出的短板。在京津冀协同发展的大背景下，城乡接合部地区成为首都核心功能疏解的重要路径，也是各种风险隐患的聚集区和多发区。开展城乡接合部地区重点村整治工作，关系地区经济的持续科学发展，关系社会的持久和谐稳定，关系广大人民群众的切身利益。

（一）开展城乡接合部地区重点村整治工作，是提高区域综合承载能力的必然要求

综合承载力是服务功能和人口的重要领域，更是支撑高质量发展的关键要素。综合承载力越好，营商环境就越好，宜居宜业水平就越高，发展优势就越明显。顺义区作为承接中心城区适宜功能、服务保障首都功能的重点地区，在全市发展大局中肩负着重要使命。只有综合承载力强了，才具备完成承接任务的基本条件，服务“四个中心”功能建设的基础才更扎实。伴随顺义区城市化的加速推进，特别是在城乡接合部地区，各类安全隐患、违法建设、非法经营大量存在和聚集，给人口资源环境带来了巨大压力，各类风险也在极大地增加。城乡接合部地区的综合治理水平极大地影响着一个地区

① 参见《决胜全面建成小康社会　夺取新时代中国特色社会主义伟大胜利》，人民出版社，2017，第 49 页。

的综合承载力。据统计，顺义区现有流动人口倒挂村（社区）64 个、聚集流动人口 14.3 万人，其中 95% 位于城乡接合部地区。

（二）开展城乡接合部地区重点村整治工作，是深化“疏整促”专项行动的重要组成部分

“疏解整治促提升”专项行动是疏解非首都功能、优化提升首都核心功能、加快建设北京国际一流和谐宜居之都的重大举措。当前，顺义区正处于“四个转型升级”的关键期，产业结构深度调整，农业产业化、城镇化、市场化、信息化的深入推进，在带来经济和社会效益的同时，滋生了大量不稳定因素，直接影响社会秩序和安全稳定。城乡接合部地区村庄各类安全隐患问题更加突出。例如，挤街占道、私搭乱建等违法建设和无照经营、街面游商游贩等违法经营行为屡禁不止；入室盗窃、街面抢劫、抢夺案件等违法犯罪和社会丑恶现象屡打不绝；环境脏乱，基础设施短缺；部分镇村和部门认识不到位，责任心不强，工作流于形式。这些问题如不及时予以解决，势必会影响顺义新城的建设，势必会影响全区社会秩序和安全稳定，势必会影响广大人民群众安居乐业。北京市委、市政府高度重视城乡接合部重点地区的综合整治，多年来一直将城乡接合部的综合整治作为疏解非首都功能、调控人口规模、治理“大城市病”、消除公共安全隐患的一项重要工作，清理了一批知名的“城中村”。特别是近年来，依托“疏解整治促提升”专项行动，狠抓城乡接合部地区违法建设拆除、无证无照经营整治、治安乱象整治等工作，不仅大大地改善了城乡接合部地区的生活环境，城乡接合部地区的群众生活品质也相应得到提升。

（三）开展城乡接合部地区重点村整治工作，是提升群众安全感满意度的重要途径

群众安全感指数是衡量一个地区社会稳定的标尺，群众满意不满意是各项工作的出发点和基本落脚点。进入新时代，我国社会的主要矛盾发生了变化。从人民需求的角度看，人民群众“在民主、法治、公平、正义、安全、

环境等方面的要求日益增长”,[①] 希望得到更加全面、更高品质的安全保障,期待更加安全有序的社会环境。下大力气整治城乡接合部地区,已经成为当前广大市民的热切期盼。通过开展综合整治,认真解决好城乡接合部地区群众反映强烈的突出治安问题、交通乱源和火灾隐患,积极消除、化解一批影响社会稳定的不安定因素,建立健全城乡接合部地区整治长效机制,有效净化社会环境,积极回应百姓的期待,提升人民群众的安全感和满意度,为展示顺义区良好形象、推进城乡一体化发展做出应有的贡献。

二 顺义区开展城乡接合部地区重点村整治工作的探索与做法

顺义区城乡接合部地区重点村共涉及 11 个镇 35 个村。为贯彻落实市、区两级关于城乡接合部地区村庄整治相关工作指示精神,围绕解决人口无序聚集、消防隐患集中、警情案情高发、生产经营无序、宅基地自建房出租隐患突出、交通秩序混乱、环境卫生脏乱的突出问题,2018 年 6 月起,顺义区启动了城乡接合部地区重点村专项整治工作,力争通过集中整治行动,使 35 个城乡接合部重点村庄达到“基本消除安全隐患、管理基本有序、流动人口力争减半”的目标。采取的具体做法如下。

(一)保证坚强领导,干部一线指挥

自城乡接合部地区重点村专项整治工作启动以来,顺义区高度重视,强化组织领导保障,成立了副区长任组长、综治办牵头,公安、城管、工商、消防等 22 家单位主要领导为成员的城乡接合部地区重点村整治工作领导小组及办公室,从公安、城管、工商、消防等部门抽调专人,成立专班,研究制定了《顺义区城乡接合部地区重点村整治工作方案》,明确时间节点和职

① 《决胜全面建成小康社会 夺取新时代中国特色社会主义伟大胜利》,人民出版社,2017,第 11 页。

责分工，以区政府正式红头文件的形式印发。各部门、各属地紧紧围绕市、区两级关于城乡接合部重点村整治工作指示精神和区领导督导检查、批示要求，强化联合执法、合力攻坚，稳步推进整治工作。顺义区领导多次采用“四不两直”的方式到各重点村调研检查指导工作，同时，实行区级领导包镇督查制度，对所包镇整治工作进行督查。

（二）保证标准细化，分类统筹推进

按照“综合整治、分类施策”的原则，结合村庄建设规划，“一村一策”统筹推进整治工作。其中，属于规划保留的重点村，要加大投入、提升硬件建设水平，既要攻坚重大隐患问题，又要在治乱上下功夫，推进村庄整体面貌提升；列入近两年拆迁、棚改计划的重点村，要把消除重大隐患作为整治的重中之重，确保不发生威胁人民生命财产安全的案（事）件。细化整治内容，从流动人口和出租房屋基础调查、消防等重大安全隐患排查整治、宅基地自建房违法出租规范整治、突出治安问题治理及打击高发违法犯罪、违法违规经营行为整治、道路交通秩序规范整治、环境卫生综合整治七个方面具体开展工作。

（三）保证点面结合，推进示范带动

以流动人口最多、倒挂比例最严重、各类隐患最突出的李桥镇南半壁店村整治为试点，按照“街乡吹哨、部门报到”的要求，建立“区、镇、村”三级联动机制，集中利用20天时间，攻坚宅基地违法出租、“多合一”、“三合一”，非法劳务市场等多项突出问题。其间，查封存在突出消防隐患场所606处，查封违法违规出租房屋7805间、10.5万平方米，查抄违规经营物品、清理乱堆乱放118车，拆除小厕所、户外厨房等私搭乱建2900平方米、违规广告牌91块、私建地锁224个，划定交通标志线、消防通道7150米，疏解人口1.1万人，村容村貌焕然一新，村内人居环境彻底改善，为全区的重点村整治工作提供了宝贵的经验。顺义区委书记高朋到李桥镇南半壁店村调研时指出，要坚定有序推动城乡接合部重点村综合整治和“疏

解整治促提升”专项行动任务，利用腾退土地因地制宜补充便民服务设施，优化环境、改善民生。

（四）保证宣传到位，争取群众理解

整治前，强化区镇村联动，邀请顺义区电视台、顺义时讯等区级平台做整治工作专题报道，详细讲解政策，传播正能量；通过“平安顺义”微信公众号开展整治系列报道，营造良好社会和舆论氛围；发挥村集体战斗堡垒作用，村干部深入群众家中讲解政策，消除疑虑，鼓励村民积极整改消除安全隐患，同时利用村广播、“制作一封信”、贴海报等方式，宣传告知，使户户知晓、全民皆知。在整治过程中，采取多种宣传形式，下大力气对相关政策和整治意义进行宣传普及，注意群众工作的方式方法，工作既要有力度又要有温度，提高广大群众对政策的知晓率和对整治工作的认可度。同时，做好整治工作的动态舆情监测，做好负面舆情应对、引导工作，避免形成有影响的案（事）件，确保整治工作平稳有序开展。

（五）保证机制健全，强化工作调度

建立会商机制，区级层面定期召开问题会、商会，多次组织召开整治工作推进会，调度工作进展，研究重大问题的解决，明确下一步整治重点。建立工作例会、周报、联合执法等多项制度，每周向专项工作办公室报告进展。区城乡接合部重点村整治工作领导小组加大督导检查力度，整治工作开始以后，实行区级领导分片包干制度，各副区长带队采取“四不两直”、明察暗访等方式，对各重点村工作情况进行督查，领导小组办公室对督查情况形成工作专报在全区进行通报。

（六）保证工作主动，党员干部带头

充分发挥党建引领的作用，不断提高基层组织的战斗力和党员队伍的凝聚力。部分镇党委书记给村全体党员上党课，面对面听取百姓意见，解答百姓疑惑，安抚百姓情绪。主管副职、包片领导、包村干部下沉到村，实地走

访，与村民一对一沟通，消除了百姓顾虑，让百姓对工作给予了理解与支持。发挥村支部带动作用，村党支队多次召开村两委会、村民代表会，谋计划、定宣传、研措施、强部署，赢得民心；发挥先锋模范作用，整治行动中，部分村书记主动劝退家中租户，停止对外出租。村主任申请检查组率先检查自家出租房屋。一些机关干部更是主动劝退租户，整改隐患。在镇村干部的带动下，党员积极行动，带动身边亲属、邻里主动配合开展工作。

三　顺义区城乡接合部地区重点村整治工作取得的成效

顺义区城乡接合部重点村整治工作在区委、区政府的领导推动下，在各部门的协同支持配合下，工作开展以来整体工作平稳有序，取得了突出成效。

一是加强了对重点村人、房基础信息的掌握。各属地及公安分局按照人房信息“来有登记、走有核销，租有登记、停有注销”的要求，加强对实管员的指导，全面摸排登记重点村人、房基础信息，按照“一户一档”的原则，对出租房、日租房、群租房进行清理整治，摸清底数，建立台账。据统计，重点村共登记出租房屋6810间、出租单间79678间，流动人口81731人。

二是宅基地自建房违法出租问题得到有效治理。重点村共上账存在隐患违法出租3246户，整改1058户，拆除6户，涉及面积2580平方米，查封9564间，规范6356间，疏解人口19691人。

三是全面排查消除消防等重大安全隐患问题。各镇组织消防网格员和实有人口管理员全面摸排重点村“三合一”“多合一”场所、群租房等场所，加强对出租房屋内电动车停放和充电管理。重点村共排查消防隐患1002处，消除881处，查封涉及安全隐患出租房屋9526间，安装简易火灾报警装置8679个，改造电气线路6710米，查处易燃易爆危险品1处。

四是整治村内主要道路两侧违法违规经营行为。各镇组织经济发展办、工商所、城管执法队、安全科、食药所等部门，以镇域主要道路、村内主街的商业店铺为重点，依法依规取缔无照经营，不间断清理街头游商，纠正经营行为，规范经营秩序。重点村共关停取缔无证照“黑开”行业场所25家；排查无照经营413处，查处无照经营181处，取缔无照经营60处，打击非法行医1起，清理街头游商168起，规范经营422起。

五是强化社会治安秩序整治。各镇派出所加强综合打击，强化情报线索收集，充分发挥实管员和村联防员的入户排查作用，及时发现治安隐患，将问题消灭在萌芽状态。在重点村整治过程中加强流动人口的排查、建档。重点村刑事案件发案42起，比2017年下降58%；可防性案件5起，比2017年下降81%；破获刑事案件13起，刑事拘留10人，治安拘留16人，查处黄赌毒2人。

六是全面提升重点村环境水平。各镇常态化推进环境治理，聘请专业力量，以村为单位，每天对垃圾清理不及时、车辆乱停放、无照游商、店外经营、堆物堆料、公共服务设施破损等问题，采取有效措施予以解决。共上账整治各类垃圾乱点295处，消除261处，清运垃圾8458吨，新增垃圾桶119个，取缔散乱污企业19家。

四　开展城乡接合部地区重点村整治工作存在的问题与不足

顺义区城乡接合部地区重点村整治工作取得了阶段性成果，但是在工作推进过程中也暴露了一些突出问题，有待在今后的工作中予以逐步解决。

一是工作推进进度不平衡。在全区整治工作中，各有关部门、各镇村能贯彻落实工作部署要求，紧盯任务目标，科学筹划、合理安排，特别是一些村重视程度高、整治力度大，整治效果突出。但仍有一些部门在发挥自身职能作用、承担本部门在整治工作中的职责任务方面还有差距，一些镇村工作推进力度不够、工作方式方法有欠缺，导致了整治效果不明显、重点难点问题整改落实未完全到位，从而出现了全区整体进度不平衡的现象。

二是联合执法效能有待加强。从全区整治工作总体情况来看，有效发挥了“街乡吹哨、部门报道”工作机制作用，形成了整治工作合力。但是，联动机制的协调性还有待加强，有关部门接到执法任务就前去执行，没有任务时就各自为政，缺少对执法工作中遇到的难点重点问题的研讨。在执法过程中，各职能业务流程的衔接环节上仍存在配合不力、连接不畅的现象，未能实现无缝对接。

三是部分基层干群思想认识有待提高。由于城乡接合部地区存在问题的主要原因是由区位优势、产业结构等多方面因素造成的，在出租房屋管理、违法建设拆除、环境秩序整治等工作推进中必然影响部分村民的短期利益，部分村民出现了抵触情绪。少数村干部存在一定的畏难情绪，在面对难点问题的时候，出现逃避、推诿的现象，容易的先干，难的选择性地干或是不干，还有部分村干部碍于情面，怕得罪人，在管理上放松了要求，造成工作执行标准不高、力度不强。

四是长效管理机制有待健全。城乡接合部地区重点村整治工作是一场攻坚战，更是一场持久战。在思想认识上仍然习惯于“运动式”，重集中治理，放松或忽视管理的经常化，由此城乡接合部地区村庄整治工作往往形成“一抓就见效、一松就反弹”的恶性循环局面。同时，在根治源头、强化日常管理、健全监督机制上下功夫少，未能够把集中治理与加强日常管理有机结合起来，实现管理的常态化。

五　进一步提升城乡接合部重点村整治工作实效的对策措施

城乡接合部重点村整治工作不可能毕其功于一役，大量的工作还在后续管理和巩固提高上。进一步提升整治工作的实效，“要透过现象看本质，坚持问题导向，找准源头性、根本性、基础性成因，围绕更好发挥政府作用，自觉遵循规律、运用规律”,[①] 坚持严格依法治理，努力形成综合整治的强大合力，探索建立综合治理的长效机制。

（一）提高认识，把握机遇，进一步增强做好城乡接合部地区重点村整治工作的责任感、紧迫感

当前顺义区结构调整、发展转型呈现明显的趋势性特征，既有巨大机遇，也有难度不小的挑战。城乡接合部重点村整治工作与顺义区建设“港城融合的国际航空中心核心区、创新引领的区域经济提升发展先行区、城乡协调的首都和谐宜居示范区”主旨一脉相承、目标方向一致、内容紧密相连、理念相互贯通。要进一步贯彻落实中央、北京市委、顺义区委有关工作部署，牢固树立五大发展理念，紧紧围绕加强北京市“四个中心”的功能建设、深入推进京津冀协同发展等重点任务，自觉从落实首都城市战略定位、疏解非首都功能、提升城市精细化治理水平的高度，充分认识开展城乡接合部地区整治工作的重要性和紧迫性，紧紧把握新时代发展的脉搏，进一步提高政治站位，认真倾听人民心声，加快推动城乡接合部地区的高质量发展，实现“业强城优生活美”，不断加大整治工作力度。

（二）把握重点，突破难点，进一步提升城乡接合部地区重点村整治工作的精细化、规范化

顺义区在开展城乡接合部地区村庄整治工作中，遇到很多管理上的难题，整治成果能否进一步巩固，关键就看这些难题能否得到解决。例如，在流动人口和出租房屋管理方面，宅基地自建房违法出租、集体土地出租大院等问题由来已久，也是城市管理和社会治理中的痼疾顽症。要充分利用大数据信息，做到对户籍人口、常住外来人口、流动人口数据底数清、情况明，精确掌握全区人口规模的动态变化趋势；要以中心区、地铁沿线、城乡接合部等人口集聚地为重点调控区域，大力开展违法建设断电、

① 参见徐鹏飞《北京：推动城乡结合部综合整治》，《北京日报》2016 年 10 月 14 日。

非法幼儿园关停、商改住违规销售、劳动用工专项整治行动和属地专项秩序整治五类专项行动，加强部门联动，加大整治力度。在重大安全隐患排查方面，要坚持政府部门检查和企业自查相结合、重点排查和日常检查相结合的方式，对安全隐患进行长期、深入、细致的排查整治。特别是对已经整改完毕的极易出现反弹的隐患，进一步加大检查力度，增加频次，做到及时发现、及时消除，把事故隐患消灭在萌芽状态，避免发生各类安全事故。在违法违规经营方面，进一步加强街面经营秩序的管理，加大沿街店面的日常检查巡查频次，及时发现和纠正违法经营行为，严格依法取缔无证无照的小摊点、小作坊、小门店、小市场。建立复查机制，及时回头看，避免违法违规行为死灰复燃，对复开的，要进一步加大处罚力度，提高违法成本。在社会治安管理方面，要进一步深化对入室盗窃、八类严重刑事犯罪、非法集资、电信网络诈骗、危害食品药品安全、环境污染等违法犯罪行为的专项打击整治，持续开展治安重点地区突出问题整治，努力实现重点地区警情发案明显减少、突出治安问题得到有效治理、人民群众满意度明显提升的目标。

（三）各司其职，齐抓共管，进一步增强城乡接合部地区重点村整治工作的系统性、协同性

城乡接合部重点村整治工作不只是某一个部门的事情，需要举全区之力密切配合，协同作战。要充分发挥综治体制机制优势，用综合的、系统的、全面的理念解决好一个部门解决不好、解决不了的问题。政法综治部门要善于发挥统筹协调作用，各有关部门要注重协作配合，做到既有分工负责、各负其责，也有协调联动、整体作战，达到握指成拳的效果。要进一步落实“街乡吹哨、部门报到”工作部署，执法力量要向城乡接合部重点村倾斜，保障基层执法工作需要，加强部门沟通协作，用实、用足、用准现行法律法规有关政策规定，切实增强工作的主动性和自觉性，服务中心，顾全大局，体现执行力，确保令行禁止、政令畅通，绝不能各自为政，更不能推诿扯皮。要探索第三方物业化管理机制，通过聘请第三方安保公司等方式，成立

专职队伍，充实村级力量，负责重要点位巡查，发现问题及时处理，固化“巡查—发现—处置—上报”闭环机制。结合村内网格化管理，整合资源，与村两委、党员、网格员、志愿者等共同配合，加强街面的巡查管控消隐，访起来，查起来，管起来。要践行“最后一公里”责任。对村内主要街道进行划分，党支部书记为第一责任人，其他“两委”成员分片负责，村民代表、党员融入其中，发挥“街巷长”“小巷管家”作用，充分调动各方力量，构建全村“一盘棋”格局。

（四）依靠基层，发动群众，进一步强化城乡接合部地区重点村整治工作人性化服务、多元化参与

推动整治工作的重点在基层、创新在基层、经验在基层，抓住基层这个关键，才能够把各项措施落到实处。要充分发挥基层党组织作用，深入做好群众的思想政治工作，让群众全面了解城乡接合部综合整治活动的目的和意义，教育引导群众正确地认识个人利益和集体利益、家庭利益和整体利益、眼前利益和长远利益的辩证关系，坚持用理性合法的形式表达自身的利益诉求，通过协商谈判等方式解决好利益矛盾，维护社会的和谐，自觉维护社会安定团结。要充分发挥村民自治作用，将支持和参与村庄整治工作写进“村规民约”，建立村级“门前三包”奖励基金，引导村民积极行动，实现“自治、共治、共享”的良好局面。认真研究和把握新形势下群众工作的新情况、新特点和新规律，认真倾听群众意见建议，及时回应群众的关切，不断创新群众工作的方式方法，把群众工作做深、做细、做实，切实理顺群众的情绪，真心关心群众的生产生活。群众利益无小事，凡是涉及群众切身利益的问题都必须当作大事来认真地对待处理，提出有针对性的解决办法；凡是群众提出的意见建议都要真心实意地去听取吸收分析并及时反馈，合理的应该吸收，不合理的应及时解释，让群众的意见建议得到充分的尊重。要切实增强风险防范意识，进一步加强对各类矛盾纠纷的排查、分析、评估等工作，及早发现可能产生的各种矛盾，及时妥善地采取有效措施，努力把矛盾问题解决在基层、解决在萌芽状态。

（五）强化宣传，舆论先行，进一步营造城乡接合部地区重点村整治工作浓厚的社会氛围

群众的关心支持和积极参与，是开展好城乡接合部重点村整治工作的不竭动力。在前阶段整治工作取得成效的基础上，充分利用各种宣传手段，注重发挥党员、村民代表和基层组织的重要作用，继续深入城乡接合部村庄整治工作的意义、目标和要求，进一步营造全民动员、全民重视、全民支持的舆论氛围。要继续发挥电视台、报纸、网络等媒体的作用，围绕城乡接合部重点村整治，及时跟踪报道好思路、好经验、好典型，全面提高广大干部群众的安全意识、防范意识、环境意识、参与意识，使之转化为强大的内在动力，积极营造政府主导、公众参与的浓厚氛围。要对工作中的不作为、慢作为现象和工作不落实情况，对重大火灾隐患和违法建设、非法经营行为，及时予以曝光，增强教育和震慑效果。整治工作仅靠领导、靠党员干部难以取得长期持久的成效，要层层发动，广泛宣传，使城乡接合部综合整治活动的重大意义、目标要求、重点任务及具体措施家喻户晓，人人皆知，在全社会营造强大的舆论氛围。

（六）整治并举，重视管理，进一步健全城乡接合部地区重点村整治工作的长效化、常态化机制

推动城乡接合部地区村庄的综合整治，真正地实现城乡接合部地区的产业升级、功能提升，做到“腾笼换鸟”、环境改观和发展转型，是一场攻坚战和持久战。一是在组织推进上要形成长效机制。顺义区综治办继续发挥牵头作用，进一步明确任务目标、工作重点、时间进度、保障措施。各部门、各属地要继续加强统筹，做到主要领导亲自抓，分管领导具体抓，确保整治工作在本行业、本辖区继续深入推进。二是在日常监管上要形成长效机制。通过建立完善网格化、实名制排查检查、定期调度推进机制等，提升监管水平。各有关部门要抓住各自工作重点，继续完善和落实各项机制举措。例如，健全“发现—上账—整治—销账”全链条闭环式工作模式，建立违法建设信息纳入个人诚信系统机制等，确保各项工作切实落到实处。三是在成果创新上要形成长效机制。善于把基层和群众在城乡接合部地区重点村整治工作中形成的好经验、好做法进一步总结提炼形成新的制度规范，善于把源于城乡接合部综合整治实践中产生的理论创新成果进一步转化为制度创新的成果，并指导新的综合整治实践，从而推动城乡接合部综合整治工作的进一步创新发展。

参考文献

李艳君：《城乡结合部环境治理：问题、成因及对策》，《科技创新与应用》2018 年第 23 期。

陈睿：《新型城镇化背景下城乡结合部的三个转向》，《开封教育学院学报》2018 年第 5 期。

王华平、廖芮：《“城市之光”下的“农村社区”——我国城乡结合部环境现状观察》，《教育教学论坛》2018 年第 12 期。

赵晓倩：《北京城乡结合部发展问题浅析》，《当代经济》2017 年第 29 期。

Abstract

Annual Report on Social Governance Development of Beijing (*2018 – 2019*) is the series of papers edited by the Institute of Capital Social Security Comprehensive Governance in Beijing Academy of Social Sciences, in which research papers have been written by both practitioners of social organizations and policy makers in relevant government departments and leading scholars in these fields.

This book is divided into 7 sections, including the general report, social organization management, population management, crime management, network social governance, conflict management and grassroots social governance. With both qualitative and quantitative data, the Annual Report provides the comprehensive analysis in terms of the development of various areas of social governance in Beijing during 2018, and conducts an in-depth analysis of existing problems, causes and development trends.

2018 is the key year for implementing the "Beijing 13th Five-Year Plan", and the first year of implementing the "Beijing Urban Master Plan (2016 – 2035)". In the past year, Beijing's social governance has been steadily advanced, and the social governance pattern of building, cooperating and sharing has basically taken shape.

Firstly, social services are more reliable and public service levelshave improved significantly. The performance of social services and public service systems is more qualified, the supply of public services is constantly innovating, the participation of social forces in public services is more extensive, and the coverage of social service systems is more comprehensive.

Secondly, social management is more scientific, and the capacity of urban service management has improved significantly. The main performances are as follows: the overall coordination of social governance has been continuously strengthened, the effectiveness of pluralistic governance has been improved, the legislation in the social field has been gradually formulated, the maintenance of social public security has been further strengthened, the governance of "big city diseases" has been improved, and the internet management has been actively innovated.

Thirdly, social mobilization is more extensive, and social coordination and the level of public participation have improved dramatically. The main performances are: the public participation in grassroots management has been further expanded, the social organization development work has achieved remarkable results, the community residents' self-government has been further deepened, and grass-roots consultations have been gradually advanced.

Fourthly, the social environment is more civilized, social integrityconstruction, and fulfillment of social responsibility has improved significantly. The main manifestations are: the legal propaganda has been continuously strengthened, the implementation of corporate social responsibility has been vigorously promoted, and the building of social civilization has been effectively strengthened.

Fifthly, social relations are more harmonious, social contradictions are resolved, and the level of social fairness and justice is significantly improved. The main performances are: the legitimate rights and interests of the people have been safeguarded, the work of preventing and resolving contradictions and disputes has been solidly promoted, the supervision of public opinion has been continuously strengthened, and breakthroughs have been made in cultivating healthy social mentality.

Sixth, the party building in the social field has become more effective, and the coverage of party organizations and party work has been significantly improved. The main performances are: the party building in community level, in social organizations and non-public enterprises has basically covered.

At the same time, we must be aware that social governance of Beijing is faced with the challenge including how to implement the strategic positioning of urban functions and ease the function of non-capital, the contradiction between the diversified needs of the people's good life and the limited public service capabilities, and challenges such as governance of "big city diseases", building safe Beijing, urban-rural integration, network computer crimes and many other challenges. In this regard, it is necessary to further improve the public service capacity at the grassroots level, improve the social coordination level of social governance, rationalize the relationship between key tasks and key tasks, and continue to deepen the construction of Ping An Beijing to promote social governance innovation.

Keywords: Social Governance; Social Services; Social Mobilization; Social Environment

Contents

Ⅰ General Report

B. 1 Progress, Challenges and Recommendations of Beijing Social Governance in 2018

Nan Fang / 001

Abstract: Beijing has achieved remarkable achievements in terms of social governance during the year of 2018, in which the accessibility and quality of social service have been improved significantly, social mobilization has become more extensive, public participation has increased obviously, social environment has become more civilized, social integrity and responsibility performance have improved significantly, and social relations have been more harmoniously. In the meantime, there are a few shortcomings in providing diversified and personalized public services, multi-subject participation in social governance, and the effective of migrant management. In this regard, the report recommends Beijing should improve the supply of public services at the grassroots level, improve the level of synergy in social governance, and rationalize efforts in Implementing the special operation of upgrading through function transfer and remediation and improving the living environment.

Keywords: Social Governance; Urban Management; Social Organization; Party Building within Social Civil Society

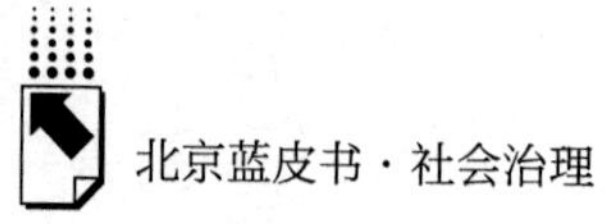

Ⅱ Governance of Social Organization

B.2 Research on the Development Status and Cultivation Support of Community Social Organizations in Beijing

Wang Shiqiang / 026

Abstract: Community social organization is an important type of social organization and belongs to the category of grassroots social organizations. Community social organization is social organizations initiated by the community and with the residents of the community as one of the main members, mainly in the community. In recent years, the development of community social organizations in Beijing has been rapid, and the government has made great efforts to promote the development of community social organizations, and has issued a series of related policy measures. Through empirical research on community social organizations in Beijing, this paper studies the development status of community social organizations in Beijing, Beijing's filing management system for community social organizations, and the Beijing government's experience in promoting community social organization development.

Keywords: Community Social Organization; Beijing; Cultivation Support

B.3 Current Situation and Countermeasure Research on Social Worker Organizations Participating in Community Service in the "Three Social Cooperatives" Model in Beijing

Wang Yang / 048

Abstract: In the process of exploring community governance innovation, Beijing has formed a "three-social cooperatives" model. The social worker organizations embedded community participation in community service is an important feature and expression of the Beijing model. Through the questionnaire survey of Beijing social work institutions, this paper analyzes the status quo of social workers' participation in community service in Beijing, and establishes a model of the influencing factors of social integration degree of social work institutions from the perspective of embeddedness. On the basis of investigation and research, this paper proposes countermeasures and suggestions to further promote the innovation of capital community governance from the aspects of government policy and social worker participation in practice.

Keywords: "Three Social Cooperatives"; Social Work Organizations; Embeddedness; Community Services; Community Governance

B. 4 Resource Integration: A New Perspective to Understand the Performance of Social Organization Incubation

Xu Zheng / 067

Abstract: Social organization incubator is an important platform for the government to cultivate and supervise social organizations. This study found that the incubator's ability to integrate resources is one of the core factors that influence incubation performance. The incubator is not only an intermediary organization that connects resources and social organizations; it is also a container for carrying trust. Therefore, the author introduces the concept of "Resource Integration", and the incubator integrates social organizations into the resource network through the integration. The policy implications of these findings are: In order to fully exploit the potential of the incubator, the government should select the incubator operation team and give the operation team full autonomy. At the same time, the government should assist the incubator to build a local resource network and encourage more public resources. Social resources flow to the cause of social entrepreneurship.

Keywords: Integrator; Autonomy; Resource Network; Social Organization Incubator

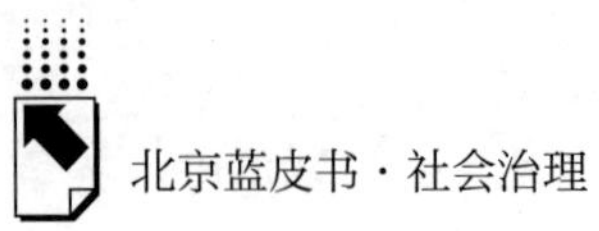

Ⅲ Governance of Population Problems

B. 5 Analysis on the Changing Characteristics and Influences of the Floating Population in Beijing

Ma Xiaoyan / 080

Abstract: In recent years, with the deep adjustment of the economic and social structure, Beijing's floating population has shown some new features. Changes in the characteristics of the floating population will have a certain impact on urban management and public services. A comprehensive understanding of the characteristics and impacts of the floating population will help to improve the governance capacity of the city government.

Keywords: Beijing; Floating Population; Changing Characteristics; Urban Management

B. 6 Research on School Demolition of Migrant Children in Beijing From the Perspective of Communication Theory

Yang Lei, *Feng Yue* / 093

Abstract: Along with the market economy development, the massive peasant laborers enter the city to seek the work, the transient population are more and more. Following, the city flowing child increases year by year. The city flowing child increased promotes private schools for migrant children development. It also simultaneously to receive the central committee and the local authority policy influence. This article has analyzed the central committee and under the local authority policy background the government educational department with private schools for migrant children principal (creator) about to work the Private school relocation problem formulation different view, then communicates the difficult position and the reason with Habermas which analysis both sides communicate, and provides the correlation suggestions for the bilateral effective communication.

Keywords: Migrant Children; Private Schools for Migrant Children; The Theory of Communicative Action

B. 7 Study on the Live-in Caregiver's Life History and Marriage Family *Li Xia*, *Miao Yanmei* / 112

Abstract: With the development of society, more and more influxes of workers are coming into the cities. This article will use the specific domestic workers who live in family-style home labor as research objects. Using oral methods, they try to understand their life history from their life stories and analyze their difficulties and needs, so that social workers can better understand the characteristics of their group and better promote this marginalization group. Secondly, this article will analyze the paradigms of life course theory and analyze the important nodes in their life development process and the social forces that construct their life forms.

Keywords: Live-in Caregiver; the Course of Life; Marriage and Family

Ⅳ Governance of Violations of Law and Grimes

B. 8 The Status, Characteristics and Countermeasures of Computer Crime in Beijing

Li Huibin / 129

Abstract: Through the empirical analysis of computer crime in Beijing, it is found that the computer crimes are mainly male, the average age is small, the general education level is high, and the criminals have no obvious household registration characteristics. The computer crimes in Beijing mainly occurred in the two urban areas of Haidian and Chaoyang. The crimes committed mainly include the crime of illegally obtaining computer data and the crime of destroying computers, and the probation rate is low. Computer crimes in Beijing have the following characteristics: there is no obvious geographical feature in the place where the crime results, the smart phone device has become a new object of computer crime, the criminal subject has high intelligence and the crime is concealed. In order to effectively manage computer crimes in Beijing, we should build a sound legal system, strengthen the construction of an online police force, improve the prevention capabilities of computer crimes, and strengthen education for key populations and key areas.

Keywords: Computer Crime; Empirical Analysis; Crime Characteristics; Governance Countermeasures

B.9　An Empirical Analysis of the Snatching Crime in the Capital Region　*Zhao Xuejun*, *Yuan Yuchi* / 145

Abstract: Snatching is an important type of crime in "two robbing and stealing". Through the statistical analysis of the criminal judgment of robbing crimes in the past five years, found that the criminal subject in the capital area is characterized by strong criminal ability, deep personal danger and difficulty in prevention. The overall number of crimes is controlled, but the crimes are more harmful, and the implementation of crimes is even more rampant, making the prevention more difficult. In terms of judicial control, it shows the characteristics of lighter sentence and stricter probation. To this end, it is necessary to increase the punishment for Snatching crime in order to achieve the coordination and balance of judicial governance.

Keywords: Snatching Crime; Subject Characteristics; FactualCcharacteristics; Sentencingl Characteristics

B. 10 Study on Countermeasures of Crime Committed by Foreigners in Beijing in the New Era *Cao Hongjun* / 162

Abstract: In the new era, the Beijing plans to create the "capital area" in all-round way. However, the phenomenon of crime committed by foreigners in Beijing is very terrible. It's not only seriously affected the security situation in the capital region, but also hindered the process of actively carrying out foreign exchanges and cooperation in the capital region. Therefore, we must pay more attention to this kind of crime, and fully grasp its latest development trends. And we should also be based on the new demand of Beijing's social security prevention and control tasks in the new era, and adhere to the principle of equivalence, and build a three-dimensional prevention and control system to deal with the crimes committed by foreigners in Beijing.

Keywords: New Era; Foreigners in Beijing; Crimes Committed by Foreigners; Crime Control

Ⅴ Governance of Network Society

B. 11 The Characteristics, Structure and Countermeasures of Cybercrime in Beijing *Ji Jingling*, *Li Tao* / 179

Abstract: Network security is a hot area that has received constant attention in recent years. Through the empirical analysis of the case of cyber crime in Haidian District of Beijing, it is found that cyber crime is becoming more and more typed, industrialized, and collectivized, and the criminal means are becoming more and more diversified, and the characteristics of the industrial chain formed by it are obvious. This has brought difficulties to judicial investigation, examination and application of the law. We should continue to innovate the specialized case handling mechanism, give full play to the advantages of the prosecutor's office in advance, and actively explore the coordination mechanism of social governance in order to effectively deal with the frequent cybercrime in Beijing.

Keywords: Network Security; Cybercrime; Characteristics of Crime

B. 12 Study on the Legal Application of the Crime of Illegal Absorption of Public Deposits in P2P Online Lending

Huang Zhongjun / 193

Abstract: The crime of illegal absorbing public deposits appears to be improperly expanded in the field of P2P online lending. There are internal reasons that the constituent elements are open types of constituent elements and it cannot directly play the presumption function of illegal behavior types. There are also many external factors such as serious financial risks in the online lending field and the government's severe crackdown. In order to realize the reasonable application of the crime of illegal absorbing public deposits in judicial practice, it is necessary to return to the judgment that constitutes the conformity of the elements on the premise of reasonable interpretation of its constituent elements. Therefore, the accurate boundary between the behavioral crimes and non-crime of each subject in the online lending activities is realized, and the reasonable online fundraising behavior is excluded from the scope of criminal illegality.

Keywords: Crime of Illegal Absorption of Public Deposits; P2P Online Lending; Constituent Elements; Crimes and Non-crime

B. 13 On the Criminal Risk of Internet Finance *Zhang Su* / 207

Abstract: As a financial industry, internet finance is liable to cause financial and legal risks. The national macro-policy has changed from encouraging the development of internet finance to paying equal attention to supervision and encouragement. Common criminal risks include the crime of illegally absorbing public deposits, the crime of fund-raising fraud, and the case of illegal fund payment and settlement constituting the crime of illegal operation. It is necessary to grasp the policy boundaries and not touch the criminal high-tension lines of the crime of illegally absorbing public deposits, the crime of fund-raising fraud and the crime of illegally operating.

Keywords: Internet Finance; P2P; Illegal Absorption of Public Deposits; Fund-raising Fraud; Illegal Operation

Ⅵ Governance of Social Contradictions

B. 14 Practice and Improvement of Mediation of Social Contradictions and Disputes in Beijing in the New Period

Wang Qiuling / 221

Abstract: Mediation is an important resolution mechanism for social contradictions and disputes. By constructing a grand mediation system, under which mediation has played a role in the "first line of defense" in resolving social contradictions and disputes, good results has achieved in Beijing. The mediation in the new period also faces some new challenges and problems. Mediation has an irreplaceable advantage over other dispute resolution mechanisms. We should take the initiative to adapt to the new situation of social contradictions and disputes in the capital and the new needs of the people, and deepen the mediation from the aspects of the concept and cognition, mechanism and system, and basic guarantee.

Keywords: Beijing; Social Contradictions; Disputes Mediation Practice

B. 15 Possible Areas of Social Contradictions in Beijing and Countermeasures for Preventing & Resolving Them

Yuan Zhenlong / 234

Abstract: Investigation and resolution of social contradictions is an important part of safety construction. Based on the analysis of the domestic and foreign research on dispute resolution, using the questionnaire survey data of two projects in 2018, from the perspective of prominent social problems, social security satisfaction and life pressure, social justice, social security and potential contradiction in residential areas, this paper analysises the main areas of social contradictions in Beijing. Based on this, the paper puts forwards some countermeasures for preventing and resolving social contradictions from four aspects, source prevention, analysis and early warning, network organization and professional intervention.

Keywords: Social Contradictions; Analysis and Prediction; Defuse and Defuse

B. 16 The Judicial Social Work Intervention Studies of Grassroots Contradictions

—*Taking the Practice of the FangZhou Social Work Development Center in Chaoyang District, Beijing as an Example* *Fan Chen*, *Xu Yin* / 250

Abstract: The Judicial social work is the refined development orientation of social work profession. Contradictory resolution is an important part of social governance. The resolution of social contradictions at the grassroots level need multi-vsubject participation. The Judicial Social Work has a natural advantage in intervening in regional contradictions. The Judicial Social Work intervening regional conflict resolution is not an accidental but has inherent requirements. Social work institutions play their professional advantages, seize the important policy opportunities and key institutional support of "promoting the modernization of the national governance system and governance capacity" . Provide social services by coordinating social resources around the "innovative social governance system" in the social field. Then, social work institutions to strengthen the community function, policy advocacy and other effective paths involved in contradictory resolution and community governance. They insist the idea of prevention as important as reconciliation, and has made a series of active exploration. Judicial social work provides comprehensive legal services, expands the framework of action, conducts social work service governance, and improves the efficiency and effectiveness of contradictions. This is not only the recreation of absorbing the essence of FengQiao experience at the grassroots level, but also the localization of judicial social work. At this stage, when judging the regional conflicts, the judicial social work should explore the benign interaction with the judicial department based on the professional standard and continue to take root in the community.

Keywords: Judicial Social Work; Contradictory Solution; Social Governance

Ⅶ Governance of Grass-roots Society

B. 17 Research on the Construction of Safe Beijing From the Perspective of Social Governance Innovation *Yin Xingchen* / 265

Abstract: The innovation of social governance provides new opportunities, new ideas and new spaces for deepening the construction of "safe Beijing". Beijing should overcome the deviations, difficulties and problems existing in ideas, institutional mechanisms and basic infrastructure construction, and vigorously promote the management of the law, comprehensive governance, system governance and source governance. By ensuring that "safe Beijing" is built on the track of the rule of law, the system mechanism of "safe Beijing" construction will be further perfected, and the six major systems of "safe Beijing" construction will be strengthened, and the basic foundation of "safe Beijing" construction is rammed, and the upgraded version of "safe Beijing" is built.

Keywords: Social Governance; Safe Construction; Safe Beijing

B. 18 Review and Consideration on the Establishment of Grass-Roots Safety in Beijing *Zhang Bo, Liu Xiaolei* / 280

Abstract: Promoting the building work of safety at the grassroots level is the fundamental policy for maintaining the long-term harmony and stability of the social security of the capital. It is the basic guarantee for satisfying the basic needs of the people and improving the sense of security. It is a breakthrough in resolving contradictory risks from the source to promote the modernization of the city's social governance. In order to implement the spirits of a series of important instructions of General Secretary Xi Jinping on safety-building, in accordance with the deployments of the Central Committee and the Municipal Party Committee, the municipal comprehensive politics and law system focuses on the safety-building work and persists in grassroots first, actively responds to the challenges of the new situation, in order to further promote grassroots peace and drive the development of safety-building work in Beijing, continuously extend the connotation of grassroots safety-building to the field of social governance.

Keywords: Safe Building; Grassroots; Social Governance

B. 19 Practice and Exploration on the Renovation of Key Villages in the Urban-Rural Junction Area of Shunyi District *Jiang Meng, Liu Junhui* / 292

Abstract: With the acceleration of the urbanization process, a large number of floating population and various unstable factors gradually shift to the peri-urban areas. Because it is located in the transitional area between rural and urban areas, it is also the confluence of rural civilization and urban civilization. It is often a region with high incidence of contradictions, disputes, public security issues, criminal cases, and crimes. It has become a difficult and important point of social management. How to do a good job in the comprehensive management of peri-urban areas and promote social harmony and stability is a problem that deserves our serious consideration and urgent solution. This paper studies the case of the renovation work of key villages in the urban and rural areas in Shunyi District, summarizes the measures taken and the results obtained in the renovation work, and analyzes the existing problems in the work. It also puts forward some countermeasures and measures to improve the effectiveness of the renovation work in the urban and rural areas, and actively explores effective ways to innovate the social management in the urban and rural areas.

Keywords: Peri-urban; Village Management; Comprehensive Governance

皮书起源

“皮书”起源于十七、十八世纪的英国，主要指官方或社会组织正式发表的重要文件或报告，多以“白皮书”命名。在中国，“皮书”这一概念被社会广泛接受，并被成功运作、发展成为一种全新的出版形态，则源于中国社会科学院社会科学文献出版社。

皮书定义

皮书是对中国与世界发展状况和热点问题进行年度监测，以专业的角度、专家的视野和实证研究方法，针对某一领域或区域现状与发展态势展开分析和预测，具备原创性、实证性、专业性、连续性、前沿性、时效性等特点的公开出版物，由一系列权威研究报告组成。

皮书作者

皮书系列的作者以中国社会科学院、著名高校、地方社会科学院的研究人员为主，多为国内一流研究机构的权威专家学者，他们的看法和观点代表了学界对中国与世界的现实和未来最高水平的解读与分析。

皮书荣誉

皮书系列已成为社会科学文献出版社的著名图书品牌和中国社会科学院的知名学术品牌。2016 年，皮书系列正式列入“十三五”国家重点出版规划项目；2013~2019 年，重点皮书列入中国社会科学院承担的国家哲学社会科学创新工程项目；2019 年，64 种院外皮书使用“中国社会科学院创新工程学术出版项目”标识。

权威报告·一手数据·特色资源

皮书数据库

ANNUAL REPORT(YEARBOOK) DATABASE

当代中国经济与社会发展高端智库平台

所获荣誉

- 2016年，入选“‘十三五’国家重点电子出版物出版规划骨干工程”
- 2015年，荣获“搜索中国正能量 点赞2015”“创新中国科技创新奖”
- 2013年，荣获“中国出版政府奖·网络出版物奖”提名奖
- 连续多年荣获中国数字出版博览会“数字出版·优秀品牌”奖

成为会员

通过网址www.pishu.com.cn访问皮书数据库网站或下载皮书数据库APP，进行手机号码验证或邮箱验证即可成为皮书数据库会员。

会员福利

- 已注册用户购书后可免费获赠100元皮书数据库充值卡。刮开充值卡涂层获取充值密码，登录并进入“会员中心”—“在线充值”—“充值卡充值”，充值成功即可购买和查看数据库内容。
- 会员福利最终解释权归社会科学文献出版社所有。

中国社会发展数据库（下设 12 个子库）

全面整合国内外中国社会发展研究成果，汇聚独家统计数据、深度分析报告，涉及社会、人口、政治、教育、法律等 12 个领域，为了解中国社会发展动态、跟踪社会核心热点、分析社会发展趋势提供一站式资源搜索和数据分析与挖掘服务。

中国经济发展数据库（下设 12 个子库）

基于"皮书系列"中涉及中国经济发展的研究资料构建，内容涵盖宏观经济、农业经济、工业经济、产业经济等 12 个重点经济领域，为实时掌控经济运行态势、把握经济发展规律、洞察经济形势、进行经济决策提供参考和依据。

中国行业发展数据库（下设 17 个子库）

以中国国民经济行业分类为依据，覆盖金融业、旅游、医疗卫生、交通运输、能源矿产等 100 多个行业，跟踪分析国民经济相关行业市场运行状况和政策导向，汇集行业发展前沿资讯，为投资、从业及各种经济决策提供理论基础和实践指导。

中国区域发展数据库（下设 6 个子库）

对中国特定区域内的经济、社会、文化等领域现状与发展情况进行深度分析和预测，研究层级至县及县以下行政区，涉及地区、区域经济体、城市、农村等不同维度。为地方经济社会宏观态势研究、发展经验研究、案例分析提供数据服务。

中国文化传媒数据库（下设 18 个子库）

汇聚文化传媒领域专家观点、热点资讯，梳理国内外中国文化发展相关学术研究成果、一手统计数据，涵盖文化产业、新闻传播、电影娱乐、文学艺术、群众文化等 18 个重点研究领域。为文化传媒研究提供相关数据、研究报告和综合分析服务。

世界经济与国际关系数据库（下设 6 个子库）

立足"皮书系列"世界经济、国际关系相关学术资源，整合世界经济、国际政治、世界文化与科技、全球性问题、国际组织与国际法、区域研究 6 大领域研究成果，为世界经济与国际关系研究提供全方位数据分析，为决策和形势研判提供参考。

法律声明